图书馆质量评估体系与国际标准

张红霞　著

国家图书馆出版社

图书在版编目(CIP)数据

图书馆质量评估体系与国际标准/张红霞著.—北京:国家图书馆出版社,2008.7
ISBN 978-7-5013-3641-8

Ⅰ.图…　Ⅱ.张…　Ⅲ.①图书馆工作—质量管理—评估②图书馆工作—质量管理—国际标准　Ⅳ.G251　G255.54

中国版本图书馆CIP数据核字(2008)第085436号

书名　图书馆质量评估体系与国际标准
著者　张红霞　著

出版　国家图书馆出版社　(100034　北京西城区文津街7号)
发行　010-66139745　66175620　66126153
66174391(传真)　66126156(门市部)
E-mail　cbs@nlc.gov.cn(投稿)　btsfxb@nlc.gov.cn(邮购)
Website　www.nlcpress.com
经销　新华书店
印刷　北京兴华昌盛印刷有限公司印刷

开本　787×1092毫米　1/16
印张　17.125
版次　2008年7月第1版　2008年7月第1次印刷
字数　400千字

书号　ISBN 978-7-5013-3641-8/G·768
定价　50.00元

图书馆怎样证明自身对社会的贡献？

李国新
（北京大学教授，国家图书馆首席专家，中国图书馆学会学术研究委员会常务副主任）

自从科学发展观指导下的全面建设小康社会战略实施以来，我国的图书馆事业迎来了前所未有的发展环境和发展势头。一个有目共睹的变化是，尽管存在着严重的城乡差距和地区差距，但近年来全国各地各级政府对图书馆事业的投入普遍增加，保障明显改善，有些地区的增加和改善还十分显著。在这种背景下，许多人比以往更为关切另外一个问题：社会公共资金增加了对图书馆的投入和保障，图书馆为社会贡献了什么？图书馆对社会的贡献是不是也随着保障程度的改善而改善？图书馆怎样证明自身对社会的贡献？记得上海图书馆馆长吴建中先生2007年底在南京图书馆新馆开馆庆典的学术演讲中曾说过一段令人警醒的话：我们不能老是让别人说图书馆是公共资源浪费最突出的地方，要让更多的人相信，图书馆是一个高效益、高产出的知识服务机构，政府加大对这一公共产品的投入是非常值得的！杭州图书馆馆长褚树青先生也说过，政府大幅度增加了对图书馆的投入，图书馆必须以自己服务效益的改善给政府、给所有纳税人一个明白的交代。他们的话不约而同地都聚焦在一个问题上：在投入增加、保障改善的背景下，图书馆怎样以自己的服务效益证明自身对社会的贡献。

令人信服的服务效益，必须以数据、事实说话。因此，要证明图书馆对社会的贡献，就需要对图书馆的服务效益进行评估，进行测度。改革开放以来，我们对图书馆服务的评价和测度不能说不重视。早在20世纪90年代初，原国家教委就发布过《关于开展普通高等学校图书馆评估工作的意见》，近年来教育部开展的全国高校本科教学水平评估也有对图书馆的评估分值。各地教育主管部门、高校图工委也陆续进行过一些针对高校图书馆的专项评估。1994年以来，全国公共图书馆已经进行了3次评估，第4次评估又开始在即。在评估过程中使用的一系列评估指标，就是对图书馆的投入、产出和服务效益的定量揭示。自然，和图书馆事业发达国家相比，和国际上通行的图书馆服务质量评价指标、评价方法、评价体系相比，我们也还存在差距。正因为如此，近年来国内业界对图书馆服务评价的研究和实践一直持续不断。眼下，我有幸在付梓前就读到的张红霞女士的《图书馆质量评估体系与国际标准》一书，就是国内这方面研究的最新成果之一。

这部书在以往研究的基础上有哪些推进？对我国图书馆评估实践有什么理论贡献？我以为：

首先，本书告诉我们发达国家的图书馆服务评价是一个多元互补的体系。所谓绩效评估和成效评估的区别，就是以不同的视角、用不同的方法对图书馆服务作出的评价。从整体上说，尽管ISO 11620列举的绩效指标有许多我们过去没关注或关注不够，我们对国外绩效评估的思路大体上是清楚的。但是，对成效评估，不论在理论上还是实践上，我们都比较陌生。成效评估不等于简单的问卷调查，作者说，它是把“用户在图书馆的生活中”变成“图书馆在用户的生活中”，是要评价图书馆服务的结果让读者改变了什么，给社会的文明和进步带来了什么，因而它具有更多的定性评价，更难形成统一的国际标准。吴建中先生在总结图书馆评估的发展趋势时说过，图书馆评估的重心逐渐从绩效评估（Performance Measurement）向成效评估（Output Measurement）转移，进一步强调服务的质量和用户的满意度。重心转移不是非此即彼，绩效评估和成效评估不是替代关系而是互补关系。由此我又想到了最近一段时间关注的图书馆服务的经济价值度量。2004 年 1 月，大英图书馆对外公布了一份题为《衡量我们的价值》（Measuring Our Value）的研究报告，其中说道，大英图书馆通过服务每年产生的经济效益总量为 3.63 亿英镑，其中 3.04 亿为直接效益，5900 万为间接效益，也就是说，英国对大英图书馆每投入 1 英镑，就会给英国经济带来 4.4 英镑的效益。假如大英图书馆不存在的话，英国每年就会损失 2.8 亿英镑。在美国，也有很多诸如此类的表达。他们敢这么说，当然不是空穴来风，而是依据了一套计算和评价方法。这是从经济价值的角度对图书馆服务作出的评价，可以理解为图书馆给经济社会发展带来了什么。对一个图书馆作出完整的评价，对一个图书馆的社会贡献作出完整的描述，需要多元互补的评价体系，这是对完善我国图书馆评估理论和实践的重要启示。

其次，本书告诉我们一个普遍的国际经验：评价指标和结果的变化，用来比较同一图书馆在不同时期的绩效比用来比较不同的图书馆作用更大，价值更高。道理并不难理解。图书馆有不同的类型，性质、功能、特点、服务人群有区别，所处的环境和具备的条件不一样，因此在相当大程度上很难做科学意义上的横向比较。比如，一个“目标人群覆盖率”指标，一般情况下数值高比数值低好，但是对一个专业图书馆来说，相对低的数值并不能表示不好。即便是同样性质的图书馆，城市文化水平、教育水平、图书馆所处的地理位置、社会经济状况等因素，都会对目标人群产生影响，对于这些因素图书馆无能为力，因此用在图书馆之间的比较上就没有意义。ISO 11620 的“绩效指标细则”有一个明确的观点：只有在背景、问题和程序都相同的情况下，才能比较不同的图书馆；同时又反复提及把指标和结果用作不同图书馆的比较时，“必须非常谨慎”。中国的现实状况是：评价结果被用作形形色色的“排行榜”，往往有社会性的冲动，一个好端端的质量评价由此走向了歧途，功能变异，误导百姓。这是图书馆评估需要从吸取国际普遍经验中防止的倾向。

第三，本书告诉我们图书馆质量评价标准以图书馆统计标准为基础。作者说，“一切用数据和事实说话”是发达国家图书馆质量管理观念变革的一个重要标志，也是本书关注的重点。数据和事实哪里来？依靠统计。因此可以说，评价结果的科学可信，建立在数据和事实统计的科学可信基础上。本书详细介绍了作为国际图书馆统计标准的 ISO 2789，这是一个重要贡献，它对我国图书馆评估健康发展的启示意义在于：要按国际通行做法进行图书馆服务评价，首先需要按国际通行做法开展图书馆服务统计，因为相比之下，我国的图书馆服务统计是更为薄弱的环节。

本书第一次完整地翻译了三个关于图书馆绩效指标的国际标准，使我们比较清楚准确地了解了国际标准的内容、结构、体例、表现方式。虽然按作者的说法附在书中的中译文本还不能称为是国际标准的中文版，但我相信它对中国学者的资料价值和参考价值，我相信它在今后研究中的被引率。对我国图书馆评估的理论研究和实践进程来说，这是一项基础性的工作。

张红霞女士是我国图书馆学领域“国际化”程度较高的学者。我知道她是两次走上国际图联大会讲坛的中国学者——在中国，以论文作者的身份做到这一步，不说独一无二，也是凤毛麟角。我也知道，到目前为止，她走上国际讲坛的次数甚至比国内还多。频繁的国际交流所形成的国际化视野，为她完成本书奠定了基础。我还知道，几年前海南大学图书馆进行过全面质量管理试验，张红霞女士曾经是实际参与者之一，这是她对“国际标准”理解和感悟胜人一筹的实践基础。如今，图书馆的服务效益评价已经引起了从官员到馆长到学者到公众的普遍重视，如果说评价标准是图书馆证明自身社会贡献的方式，那么，本书就是作者为推进和完善我国图书馆服务效益评价理论和实践作出的贡献。

目　　录

引　言

20世纪90年代末期，当我国图书馆界对图书馆全面质量管理开始关注的时候，以欧美国家图书馆为主流的国际图书馆界的质量管理革命正处在繁盛期，不仅形成了成熟的图书馆质量管理的理论、原则，还开创了适合图书馆行业自身特性的质量评估的方法和工具——系列国际标准，可谓硕果累累；跨越新世纪的时空隧道，从世纪之交到如今，质量管理在我国图书情报界的研究与实践激起了朵朵浪花，虽有星星之火却尚未燎燃，而这时西方图书馆界的质量管理已进入升华期，质量观念已内化成为图书馆职业精神的一部分。纵观以西方国家图书馆界为代表的国际图书馆质量管理革命历程，笔者观之，窃自以为可以分为磨合期、融合期、繁盛期和升华期四个阶段：

第一阶段：磨合期，20世纪80年代末到1993年9月以前。磨合期的特点表现为图书馆被动接受或零散自发地实施全面质量管理。

第二阶段：融合期，1993年9月到1994年底。融合期特点表现为西方国家图书馆界以各个国家的行业学会或协会牵头，主动地组织研究全面质量管理的理论原理在图书馆的应用，并准备大规模实施全面质量管理。

第三阶段：繁盛期，1995年到2003年。繁盛期的特点表现为西方国家图书馆界联合起来全面组织实施质量管理，质量管理的项目或计划纷纷出台，名目繁多，可谓百花齐艳，形成了成熟的图书馆质量管理的理论、原则，而且从最初的积极倡导ISO 9000认证在图书馆的实践，到论证其对图书馆行业的诸多不适宜之处，进而创造性地研究、开发和制定适合图书馆自身质量评估的系列国际标准：ISO 11620“图书馆绩效指标”，ISO/TR 20983“电子图书馆服务绩效指标”。同时对国际标准ISO 2789“国际图书馆统计”进行了反复修订，形成了一整套适合图书馆行业自身特性的质量评估的方法和工具。

第四阶段：升华期，2004年至今。升华期的特点表现为质量观念已内化成为图书馆职业精神的一部分，图书馆质量评估也已经固化为图书馆的一种常规管理手段，国际图书馆界在实践绩效评估的同时，也热衷于在更宽广的视野内探讨图书馆成效评估的指标体系和方法，要把图书馆作为一个整体的组织，评价图书馆及其所开展的活动、提供的服务对个体技能、综合能力、态度、行为带来的改变，以及它对所服务的组织机构或社会产生的影响和贡献。图书馆质量评估从关注投入与产出为主的绩效评估，走向关注真实质量与效果的成效评估的更高层次，形成了完整的图书馆质量评估两大体系：绩效评估和成效评估。

在这场席卷整个发达国家的图书馆质量管理革命旋风当中，图书馆全面质量管理的研究与实践，为国际图书馆界带来了重大的根本性的观念变革，这些重大的变革主要体现在：

质量第一的观点。图书馆的一切都是为了提供高质量的信息与服务，因此图书馆的质量不能只关注馆舍的大小与馆藏的多寡，而必须把焦点放在图书馆的服务质量上。全面质量管理不是一个管理工具，而是全员参加、全部门负责、全过程管理的“三全”系统管理工程。在全面质量管理中，管理角色发生了改变，从原来的下指令变成了授权予员工来运行工作过程、传递服务，它强调管理的领导作用与承诺，并要求管理者和所有雇员在观念上发生重大变革，重新审视他们各自在组织中的角色：即每一个人都是参与管理的人，只是管理的层次和范围不同，全面质量管理最终要实现组织的文化变革。

以人为本，用户至上的观点。服务是图书馆的本质属性，图书馆存在的价值，不是为了在图书馆工作的员工，而是为了他们所服务的人——用户。因此，图书馆服务的质量应该从自我感知转变到顾客感知来衡量，“只有读者才能评判图书馆服务的质量，其他任何的评判都从根本上是无关紧要的”。

以人为本，始于教育，终于教育的观点。高质量的服务是由图书馆员工来提供的，卓越的服务需要卓越的员工，因此要发展以人为本即以员工为本的培训、教育和发展计划。只有通过不断提升员工的专业素质和综合素质，以增强员工参与决策的能力并应对不断变化的顾客需要，才能提高个人和组织的效力和灵活性，达到不断追求卓越的图书馆服务的最终目的。

一切用数据和事实说话的观点。无论是图书馆对自身的管理、决策和运营的质量评估，还是权威认证机构对图书馆运营的评估，或是社会对图书馆形象的评价，都要以事实为依据，用数据来说话。这一观念的形成和发展，直接导致了图书馆标准化质量评估工具——一整套绩效指标国际标准与成效评估体系的开发与应用。

用数据和事实来进行图书馆质量评估，是本书关注的重点。

图书馆服务的优劣、质量的高低，拿什么来衡量？最初的图书馆评估只注重投入，关心馆藏的采购、馆舍的大小、人员设备的配备，发展到注重图书馆投入与产出的评价，而经由图书馆质量管理革命所带来的全新理念，使得图书馆必须把焦点放在图书馆的服务质量上，因此，完整的图书馆质量评估要包括三种类型：投入（inputs）、产出（outputs）和成效（outcomes）的评估，亦即，包括绩效评估和成效评估，才能形成一个从入到出、从量到质、从微观到宏观的整体评价体系。

简言之，绩效评估是关注图书馆投入与产出及效率的评估，成效评估是关注图书馆服务影响与效果的评估。目前，图书馆界已制定有一整套绩效评估的系列国际标准，而成效评估因为有许多定性的指标难以用具体的数据来表达，尚未形成统一的国际标准，但是对于成效评估中一些可以量化的指标，国际图书馆界正在尝试去量化和标准化。

那么，这一整套绩效评估的国际标准包括有：

◆ ISO 11620:1998 图书馆绩效指标(Information and Documentation—Library performance indicators)(第1版,1998年4月)

◆ ISO 11620:1998/Amd. 1:2003 图书馆绩效指标 补充本1:增订图书馆绩效指标(Information and Documentation—Library Performance Indicators AMENDMENT 1: Additional performance indicators for libraries)(补充本第1版,2003年7月)

◆ ISO/TR 20983:2003 电子图书馆服务绩效指标(Performance indicators for electronic library services)(第1版,2003年11月)

◆ ISO 2789:2006 国际图书馆统计(Information and Documentation—International library statistics)（2003 年第 3 版，目前最新版是 2006 年 9 月第 4 版）

其中，ISO 11620：1998 和 ISO 11620：1998/Amd. 1：2003 统称 ISO 11620，是传统图书馆绩效评估的标准，ISO/TR 20983：2003 则是电子图书馆服务绩效评估的指标体系，但是传统与电子图书馆服务并不是割裂开来的，它们是复合在一个组织机构内的，尤其是网络和数字环境改变了图书馆利用的方式和方法，传统的和电子的图书馆利用此萧（非消也，此萧乃萧条而非消灭也）彼长，因此为了给图书馆一个综合的评价，同时弥补传统服务利用率的下降，国际图书馆界正在修改并整合这两大指标体系，使其成为一体的评估复合图书馆的绩效指标国际标准。

值得一提的是，为什么 ISO 2789 国际图书馆统计标准会成为质量评估的一个标准呢？因为它为图书馆和信息服务界收集和报道统计数据制定了规则，规定了国际标准 ISO 11620 所要求的数据提供。

国际图书馆统计标准与绩效指标标准的颁布，推动了国际图书馆界对图书馆质量评估的标准化，大多数图书馆对它们的投入（资源）和产出（活动）进行了系统化测评。换言之，即大多数评估都是以图书馆自身为导向的，并统计的是图书馆员工在做什么。例如，图书馆有多少图书在流通？图书馆员工回复了多少参考咨询问题？员工参加了多少个项目？这些都是重要的问题。图书馆应该继续统计它们所做的工作，因为这些信息有助于图书馆评估其内部的工作过程及其效率。

而成效评估是以另外的一种方式来评价图书馆的服务和项目，是一种具有独特视角的方法。它颠覆性地改变了图书馆与用户的关系，即把“用户在图书馆的生活中”变成了“图书馆在用户的生活中”。因为成效评估完全是以用户为导向的，评估的是图书馆带给用户的影响和变化。例如，我们的项目或服务的结果让读者改变了什么？我们的项目是如何影响我们用户的生活的？图书馆通过跟踪其服务和项目对用户的影响，而评估图书馆服务的质量和效果。

迄今为止，以美国、英国为主的国际图书馆界，已形成了完善的成效评估的理论体系，成效评估的实践也已形成规范化的程序和方法，不但如此，英美等发达国家成效评估的实践逐渐从图书馆界扩展到博物馆、档案馆等相关领域，图书馆成效评估可谓影响深远。

毫无疑义，国际图书馆界的质量革命，实现了一场深刻的文化变革——对于图书馆而言，需要建立起以永远追求高质量为目标的质量文化，铸造一种追求卓越的职业精神；对于图书馆员而言，需要树立从追求卓越的职业贡献到追求卓越的人生价值的事业观、人生观，锤炼一种追求高尚事业的人文精神。正如同国际图联主席 Alex Byrne 在 2007 年 8 月南非德班 73 届世界图书馆与信息大会第 3 分部图书馆服务大众分主题会场上所说：“我们的承诺是一个光荣的承诺，一个高贵的承诺——提供对高质量信息的获取。”

本书对国际图书馆界全面质量管理只作了以简要的介绍，重心是放在图书馆质量评估上的。正如同 ISO 9000 是工商界全面质量管理理论与实践的延伸，图书馆质量评估，其绩效指标的国际标准 ISO 11620、ISO/TR 20983 及成效评估的理论体系与方法，都是图书馆这一特定行业全面质量管理理论与实践的延伸。因此本书对国际图书馆质量评估又以国际标准的介绍为主要内容，这样，笔者将最新的国际图书馆统计与绩效指标国际标准的英文版，一一翻译成了中文，附录在本书的后半部分，目的是想给同行们提供一个参考和了解，不能当作对应的国际标准中文版，因为国际标准中文版的出版和发行是由中国标准化组织授权的。我所做的翻译只能算是一种对国际标准的研究，尤其是术语的翻译是否准确，还有待业界同仁的斧正。除此之外，本书同时还包括对国际上有影响力的质量评估实践的项目或网站的介绍，为对这一课题感兴趣的国内同行们提供一些可以参考的线索。

第一章　国际图书馆质量评估体系概述

第一节　国际图书馆质量评估概论

一、国际图书馆质量评估的概念与内涵

国际图书馆质量评估中服务质量的概念与内涵

所谓评估，就是以科学的方法，对于一件事物或整个组织，依照事前设定的基准，评估其可行性或绩效，进而列举其优劣并提出改进建议。

图书馆质量评估，评估的是图书馆运营的质量。图书馆的质量，又是如何界定的呢？

随着国际图书馆事业的不断发展和世界全面质量管理思潮对图书馆界的深刻影响，图书馆对质量的理解也经力了一个发展变化的过程。

质量，是一组固有特性满足要求的程度。在质量控制观念起源地的制造业，质量被定义为符合产品标准规范的一致性。在图书馆，质量的一个测量标准也是考量其与国家标准的一致性，例如这些标准在编目和权威控制上的应用。然而，在 ISO 8420 中，质量定义为：产品或服务过程能够满足其明示的或隐含的需要的特征和特性的总和。在全面质量管理这样一个以了解用户需要、提高服务质量和满意度为中心的系统过程中，质量并没有定义为完全遵循标准，而是更重要的要满足顾客的需要，因此"质量"常被解释为"适应性"、"用户的满意程度"或者"符合顾客的要求"等。如，服务质量被定义为：顾客感知的所提供产品和服务的质量。并进一步提出，要把单纯简单满足顾客的期望和要求，转变为预测和超越顾客不断变化的需求，这些需求甚至是顾客自身尚未表达或觉悟到的。

以前，图书馆对质量的界定，完全从其自身的知识基础和运作经验出发，而很少从其产品和服务的对象——顾客的需要来考虑，因此图书馆的质量不能只关注馆藏，而必须把焦点放在图书馆的服务质量上，而且服务的质量应该从自我感知转变到顾客感知来衡量，"只有读者才能评判图书馆服务的质量，其他任何的评判都从根本上是无关紧要的"。（LibQUAL + 2004 Survey Results – Sample LibQUAL + Institution. http://www.libqual.org/）

因此，图书馆质量评估，实质上就是对图书馆的服务质量进行评估。图书馆的服务质量是指反映图书馆服务满足读者明确或隐含需要能力的特征和特性的总和。

图书馆服务质量的评价是指有关图书馆用户（读者）服务过程及其效果的评价。因此，评估应该以用户为本，而不是以图书馆机构为本，亦即，应该评估图书馆用户源于图书馆资源或服务带来的变化。

从 20 世纪 70 年代开始，以欧美国家图书馆为主流的国际图书馆界，就开始进行图书馆质量评估的研究与实践，到 20 世纪 80 年代后期，国际图书馆界引入全面质量管理的思想和方法体系，作为构建图书馆核心业务和核心竞争力的有力管理工具，积极倡导图书馆实施绩效评估及成效评估，为国际图书馆界带来了重大的根本性的观念变革，谱写了现代图书馆管理的新篇章。

二、国际图书馆界质量评估的理论依据

美国兰开斯特教授(F. W. Lancaster)1977 年出版的专著《假如你要评估你的图书馆》中，将图书馆服务分为公共服务和技术服务，其评价标准各不相同。公共服务最终应以用户满意程度来测度，而技术服务取决于内部效率和外部的长期效果。1982 年美国公共图书馆协会出版《公共图书馆服务绩效评估手册》，美国大学及研究图书馆协会 1990 年制定《评估学术图书馆绩效标准》，包括使用者满意情况、藏书的提供与使用情况、图书馆及其设备使用情况和信息服务 4 大类 15 项标准。可以看出，图书馆评价的重点从重视图书馆本身的条件向重视读者的满意程度转变。

图书馆服务的优劣、质量的高低拿什么来衡量？最初的图书馆评估只注重投入，关心馆藏的采购、馆舍的大小、人员设备的配备，后来发展到注重图书馆投入与产出的评价，而经由图书馆质量管理革命所带来的全新理念，使得图书馆必须把焦点放在图书馆的服务质量上。

图书馆工作必须讲求服务质量，服务质量要从用户的角度出发去研究，用户的评价才是最终、最权威、最有说服力的评价。因此对图书馆服务质量的评价的内容就包括：图书馆技术质量、图书馆服务质量和图书馆服务的用户评价。

如何从用户的角度去评价图书馆的服务质量？这是一个多年来困扰图书馆界的难题。对图书馆服务而言，最主要的特征有两个：一是不可感知性，即图书馆服务的特质及组成服务的元素是无形无质的，人们无法看到或触摸到其存在，而用户使用服务后的利益也很难被觉察，或是等一段时间后享用服务的人才能感觉到利用服务所带来的利益。二是差异性，由于服务是通过人(服务提供者和服务接受者)来完成的，而人类个性的差异(心理、知识、偏好等)使得提供的服务往往因人而异、因馆而异。因此，服务质量这样一个主观范畴，给评价服务质量带来了极大的难度。

随着全面质量管理理论的发展和衍化，20 世纪 80 年代末，北欧服务质量管理专家克里斯蒂·格鲁诺斯(Christian Gronroos)、美国帕拉苏拉曼(Parasuraman)等提出的服务市场营销学，为国际图书馆界的服务评价问题提供了理论依据，这些理论要点，包括：

1. 可感知的服务质量的概念

北欧服务质量管理专家克里斯蒂·格鲁诺斯(Christian Gronroos)认为："服务一般是以无形的方式在顾客与服务员工、有形产品或服务系统之间发生的，可以解决顾客问题的一种或一系列行为。"美国营销大师 Kotler 提出："服务是一方提供给另一方的任何活动或利益，基本上是无形的，也不会牵涉任何实体的所有权，而且不必要附属于实体的产品。"Gronroos1990 年指出："服务是一个或一连串的活动，服务的目的主要是作为消费者问题解决之道。"通常对服务的解释是不以实物形式而以提供活劳动的形式满足他人某种特殊的需要。

服务质量是指服务能够满足规定和潜在需求的特征和特性的总和，是指服务工作能够满足被服务者需求的程度。

1982 年，芬兰市场学家克里斯蒂·格鲁诺斯(Christian Gronroos)的服务导向质量理论，提出了可感知的服务质量概念和全面质量模型，Gronroos 将感知服务质量定义为："顾客期望的服务质量与顾客实际接受的服务质量之间的差异。"论证了服务质量从本质上讲是一种感知，是由顾客的服务期望与其接受的服务经历比较的结果。服务质量的高低取决于顾客的感知，其最终评价者是顾客而不是企业。

Volevi Lehtinen 认为服务质量包括有形质量、相互作用质量、总体质量三部分。有形质量是指在服务过程中,有形部分的质量,包括物质资料的质量和设备方面的质量。相互作用质量是指消费者与服务生产组织发生直接联系时经济行为的质量。总体质量是指消费者根据以往对某个服务生产组织的经验和印象,或者根据服务生产组织由于长期经营在大众消费者中所形成的影响,消费者对这个服务生产组织质量的综合评价。

Parasuraman 于 1988 年提出,服务质量是指服务实绩是否符合顾客的期望。服务质量的评估是在服务传递过程中进行的,需要从五个方面来定义:有形性(Tangible)、可靠性(Reliability)、响应性(Responsiveness)、保证性(Assurance)、移情性(Empathy),即它们构成判断服务质量的五要素:

• 有形性。有形性是指有形的设施、设备、人员和沟通材料的外表。有形的环境是服务人员对顾客更细致的照顾和关心的有形表现。对这方面的评价可延伸到包括其他正在接受服务的顾客的行动。

• 可靠性。可靠性是可靠、准确地履行服务承诺的能力。可靠的服务行为是顾客所期望的,它意味着服务以相同的方式、无差错地准时完成。可靠性实际上是要求组织机构避免在服务过程中出现差错,因为差错给企业带来的不仅是直接意义上的经济损失,而且可能意味着失去很多的潜在顾客。

• 响应性。响应性是指帮助顾客并迅速有效提供服务的愿望。让顾客等待,特别是无原因的等待,会对质量感知造成不必要的消极影响。出现服务失败时,迅速解决问题会给质量感知带来积极的影响。对于顾客的各种要求,组织机构能否给予及时的满足将表明企业的服务导向,即是否把顾客的利益放在第一位。同时,服务传递的效率还从一个侧面反映了组织机构的服务质量。

• 保证性。保证性是指员工所具有的知识、礼节以及表达出自信和可信的能力。它能增强顾客对企业服务质量的信心和安全感。当顾客同一位友好、和善并且学识渊博的服务人员打交道时,他会认为自己找对了公司,从而获得信心和安全感。友好的态度和胜任能力两者缺一不可。服务人员缺乏友善的态度会使顾客感到不快,而如果他们的专业知识懂得太少也会令顾客失望。保证性包括如下特征:完成服务的能力、对顾客的礼貌和尊敬、与顾客有效的沟通、将顾客最关心的事放在心上的态度。

• 移情性。移情性是设身处地为顾客着想和对顾客给予特别的关注。移情性有以下特点:接近顾客的能力、敏感性和有效地理解顾客需求。

2. 服务质量评价的 SERVQUAL 模型

格鲁诺斯的理论认为,总体可感知质量并不是由技术质量和职能质量水平所决定的,它取决于期望质量(预期质量)和实际质量之间的差距。

顾客从服务质量要素的五个方面将预期的服务和接受到的服务相比较,最终形成自己对服务质量的判断,期望与感知之间的差距是服务质量的量度。图 1-1 就是一个服务质量差距模型。

SERVQUAL 差距模式

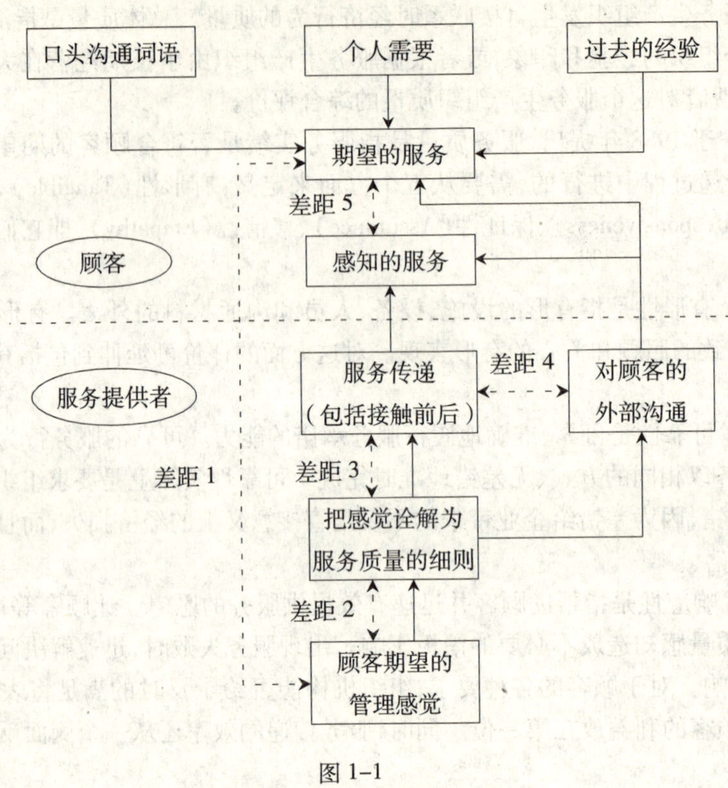

图 1–1

在图 1－1 中，顾客的服务期望与服务感知间的差距被定义为差距 5，它依赖于与服务传递过程相关的其他 4 个差距的大小和方向：

差距 1：是顾客期望于管理者对这些期望的感知之间的差距。导致这一差距的原因是管理者对顾客如何形成他们的期望缺乏了解。顾客期望的形成来源于广告、过去的经历、个人需要和朋友介绍。缩小这一差距的战略包括改进市场调查、增进管理者和员工间的交流、减少管理层次、缩短与顾客的距离。

差距 2：是指管理者没有构造一个能满足顾客期望的服务质量目标并将这些目标转换成切实可行的标准。差距 2 由下面原因造成：缺乏管理者对服务质量的支持，认为满足顾客期望是不可实现的。然而，设定目标和将服务传递工作标准化可弥补这一差距。

差距 3：是指服务绩效的差距，因为实际服务过程不一定能达到管理者制定的要求。许多原因会引起这一差距，如缺乏团队合作、员工招聘问题、训练不足和不合理的工作设计等。

差距 4：是实际传递的服务和对外沟通间的差距。顾客对服务的期望来自于媒体广告和与组织的各种交互过程。对外沟通中可能提出过度的承诺，而又没有与一线的服务人员很好地沟通。

顾客对服务质量的满意可以定义为：将对接受的服务的感知与对服务的期望相比较。当感知超出期望时，服务被认为具有特别质量，顾客会表示满意；当服务没有达到期望时，服务注定是不可接受的；当期望与感知一致时，质量是满意的。

用户对服务的期望有高有低，但基本上可分为两个层次：一是最低的服务水平；二是理想的服务水平。这种差距可以用两个指标来衡量：服务合格度和服务优秀度。

服务合格度 = 感觉到的服务 - 期望的最低服务

服务优秀度 = 感觉到的服务 - 期望的理想服务

服务合格度和服务优秀度是可以通过调查测评的。20 世纪 80 年代末，美国的帕拉苏拉曼（Parasuraman）、V. A. Zeithml 等人，提出用 SERVQUAL 模型来测量服务行业的服务质量。

SERVQUAL 是一种面向顾客的问卷式服务质量评估工具。该工具根据服务质量的 5 要素设计了 22 个陈述项（statements），见表 1 - 1：

表 1 - 1

服务质量方面	调查问卷称述项（示例）
有形性	1. 设施是否具有吸引力？
	2. 员工衣着是否得体？
	3. 书面材料是否易于理解？
	4. 设备的外观是否具有现代性？
可靠性	5. 一旦承诺在一定时间内给予响应，是否真实做到了？
	6. 是否准确遵循了客户服务准则？
	7. 声明或报告是否避免了差错？
	8. 服务是否从一开始就得到准确传递？
	9. 出现问题时，组织是否诚心表示要解决问题？
响应性	10. 当出现问题时，组织是否能快速响应？
	11. 员工是否愿意回答顾客的问题？
	12. 是否能为顾客提供及时服务？
保证性	13. 员工是否对顾客充满信心？
	14. 顾客是否对交易感到安全？
	15. 提供的材料是否适宜并且是最新的？
	16. 员工能否始终保持对顾客的礼节？
	17. 员工是否具备回答顾客问题的知识？
移情性	18. 员工是否给予了顾客特别的关注？
	19. 当客户提问时员工是否装作很忙碌或是态度粗鲁？
	20. 组织运营时间是否对所有顾客都方便？
	21. 员工是否真心关注顾客的最大利益？
	22. 员工是否理解顾客的需要？

22 个陈述项中的每一个陈述项都从特定角度，同时测度着顾客对服务的最低期望水平（minimum service level）、期望水平（desired service level）和感知到的水平（Perceived service level）。三种水平均按 1—9 级的标准测度，1 表示最低级，9 表示最高级。三者的比较可以得出反映服务质量的两项差距值：①感知到的水平与最低期望水平的差距；②感知到的水平与期望水平的差距。SERVQUAL 的设计者将前者称为服务质量“可容忍区”（zone of tolerance）；将后者称为服务质量值（service quality scores）。服务评价（可感知的服务质量）就是衡量实际质量与期望质量之间的差距。

采用 SERVQUAL 模型来测量服务质量，从理论上讲，可以得出四种结果：过低的质量、相符的质量、略高的质量和过高的质量。一流的质量至少是实际与期望相一致，或比期望高，这是因为人们要求的至少是可以接受的质量。也就是说，要使用户对所提供的服务感到满意，仅有可以接受的质量是不够的,还应将"优质"作为努力的目标。实际质量与用户期望质量相符还会产生口碑效应。值得注意的是,如果追求高的质量,使得用户感知的质量大大超过他预期的质量,则成本必然会高到不必要的程度,从经济上讲是不合算的。

到20世纪90年代末,美国研究图书馆协会根据SERVQUAL理论与模型,开发图书馆质量评估系统,这最终导致了图书馆界的SERVQUAL版本——LibQUAL+系统的出现。与以往的服务质量评估方法相比,LibQUAL体现的基本原理包括:用户的意见是判断图书馆服务质量的唯一可靠依据;服务质量表现为用户感知的服务水平与其期待水平之间的差距;服务质量包含若干不同方面,而且每个方面可以通过若干相互关联的陈述项来测度。以下是根据SERVQUAL模型设计的图书馆服务质量测量的问项示例:

图书馆服务质量测量变量与问项(从信息/资源的可获取性、服务感受、图书馆环境、个人控制这4个层面提供22个问题)

- 图书馆努力帮助读者熟悉使用各项服务
- 图书馆关注读者的感受
- 图书馆员谦虚礼貌
- 图书馆工作人员随时准备回答读者的问题
- 图书馆工作人员在其岗位上具有解答读者咨询的业务知识与技能
- 图书馆员接待读者礼貌热情,待人友善
- 图书馆员理解读者的需要
- 图书馆员乐意帮助读者解决问题
- 可靠、令人放心地处理读者的问题
- 纸质(印刷型)馆藏图书资源能满足我的需求
- 电子资源能满足我的需求
- 纸质与电子期刊(杂志)资源能满足我的需求
- 读者可在宿舍或办公室访问图书馆电子资源
- 图书馆网页方便读者自行查找信息
- 图书馆提供简单易用的工具帮助读者检索文献信息
- 图书馆是学习、研究的资源库
- 图书馆资源易于访问与获取
- 方便个人学习或同学交流

到如今,经过8年多的开发、修订与发展,LibQUAL+系统除在美国本土共有500多个图书馆加入到系列项目中,还有加拿大、英国(英格兰、苏格兰、威尔士)、澳大利亚、新西兰、法国、爱尔兰、荷兰、瑞士、德国、丹麦、芬兰、挪威、瑞典、埃及、阿拉伯联合酋长国、南非,以及中国香港等国家和地区的1000多个机构加入进来。目前LibQUAL+系统已经收集了逾100万图书馆用户的数据,系统支持12种语言,成为全球图书馆界具有国际化影响的质量测评系统。

三、国际图书馆质量评估的两大体系:绩效评估与成效评估

早在20世纪70年代,图书馆界的一些著名学者就开始从理论和实践上论述评估的重要意义,如F. W. Lancaster的《图书馆服务的衡量与评价》(The Measurement and Evaluation of Library Services),是图书馆界公认的有关评估的理论著作(1991年又出了第二版)。

20 世纪 70 年代末,美国高等教育界开始关注将测评其项目成效作为主要的质量指标。这种关注的驱使力量,包括重建地方认证机构的标准来强化评估,州立法委员会和联邦机构的兴趣在于要求他们拨款支持的机构更好地行使其职责,而且这些高等教育机构自身也期望把他们的产品当作“高质量”的,向当时正在萎缩的大学生人群去推销。最后,美国各个州的教育协调委员会要求公共教育机构每年度上报有关产出评估的数据并承当解释之责任。自此,美国图书馆协会(American Library Association,简称 ALA)其下属的美国研究图书馆协会(Association of Research Library,简称 ARL)与美国大学和研究图书馆协会(Association of College and Research Library,简称 ACRL)就开始对学术图书馆的成效评估(outcome assessment)进行研究。

1980 年,美国图书馆协会其下属的公共图书馆协会(the Public Library Association,简称 PLA)发布了《公共图书馆计划程序》(A Planning Process for Public Libraries),取代了新版的国家行业规定的标准。

从 20 世纪 80 年代起,欧美发达国家的图书馆界就已经开始研究如何开发绩效指标来评估图书馆的工作,经过了一个边开发边实践应用边完善的过程。1982 年美国图书馆协会出版了《公共图书馆的绩效评估》(Output Measures for Public Libraries),成为美国公共图书馆绩效评估的指南性文献。

到 20 世纪 90 年代初,美国、英国、加拿大、澳大利亚等国图书馆界颁布了一系列绩效指标体系,如 1990 年英国发布了《成功的关键:公共图书馆绩效指标——绩效测评和指标手册》(Keys to Success: performance indicators for public libraries: a manual of performance measures and indicators),1990 年美国大学和研究协会 ACRL“学术图书馆绩效测评项目”(Performance Measure for Academic Libraries Project)开发了绩效评估的方法;1995 年英格兰高等教育基金委员会发布了评估学术图书馆绩效的纲领性报告:《有成效的学术图书馆:评价英联邦学术图书馆绩效的纲领——图书馆绩效指标的联合咨文报告》(The Effective Academic Library: a framework for evaluating the performance of UK academic libraries: a joint consultative report to the HEFCE, SHEFC, HEFCW and DENI by the Joint Funding Councils'Ad Hoc Group on Performance Indicators for Libraries)。

从 20 世纪 90 年代初期到中期,尽管有不少国家图书馆界开发了各自的绩效指标体系,但是它们之间在术语和定义、测量方法上都不统一,因而不具有可比性。而且这些传统的指标体系都是从图书馆自身的工作经验和知识基础来设计的,是根据图书馆自己的需要来评价图书馆对自身工作感知的满意度,很少是从用户的角度来观察、剖析图书馆对用户服务的质量和满意度。而其时,国际图书馆界正在实施的全面质量管理,1995 年欧盟委员会以英国中央兰开夏大学(the University of Central Lancashire)为基地建立了“图书馆与信息管理研究中心”,开始进行“欧洲图书馆绩效评估与质量系统”(Evaluation and Quality in Library Performance: System for Europe,简称 EQLIPSE,http://www.cerlim.ac.uk/projects/eqlipse/index.php)的项目研究,提出绩效评估要与质量管理相结合,开发设计以用户为导向的指标体系,从此引发国际图书馆界从 1995 年开始、其后长达十余年的图书馆质量评估——绩效指标的国际标准开发热潮。

几乎与此同时,从 1996 年开始,以美国大学和研究图书馆协会为主,开始了图书馆成效评估的系统研究,到 1998 年发布了《学术图书馆成效评估报告》白皮书,成为其后国际图书馆界成效评估研究的里程碑。

自此以后,原来投入、产出不分,质量、效果不分的图书馆评估,逐渐分化成为绩效评估与成效评估两个方向,并在其后的十多年里,各自形成了成熟的评估体系。

所谓绩效(performance),是指图书馆提供服务的效果和提供服务过程中资源配置及利用的效率。

所谓成效(outcome),即对终端用户的影响,而影响,是对行为、态度、技能、知识或条件(状态/地位)的改变。

绩效评估,就是评估图书馆所提供的服务和开展的其他活动的质量和效果,并评估图书馆为开展这些服务和活动所配置资源的效率。而图书馆成效评估,是以图书馆用户为中心来计划和评估图书馆项目或服务的一种方法,这些项目或服务用以提供解决特定用户需求并设计达到改变用户的目的。

简言之,绩效评估是关注图书馆投入与产出及效率的评估,成效评估是关注图书馆服务影响与效果的评估。目前,国际图书馆界已制定有一整套绩效评估的系列国际标准,而成效评估也已形成了完善的成效评估的理论体系和规范化的成效评估实践程序和方法,不但如此,英美等发达国家图书馆界绩效评估、成效评估的实践,逐渐从图书馆界扩展到博物馆、档案馆等相关领域,可谓影响深远。

这一整套绩效评估的系列国际标准,包括有:

◆ ISO 11620:1998 图书馆绩效指标(Information and Documentation—Library performance indicators)(第1版,1998年4月)

◆ ISO 11620:1998/Amd.1:2003 图书馆绩效指标 补充本1:增订图书馆绩效指标(Information and Documentation—Library Performance Indicators AMENDMENT 1: Additional performance indicators for libraries)(补充本第1版,2003年7月)

◆ ISO/TR 20983:2003 电子图书馆服务绩效指标(Performance indicators for electronic library services)(第1版,2003年11月)

◆ ISO 2789:2006 国际图书馆统计(Information and Documentation—International library statistics)(2003年第3版,目前最新版是2006年9月第4版)

其中,ISO 11620:1998 和 ISO 11620:1998/Amd.1:2003 统称 ISO 11620, 是传统图书馆绩效评估的指标体系标准,ISO/TR 20983:2003 则是电子图书馆服务绩效评估的指标体系,ISO 11620 和 ISO/TR 20983 共同构成了对图书馆的产出(output)——即图书馆工作进行绩效评估的两大绩效指标体系。

ISO 2789,是有关图书馆数量的统计工具,提供从馆藏规模和服务、用户数量和类型、图书馆人员、设备、馆舍等对图书馆投入(input)方面进行统计和评估。

而成效评估是另外的一种方式,来评价图书馆的服务和项目,是一种有着很不同的视角的方法。它颠覆性地改变了图书馆与用户的关系,即,把"用户在图书馆的生活中"变成了"图书馆在用户的生活中"。因为成效评估完全是以用户为导向的,评估的是图书馆带给用户的影响和变化。例如,我们项目或服务的结果让读者改变了什么?我们的项目是如何影响我们用户的生活?图书馆通过跟踪其服务和项目对用户的影响而评估图书馆服务的质量和效果。

因此,完整的图书馆质量评估要包括绩效评估和成效评估(参见图0-1),同时包括三种类型:投入(inputs)、产出(outputs)和成效(outcomes)的评估,才能形成一个从入到出、从量到质、从微观到宏观的整体评价体系。

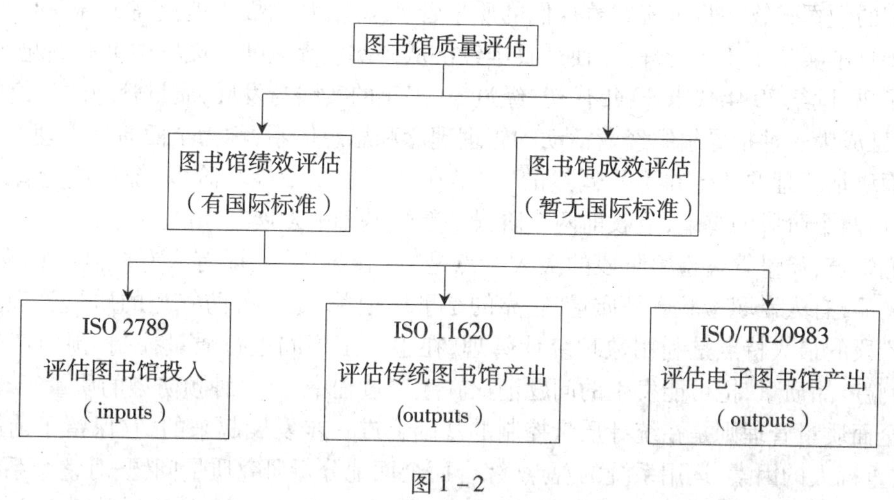

图 1－2

第二节　国际图书馆质量评估两大体系形成的背景

一、国际图书馆实施全面质量管理的历程

1. 全面质量管理的背景

什么是全面质量管理(Total Quality Management，简称 TQM)？

对于全面质量管理的定义,尽管有着不同的描述,如有的说全面质量管理是一种普遍的管理哲学,或是一个管理体系,或是一个组织对持续改进和满足现有及潜在客户需求的承诺。

那么,到底什么是全面质量管理？一言以蔽之,全面质量管理是一个组织以质量为中心,以全员参与为基础,目的在于通过让顾客满意和本组织所有成员及社会受益而达到长期成功的管理途径。通过全体员工的参与,从而提高质量,实现组织及社会利益的目的,是全面质量管理体系的基本内涵。

全面质量管理这一术语是 20 世纪 80 年代才出现的。

20 世纪 70 年代末期,当日本的电子产品和汽车质量跃升为全球第一时,美国震惊不已：是什么使得日本的制造业迅速攀升？是质量管理。最早由美国的统计学家爱德华・戴明(Edwards Deming)提出的质量管理,首先在日本得到了全盘接纳和发展兴旺。当美国人眼睁睁看着自己的世界市场份额在 20 世纪 80 年代初日渐减少,而逐渐被日本的优质产品所替代的时候,1980 年 6 月,美国著名的新闻媒体机构 NBC 通过电视广播了一份白皮书"如果日本能够做到的——为什么我们却不能?"至此,戴明的质量管理观念才在美国本土被接受,并于 20 世纪 80 年代初迅速在欧美国家的工商界广为推广,从此在全世界刮起了质量革命的旋风。

虽然 20 世纪 80 年代初才出现全面质量管理这一术语,但是,其所涵盖的思想、理论、原则和方法,可以追溯到 20 世纪 50 年代。

日本在二次世界大战中失败后,为了帮助和扶持战后满目疮夷的日本经济,提高日本制造业产品的质量,1948 至 1950 年,爱德华・戴明,全面质量管理的鼻祖,当时在美国通用汽车制造公司工作,被派往日本的制造企业进行质量培训;1954 年约瑟夫・M・朱兰(Joseph M. Juran)以及随后的菲利普・克劳斯比(Philip　B. Crosby)也来到日本讲学培训,这些世界公认的质量管理的领军人物在日本实践着他们的质量管理思想，从而极大地提高了日本的产品质量。正是由于日本实施了质量管理，才使得日本经济从二次世界大战的废墟中迅速崛起。

到了20世纪70年代末80年代初，经过30多年的实践与发展，质量管理的理论得到了不断完善，已成为一种指导组织经营活动的管理理念和思想体系，称为全面质量管理。

全面质量管理的产生并不是偶然的，它是在经历了质量检验阶段、统计质量管理阶段以后，摒弃前两个阶段的弊端，吸收前两个阶段的精髓基础上发展起来的。

我们知道，质量管理检验阶段的最大特点是“三权分立”。即有人专职制定标准，有人负责制造产品，有人专职检验产品质量，它靠的是事后把关，是一种防守型的质量管理。统计质量管理阶段的最大特点是利用数理统计管理，在生产工序间进行质量控制、预防产生不合格品，并检验产品质量，把可能发生的问题消灭在生产过程中，是一种预防型的质量管理。

而全面质量管理则是在统计质量控制的基础上进一步发展起来的，它保留了前两个阶段的长处，重视人的因素，运用系统的观点，综合而全面地分析研究质量问题，对整个系统采取措施，把预防和改进结合起来，不断提高质量，可以说是一种进攻型或者是全攻全守型的质量管理。

因此，戴明的质量管理理念很快被美国数百家企业或公司所采纳，这些企业包括福特汽车、施乐、摩托罗拉、IBM、惠普等世界财富500强的公司。为了提升美国的产品、服务、生产力和在世界市场的竞争力，到1990年，美国商业周刊排名前1000名的企业中有50%都采用各种形式的质量改进计划。尽管有“质量管理”（quality management）“质量控制”（quality control）、“质量保证”（quality assurance）、“质量循环”（quality circles）、“质量提升”（quality improvement）、“持续改进”（continous improvement）、“提高生产力”（productivity improvement）等等不同的说法，但它们都是全面质量管理理论与思潮的推广与应用。1998年美国联邦质量研究所在首府华盛顿成立，促进和推动全面质量管理在整个联邦政府的实施。

从20世纪90年代起，全面质量管理除了在美国外，还被英国、德国、法国等西方国家的工商界迅速接受；覆盖范围从工商界外，还被政府机构、军事、教育界和其他非赢利性部门（包括图书馆界）广泛采纳并臻至盛行。

全面质量管理的概念从20世纪80年代初才面世，但思想和理论却日益丰富。除了爱德华·戴明，还有其他的一些质量管理专家，如约瑟夫·朱兰、菲利普·克劳斯比也分别对质量管理的理论、模式和工具的形成作出了贡献。全面质量管理逐渐形成了一个由众多质量管理专家的思想和理论构成的知识体系，衍生成一种管理哲学，并在其核心理论的基础上，开发了一系列关于质量管理和质量保证的国际标准。从1987年开始，国际标准化组织发布了ISO 9000质量体系标准，这也标志着全面质量管理走向了标准化和制度化的新阶段。随后，在全球范围内掀起了推行ISO 9000质量体系认证的热潮，目前已有近百个国家，包括美国、日本、欧洲联盟各国以及中国等同或等效采用了这一系列标准。

全面质量管理的知识体系和ISO 9000系列国际标准，能在这么短的时间内，被这么多的国家等同或等效采用，而且影响这么广泛，这在国际标准化历史上还是史无前例的，所以，全面质量管理被认为是战后世界组织管理的第一次革命。

2. 全面质量管理的核心要点

对于全面质量管理的思想、理论、原则和方法，爱德华·戴明、约瑟夫·朱兰、菲利普·克劳斯比有各自不同的关注点和侧重点，如戴明强调利用统计方法对生产流程进行质量控制，朱兰强调领导和管理者在质量管理中的责任,克劳斯比提出质量成本和零缺陷,但是他们的理论重要部分都包括了全员参与、承诺员工培训和发展、组建解决问题的团队、应用质量控制标准和统计方法、长期的目标和思想,以及认同是体系的不完善而不是人的原因,才导致效率低下。全面质量管理的核心要点可以概括为八句话,即:

- 建立一个体系(质量管理体系或称质量保证体系);
- 强调两个结合(专业技术和数理统计的结合);
- 实现三全管理(全员参加、全部门负责、全过程管理);
- 注重 PDCA 四阶段的循环[计划(PLAN)、实施(DO)、检查(CHEK)、总结(ACTION)];
- 突出五大观点(质量第一的观点;用户至上的观点;预防为主的观点;一切用数据说话的观点;始于教育,终于教育的观点);
- 强化六大基础工作(质量教育、质量责任制、标准化工作、计量工作、质量信息工作、团队建设工作);
- 应用七种工具(因果图法、排列图法、控制图法、直方图法、散布图法、分层法、调查表);
- 严格质量改进的八个步骤(找出存在的问题、分析产生问题的原因、找出影响大的原因、制定措施计划、执行措施计划、检查效果、巩固措施、遗留问题的处理)。

由此可以看出,全面质量管理实际上是把基础工作、专业技术和数理统计结合起来,通过建立质量管理或质量保证体系,动员组织全员参加,全部门负责,全过程管理,从而用最经济的手段,生产顾客满意的产品。

3. 国际图书馆实施全面质量管理的历程

20 世纪 80 年代初全面质量管理迅速在欧美国家的工商界广为推广,从此在全世界刮起了质量革命的旋风。从 20 世纪 90 年代起,全面质量管理在西方国家除了在工商界外,还被政府机构、军事、教育界和其他非赢利性部门广泛采纳并臻至盛行。在美国高等教育界,1990 年俄勒冈州立大学率先在大学的财政金融与行政管理部门实施全面质量管理,然后渗透到学术领域,其中包括图书馆;1991 年哈佛大学、密执根大学图书馆等也开始实施质量管理;随后英国的牛津(Oxford)、剑桥(Cambridge)大学图书馆也紧跟着推行全面质量管理。此后,在整个 20 世纪 90 年代,从美国、英国到德国、法国、澳大利亚,直至整个西方国家,全面质量管理逐渐从最负盛名的大学流行到各个层次的大学包括社区大学,从学术图书馆、研究型图书馆向公共图书馆和其他各类型图书馆全面铺开。西方国家图书馆界的这一场深刻的质量革命旋风,又越过大西洋、太平洋,漂洋过海逐渐波及拉丁美洲、非洲、亚洲国家的图书馆界,可谓影响深远,至今还余音绕梁。

纵观以西方国家图书馆界为代表的国际图书馆质量管理革命历程,笔者观之,窃自以为可以分为磨合期、融合期、繁盛期和升华期四个阶段,试述之如下:

(1) 第一阶段:磨合期,20 世纪 80 年代末到 1993 年 9 月以前。磨合期的特点表现为图书馆被动接受或零散自发地实施全面质量管理。

这一阶段,在推行全面质量管理的实践中,绝大多数图书馆是作为其直属机构整体的一部分参与质量管理项目,很少是单独自己实施质量管理的,只有极少数最负盛名的大学如美国哈佛大学、俄勒冈州立大学、密执根大学等图书馆是各自自发地实施质量管理的。

1993 年 4 月美国研究图书馆协会(Association of Research Libraries,简称 ARL)进行了一项调查,收到了 91 份回答(占问卷的 76%),其中 15 个(占 16%)大学图书馆表明已正式导入质量管理项目，而在那些没有导入质量管理的76个图书馆中，有18个大学或是政府机构的部分学院或下属机构实施了质量管理。那么15个实施了质量管理的图书馆中，其中10个是作为其直属机构整体的一部分参与质量管理项目，余下来的5个中，4个和其直属机构的其他非学术部门同时实施质量管理，只有1个图书馆是单独自己实施质量管理的。

而此时的北欧国家的图书馆界，更多地表现出对实施ISO 9000认证的兴趣。尽管在1993年的时候，虽然只有英国、丹麦、挪威、瑞典和冰岛的几个图书馆开始了实施ISO 9000认证，但是许多信息部门和图书馆管理者都正在计划准备实施ISO 9000认证，特别是企业图书馆、专业图书馆、技术或商业图书馆想把ISO 9000认证当作提升其竞争力的一次机遇。

这一阶段，在图书馆质量管理理论研究方面有了较大进展，20世纪80年代，质量管理只引起了图书馆界一些专家学者的注意；到90年代初，全面质量管理已成为图书馆学的重要研究课题。国外统计数据表明：从1983—1991年，有关图书馆全面质量管理的论文由9篇上升到了180篇左右。

磨合期的困惑与障碍

由于图书馆是一个非赢利的以服务为主的文化机构，有着与商业企业完全不同的工作内容和环境，全面质量管理这一发源于制造企业的新思想、新方法，在图书馆刚刚接触、了解和应用实施当中，遇到了很多的障碍，也为图书馆界带来了许多困惑，主要表现为：

①语言上的障碍。首先是对"全面"、"质量"，以及"管理"这些术语的异议，仿佛它们意味着从未遇到过的高标准。其次，由于有关全面质量管理的文献充斥着各种与质量有关的术语，除了常规使用的质量控制、质量保证和全面质量管理外，还有全面质量控制、全面质量保证、质量管理、质量改进、持续质量改进等等，各种术语层出不穷，使图书馆人难以理解和困惑，而且全面质量管理的各代表人物，他们的思想、理论、原则和方法又各有所侧重，让实施者难以取舍，其中适合于企业的专门化、技术化的术语是众多图书馆员所不熟悉和不理解的。如"顾客"一词就引起了图书馆员的不满，他们抱怨图书馆没有"顾客"，只有"读者"。而热情提倡在图书馆实施ISO 9000的中央兰开夏大学图书馆馆长Peter Brophy也说："ISO 9000满是行话，一个学生因逾期还书被罚款，谁会把这种情况称作一个'不合格产品'呢？"再加上实施全面质量管理的机构在实施时，并不冠以全面质量管理之名，又采用了各种不同的称谓，如质量保证计划、质量审验、再造工程、整合运动等，这些计划名称常常和全面质量管理的某些要素、功能混同起来，这更加剧了图书馆理解的困难。

②承诺上的障碍。全面质量管理需要花费几年的时间来实施，而且它要达到的目的不是一时的质量水平的提高，而是实现文化上的变革——建立起以永远追求高质量为目标的质量文化，这就要求图书馆管理者作出长期的承诺，并保证在财政紧张和其他不利情况下坚持贯彻。

③过程上的障碍。我们的文化趋向于浮躁，我们都试图急于求成地解决问题，而与之相反，全面质量管理是一个细致的过程分析，从探索到准备阶段，再到实施与评价阶段，都要求充分酝酿，精心组织。尤其是从工作流程的确定、程序文件的撰写，到建立一个完善的质量管理体系，需要反复的修订与完善，不是一蹴而就的。

④职业化的障碍。图书馆是高度职业化的机构，多年来形成的一整套完善的规则、标准和条例，使得图书馆员的工作建立在这些往往已脱离用户需要而仅作为一种理论甚至学科自身发展起来的原则之上。"图书馆长久以来就宣称是以服务为导向的，但传统上，服务的好与坏

是由图书馆根据自己的知识基础和操作经验来界定的，而不是由图书馆的用户决定的。”因此，图书馆专业人员可能抵触推翻他们已有的实践和服务，而去满足由客户要求的一些服务，在他们看来这些客户的要求只是客户们未经深思、没有见地的一时兴致和奇思怪想。

⑤测量工具上的障碍。全面质量管理的核心观点之一就是用事实、数据说话，利用测量工具对流程、产出和结果进行评价，了解当前状况和预定目标之间的差距，从而不断改进、提高。而全面质量管理所提供的那些测量工具和方法，如在质量管理中广泛应用的直方图、控制图、因果图、排列图、相关图、分层法和统计分析表等，放到图书馆环境中就有许多不适宜之处，图书馆界本身虽然一直强调量化指标，并制定了一些绩效测量标准，但总体说来，始终缺乏一种完善、有效的测量工具。

⑥成本花费的障碍。由于在企业界实施全面质量管理通常是和 ISO 9000 认证联在一起的，而 ISO 9000 认证所费不菲，如英国标准研究所规定：10 人及以上的组织机构平均将要支付 4090 英镑的费用花在申请费、初始评估、许可证和顾问上，除此之外，每年的外部评审也需要花费一定的费用。因此在图书馆实施全面质量管理，对经费本来就不太充裕的图书馆来说，存在成本花费的重重顾虑。

⑦接受变革上的障碍。组织机构在进行变革时，总会伴随着紧张、焦虑、抵制和冲突，而全面质量管理作为一种新思想、新方法，在应用于图书馆时必然会遇到一些阻力，受到一些人的怀疑、批评和抵制。因此，这一时期的图书馆界，有人积极响应，也有人说，质量管理不过又是一阵风而已，质量管理是新瓶装旧酒换了个新包装，等等，怀疑、观望和批评抵制者也不乏其人。

（2）第二阶段：融合期，1993 年 9 月到 1994 年底。融合期特点表现为西方国家图书馆界以各个国家的行业学会或协会牵头，主动地组织研究全面质量管理的理论原理在图书馆的应用，并准备大规模发动全面质量管理的实施。

这一时期的分界点以 1993 年 9 月为标志，因为其时，美国研究图书馆协会（ARL）指定其下的管理服务办公室（Office of Management Service，简称 OMS）负责推动和评价为提升服务与效益而在美国研究图书馆界实施全面质量管理的方法，这是国际图书馆界第一次由图书馆行业联盟主动地组织探讨和研究全面质量管理的理论原理在图书馆的应用。

与此同时（1993 年），欧盟委员会以英国中央兰开夏大学（the University of Central Lancashire）为基地建立了“图书馆与信息管理研究中心”（the Centre for Research in Library and Information Management ，以下简称 CERLIM，http://www.cerlim.ac.uk/），该中心开展了由大英图书馆研究和创新中心（之前称为大英图书馆研究开发部）资助的“图书馆质量管理”（Quality Management in Libraries）项目研究，该项目要达到的目标是：（a）为图书馆及信息服务的质量管理提供一份观念性的纲领；（b）用通用的术语来解析将要在图书馆和信息服务中采纳的主要管理方法，以便于促进图书馆选择适用的质量管理体系和技术，并实施质量管理；（c）探索质量管理和图书馆绩效测评之间的关系。

1993 年下半年，北欧质量管理计划也资助北欧科学信息和研究图书馆委员会（The Nordic Council for Scientific Information and Research Libraries，简称 NORDINFO）的质量管理研究，其中日德兰电话公司的商业信息中心和图书馆（the business information centre and library of Jutland Telephone Company）开始实施为期 2 年的 ISO 9000 认证。

1992 年初，西班牙的图书馆和信息中心联合其行业协会或学会就开始考虑在行业内实施质量管理的方法,1993 年后,无论是在公共还是私营部门,质量管理的应用都在增加,而大学图书馆尤其表现出特别的兴趣。

由此可见,从 1993 年下半年开始,欧美国家图书馆界行业协会或学会都纷纷开始行动,进行全面质量管理的研究和广泛的交流学习,使得图书馆质量管理的研究与实践很快走向了国际化。

1994 年 4 月 20—22 日,美国研究图书馆协会管理服务办公室联合韦恩(Wayne)州立大学图书馆,在美国首府华盛顿举办了第一次有关全面质量管理在图书馆应用的国际会议,会议的议题是"学术图书馆的全面质量管理:创始实施的努力"。本次会议的焦点议题有:

- 全面质量管理和高等教育;
- 全面质量管理的管理和策划工具的利用;
- 实施定标比超;
- 启动和实施全面质量管理计划;
- 创建持续改进的环境;
- 团队促进技能。

会上还邀请了著名的质量管理咨询专家 Daniel T. Seymour(他是 7 本书的作者,在高等教育和工业界都是颇负盛名的质量问题咨询专家)作了关于"高等教育质量之本"(Causing Quality in Higher Education)的主旨演讲。

这次国际会议论文集中还推荐了有关全面质量管理的 36 本书和经典的期刊论文。该次会议之后,全面质量管理在西方国家图书馆中应用与实践得到了迅速推广与普及。

融合期这一阶段有关全面质量管理的理论研究成就有了较大突破,不仅有关的论文大规模上升,仅"1993 年下半年,图书馆期刊、索引中出现的图书馆全面质量管理的论文就有 30 多篇",各种专著也纷纷问世,有美国 ARL 管理服务办公室负责人 Susan Jurow, Susan B. Barnard 撰写的《把全面质量管理融合到图书馆环境中》(Integrating Total Quality Management in a Library Setting. New York:The Haworth Press, Inc. ,1993),还有 Rasanna M. O' Neil 撰写的《图书馆全面质量管理》(Total Quality Management in Libraries. Englewood:Libraries Unlimited, Inc. , 1994),Robert D. Stueart 与 Barbare B. Moran 撰写的《图书馆和信息中心的管理》(*Library and Information Center Management*. Englewood:Libraries Unlimited, Inc. ,1993),等等,除了论文专著外,西方国家图书馆界许多国家级图书馆学会/协会、图书馆联盟还组织编写有很多的小册子、指南等。这些理论研究成果全面介绍了有关全面质量管理的基础知识,以及如何在图书馆环境下实施、采用的模式,及实施的利弊,还有已经实施了全面质量管理的图书馆的案例分析等等。

这一阶段的主要成就是西方国家图书馆界的国家级图书馆学会或协会,纷纷行动起来,主动组织研究、培训,然后把研究成果统一推广,为全面质量管理在图书馆界的全面推行消除了困惑、厘清了障碍、统一了认识。经过这一阶段的研究学习和了解,如同英国的杰斯(Chase)所宣称的那样,西方国家图书馆员认识到:"对于 90 年代来说,质量管理不再是一项选择——而是一项正常的需求"。

(3) 第三阶段:繁盛期,1995 年到 2003 年。繁盛期的特点表现为西方国家图书馆界联合起来全面组织实施质量管理,质量管理的项目或计划纷纷出台,名目繁多,可谓百花齐艳,而且以欧美国家图书馆为主的国际图书馆界联合起来创造性地研究、开发和制定适合图书馆自身质量评估的绩效指标,并得到国际标准化组织(International Organization for Standardization,简称 ISO)的认可,出版发布了国际标准 ISO 11620“信息与文献——图书馆绩效指标”(Information and Documentation—Library Performance Indicators),国际标准技术报告 ISO/TR 20983“信息与文献——电子图书馆服务绩效指标”(Information and Documentation—Performance Indicators for Electronic Library Services);同时对国际标准 ISO 2789“信息与文献——国际图书馆统计”(Information and Documentation—International Library Statistics)进行了反复修订。

1993 年欧盟委员会以英国中央兰开夏大学(the University of Central Lancashire)为基地建立了“图书馆与信息管理研究中心”(简称 CERLIM),该中心的一项重大研究课题是图书馆质量管理技术与绩效评估。首先,研究中心试验了国际标准 ISO 9000 质量管理框架在图书馆的应用,试验后认为 ISO 9000 对图书馆不太适宜,因此图书馆有必要采用相对于 ISO 9000 而言不太严密的质量管理方法,提出了同时从质量管理和绩效评估的角度来开发一些机制促进图书馆(复合图书馆,传统和数字图书馆的整合)管理的动议。

为了评估和促进图书馆服务质量,图书馆绩效指标国际标准的开发得到了国际图书馆学界的一致认可。欧盟委员会“图书馆与信息管理研究中心”的两个项目 EQLIPSE 和 EQUINOX,经过从 1995 年初到 2000 年底共 5 年多的研究、试验和积极宣传推广,其开发的评估传统图书馆与电子图书馆绩效的指标和质量测评方法,成为国际标准 ISO 11620“图书馆绩效指标”和国际标准技术报告 ISO/TR 20983“电子图书馆服务绩效指标”的雏形。

与此同时,在国际级别上,联合国教科文组织(United Nations Educational, Scientific and Cultural Organization,简称 UNESCO)和国际图联(International Federation of Library Associations and Institutions, IFLA)做了许多重要工作。最后,在国际图联和联合国教科文组织推动下,国际标准化组织,以国际图书馆界的研究成果为基础,筹备起草了有关图书馆绩效评估的国际标准、补充本,并相继获得通过,出版发行。

1998 年 4 月 1 日出版发行了国际标准 ISO 11620:1998“信息与文献——图书馆绩效指标”,2003 年 7 月 5 日发布了该标准的补充本 ISO 11620:1998/Amd. 1:2003“信息与文献——图书馆绩效指标 补充本 1:增订图书馆绩效指标”(Information and Documentation—Library Performance Indicators AMENDMENT 1: Additional performance indicators for libraries);2003 年 11 月 1 日发布了国际标准技术报告 ISO/TR 20983“信息与文献——电子图书馆服务绩效指标”;同时国际图书馆界还联合了国际图联(IFLA)统计和评估专业组(Statistics and Evaluation)以及国家图书馆专业组等,以德国的 Roswitha Poll 作为主持 ISO 2789 修订的主席,对国际标准 ISO 2789“信息与文献——国际图书馆统计”进行了反复修订,在 1991 年版的基础上出版了 2003 年版 ISO 2789。到 2003 年底,这一系列标准的相继出版,为基于实施与数据说话的图书馆质量管理,提供了一整套的统计、评估工具。

所以从 1995 年到 2003 年底,国际图书馆界质量管理不仅形成了成熟的图书馆质量管理的理论、原则,还开创了适合图书馆行业自身特性的质量评估的方法和工具——系列国际标准,可谓硕果累累。

(4)第四阶段:升华期,2004 年至今。升华期的特点表现为质量观念已内化成为图书馆职业精神的一部分,图书馆质量评估的实践也已经固化为图书馆的一种常规管理手段,国际图书馆界在实践绩效评估的同时,也热衷于在更宽广的视野内探讨图书馆成效评估的指标体系和方法,要把图书馆作为一个整体的组织和它所开展的活动、提供的服务,评价其对个体技能、综合能力、态度、行为带来的改变,以及它对服务所面向的组织机构或社会产生的影响和贡献。图书馆质量评估从关注投入与产出为主的绩效评估,走向关注真实质量与效果的成效评估的更高层次,形成了完整的图书馆质量评估两大体系:绩效评估和成效评估。

西方国家图书馆界,经过近20年质量革命的熏陶,质量观念已内化成为图书馆职业精神的一部分,就如同国际图联主席 Alex Byrne 在 2007 年 8 月南非德班 73 届世界图书馆与信息大会上所说:图书馆的一切都是围绕提供最高质量的信息服务。

图书馆质量管理理念从欧美发达国家,逐渐影响到亚洲、拉丁美洲和非洲的国家和地区。

亚洲的许多国家(如新加坡、中国、泰国、印度、马来西亚、斐济和巴基斯坦等)的图书馆界在上个世纪90年代关注到这一股质量风潮,逐渐开始了研究、探讨和实施。

如,2004 年 3 月,印度管理学会举办了"全面质量管理在图书馆和信息服务中"的培训计划,邀请了世界上信息部门的高级专家来讲课。通过该项目,可以让参与培训的人更好地理解全面质量管理的程序和精髓,掌握用正确而简练的方式方法来评估他们的客户需求,从而能够满足客户的全面需求,以及能够为机构运营的各个领域提供有效的经费支撑。

尽管拉丁美洲和非洲的图书馆界实施全面质量管理的不多,拉丁美洲在上个世纪末期开始在公共图书馆界探讨实施质量管理的可行性,再如非洲的加纳(Ghana),以前很少有关于全面质量管理理论在图书馆应用的文献,几乎没有全面质量管理在加纳图书馆实施的文献报道,但最近情况有所变化。几年以前加纳的大学实行对校园内设备进行收费服务,包括对图书馆的利用,以反对完全免费的大学教育。因此,现在学生开始要求为他们所付费用获得价值相当的高质量服务,对于图书馆管理者而言,改变传统管理模式采用质量管理就会成为一种日益增长的需要。

二、国际图书馆全面质量管理对质量评估两大体系形成的影响

在这场席卷整个欧美国家和发达国家的图书馆质量管理革命旋风当中,图书馆全面质量管理的研究与实践,为国际图书馆界带来了重大的根本性的观念变革,这些重大的变革主要体现在:

质量第一的观点。图书馆的一切都是为了提供高质量的信息与服务,因此图书馆的质量不能只关注馆舍的大小与馆藏的多寡,而必须把焦点放在图书馆的服务质量上。全面质量管理不是一个管理工具,而是全员参加、全部门负责、全过程管理的"三全"系统管理工程。在全面质量管理中,管理角色发生了改变,从原来的下指令变成了授权于员工来运行工作过程、传递服务,它强调管理的领导作用与承诺,并要求管理者和所有雇员在观念上发生重大变革,重新审视他们各自在组织中的角色:即每一个人都是参与管理的人,只是管理的层次和范围不同,全面质量管理最终要实现组织的文化变革。

以人为本,用户至上的观点。服务是图书馆的本质属性,图书馆存在的价值,不是为了在图书馆工作的员工,而是为了他们所服务的人——用户。因此,图书馆服务的质量应该从自我感知转变到顾客感知来衡量,"只有读者才能评判图书馆服务的质量,其他任何的评判都从根本上是无关紧要的"。

图书馆预防为主的观点。图书馆的业务工作从采访、购买,到分类编目与加工,最后进入流通面向公众服务,每一个业务环节和每一项作业流程,其质量都会影响到下一道工作流程,并最终使得图书馆最终的产品和服务质量受到影响。因此图书馆要从第一个业务环节开始,

把握质量管理控制的每一项作业流程,才能达到全过程的质量控制。

以人为本,始于教育,终于教育的观点。高质量的服务是由图书馆员工来提供的,卓越的服务需要卓越的员工,因此要发展以人为本即以员工为本的培训、教育和发展计划。只有通过不断提升员工的专业素质和综合素质,以增强员工参与决策的能力并应对不断变化的顾客需要,才能提高个人和组织的效率和灵活性,达到不断追求卓越的图书馆服务的最终目的。

一切用数据和事实说话的观点。无论是图书馆对自身的管理、决策和运营的质量评估,还是权威认证机构对图书馆运营的评估,或是社会对图书馆形象的评价,都要以事实为依据、用数据来说话。这一观念的形成和发展,直接导致了图书馆标准化质量评估工具——一整套绩效指标国际标准与成效评估体系的开发与应用。

全面质量管理理论在西方图书馆实施,带来的是图书馆理念的根本性变革,例如图书馆的人本思想,它就来源于质量管理的核心思想之一。图书馆以人为本,这个"人"包括两个方面的内涵:首先,以人为本应以图书馆用户为本,因为图书馆是服务机构,用户是上帝;其次,以人为本,应以图书馆职员为本,因为高质量的服务依赖高素质的员工。

毫无疑义,国际图书馆界的质量革命,实现了一场深刻的文化变革——对于图书馆而言,建立起以永远追求高质量为目标的质量文化,铸造了一种追求卓越的职业精神;对于图书馆员而言,树立了从追求卓越的职业贡献到追求卓越的人生价值的事业观、人生观,锤炼了一种追求高尚事业的人文精神。正如同今天的国际图联主席 Alex Byrne 在 2007 年 8 月南非德班 73 届世界图书馆与信息大会第 3 分部图书馆服务大众分主题会场上所说:"我们的承诺是一个光荣的承诺,一个高贵的承诺——即,提供对高质量信息的获取。"(Ours is an honorable commitment, a noble commitment to the provision of access to high quality information.)

此外,国际图书馆界的全面质量管理的实施,直接促进了图书馆界绩效评估与成效评估两大体系的形成与完善,绩效指标体系国际标准的开发与制订、国际图书馆统计标准的多次修订,同时从用户角度来评估、衡量图书馆服务质量和效果的成效评估体系的研究,都是国际图书馆界质量管理革命的丰硕成就,这使得图书馆的全面质量管理不必生搬硬套 ISO 9000 认证的模式,图书馆拥有自己独特的质量评估国际标准来实施质量管理与质量改进。

今天,国际图书馆界质量意识和质量文化,已悄然内化为图书馆的职业精神,曾经盛极一时的图书馆全面质量管理研究,正如同 TQM 的领袖之一,克劳斯比(Philip Crosby)评价说:"TQM 终究也是一种会消失的幻景,就像其他管理思潮一样;但是,质量管理它本身是不会消亡的。"尤其在当今的国际图书馆界,正日益强调应用有效的绩效测量(performance measure)来评价图书馆的产出、效率和服务效果,同时运用成效评估(outcome assessment)的各种方法,如用户调查、焦点组,来获得用户反馈,从而制定或改进计划目标,提升服务质量,引领图书馆事业从一个高潮走向另一个高潮,为保存文明、传承文化,为了促进人的全面发展和社会的合理进步,而矢志不渝追求卓越。

参考文献

1 那春光. 图书馆质量管理学. 长春:吉林科学技术出版社,2003

2 初景利. 应用 SERVQUAL 评价图书馆服务质量. 大学图书馆学报,1998(5)

3 初景利. 图书馆服务质量评价新理论. 图书情报工作,1999(11)

4 谭祥金. 图书馆服务评价标准初探. 中国图书馆学报,2001(1)

第二章　国际图书馆绩效评估体系

第一节　国际图书馆绩效评估概述

一、图书馆绩效评估国际标准开发的背景和目的

1. 图书馆绩效评估国际标准开发的背景

早在20世纪70年代，欧美图书馆界的一些著名学者就开始从理论和实践上论述评估的重要意义，如F. W. Lancaster的《图书馆服务的衡量与评价》(*The Measurement and Evaluation of Library Services*)，是图书馆界公认的有关评估的理论著作(1991年又出了第二版)。

20世纪80年代，发达国家的图书馆界就已经开始研究如何开发绩效指标来评估图书馆的工作，经过了一个边开发边实践应用边完善的过程。1982年美国图书馆协会出版了《公共图书馆的绩效评估》(*Output Measures for Public Libraries*)，成为美国公共图书馆绩效评估的指南性文献。

到20世纪90年代初，美国、英国、加拿大、澳大利亚等国图书馆界颁布了一系列绩效指标体系，如1990年英国发布了《成功的关键：公共图书馆绩效指标——绩效测评和指标手册》，1990年美国大学和研究协会ACRL"学术图书馆绩效测评项目"(Performance Measure for Academic Libraries Project, VanHouse, 1990)开发了绩效评估的方法；1995年英格兰高等教育基金委员会发布了评估学术图书馆绩效的纲领性报告：《有成效的学术图书馆：评价英联邦学术图书馆绩效的纲领——图书馆绩效指标的联合咨文报告》。

从20世纪90年代初期到中期，尽管有不少国家图书馆界开发了各自的绩效指标体系，但是它们之间在术语和定义、测量方法上都不统一，因而不具有可比性。而且这些传统的指标体系都是从图书馆自身的工作经验和知识基础来设计的，是根据图书馆自己的需要来评价图书馆对自身工作感知的满意度，很少是从用户的角度来观察、剖析图书馆对用户服务的质量和满意度。而国际图书馆界在实施全面质量管理时，如何在"一切以事实和数据说话"的核心价值中，同时体现"用户至上"的核心价值呢？这就是绩效评估要与质量管理相结合，开发设计以用户为导向的指标体系的指导思想。

国际图书馆界第一次联合行动发布国际上统一公认的绩效指标体系，是1996年国际图联IFLA学术和研究图书馆专业组颁布的《质量评估：学术图书馆绩效评估国际指南》(Measuring Quality: international guidelines for performance measurement in academic libraries)。该指标体系重心在以用户为导向的指标上，包括：有效性、文献传递、馆藏利用、采访速度、图书加工处理速度、馆际互借速度，以及用户满意度等。制定该指南的目标是：

(1)通过采用同一绩效指标中的同一种方法来获得可比性的结果；

(2)有助于用最合理的工作成本获得可靠的业绩；

(3)提高绩效指标作为一个有效管理的重要工具的接受程度。

2. 图书馆绩效评估国际标准开发的目的

为了使绩效指标成为全世界所有图书馆通用的测评工具，评估必须标准化。那么只有把绩效指标体系开发成 ISO 国际标准，才能确保质量评估的安全性、可靠性、兼容性、效果、效率、互操作性和经济性。这就是国际图书馆界从 1995 年开始、其后长达十余年的图书馆质量评估——绩效指标的国际标准开发热潮的背景和动力。

那么，图书馆绩效指标的标准化要达成什么目的呢？主要目的有两个：

• 传播有关现存的测试方法和实践的知识。也就是说，图书馆绩效指标标准要兼收并蓄，体现过去的 30 年里国际图书馆界累积的有关图书馆绩效测量与评估的丰富知识和宝贵实践。

• 要标准化绩效指标的术语和定义，数据收集的方法，分析数据的方法，同时还要能够进行比较和合计结果。

标准化的绩效指标本身，究竟要达成什么目的呢？这就是设计开发图书馆绩效指标的宗旨所在，即要把绩效指标作为一种方法和工具，来评估图书馆所提供的服务和开展的活动的质量和效果，并评估图书馆为开展这些服务和活动所配置资源的效率。

二、图书馆绩效指标国际标准开发的过程

1. 图书馆绩效指标国际标准开发的筹备阶段（1993—1997 年）

前面我们已经提到，1993 年欧盟委员会以英国中央兰开夏大学（the University of Central Lancashire）为基地建立了“图书馆与信息管理研究中心”（简称 CERLIM），该中心的一项重大研究课题是图书馆质量管理技术与绩效评估。首先，研究中心试验了国际标准 ISO 9000 质量管理框架在图书馆的应用，试验后认为 ISO 9000 对图书馆不太适宜，因此图书馆有必要采用相对于 ISO 9000 而言不太严密的质量管理方法，提出了同时从质量管理和绩效评估的角度来开发一些机制促进图书馆（复合图书馆，传统和数字图书馆的整合）管理的动议。

从 1995 年初开始，CERLIM 联合爱尔兰 Dynix 公司、爱尔兰国家微电子学应用中心（National Microelectronics Application Cerntre Ltd.，简称 MAC）、爱尔兰都柏林城市大学（Dublin City University Library，简称 DCU）、德国 Münster 大学（Universit? ts - und Landesbibliothek Münster）、西班牙 Oberta de Catalunya 大学以及瑞典 Stockholm 大学图书馆为主，另外还有丹麦、瑞典、意大利、德国和希腊的其他一些大学参与，主持了欧盟委员会支助的研究和开发项目——“欧洲图书馆绩效评估与质量系统”（Evaluation and Quality in Library Performance：System for Europe，简称 EQLIPSE，http://www.cerlim.ac.uk/projects/eqlipse/index.php）。该项目为期 2 年（1995 年 2 月—1997 年 11 月），整体目标是规范、开发和确定一个基于信息技术的开放系统，来支持所有类型图书馆的质量管理和绩效评估。

2. 图书馆绩效指标国际标准开发的形成阶段（1998—2003 年）

1998 年 4 月，CERLIM 从中央兰开夏大学迁移到英国曼彻斯特大都市大学（Macchester Metropolitan University，简称 MMU）。1998 年 11 月，研究中心以曼彻斯特大都市大学牵头，主要联合了来自于爱尔兰都柏林城市大学、德国 Münster 大学、西班牙 Oberta de Catalunya 大学以及瑞典 Stockholm 大学图书馆的世界前沿的有关图书馆绩效测评与质量管理的专家，以及来自爱尔兰国家微电子学应用中心、英国 Fretwell - Downing Informatics 公司在图书馆自动化和信息管理系统领域的技术专家，开展了“图书馆绩效评估与质量管理体系（Library Performance Measurement and Quality Management System）”（http://equinox.dcu.ie/index.html）的项

目研究,项目名称简称 EQUINOX。

EQUINOX 项目为期 2 年(1998 年 11 月—2000 年 11 月),也是欧洲委员会"Telematics for Libraries"计划下的一个项目,旨在为所有图书馆开发和利用各种方法来评估新的网络与数字环境下的图书馆绩效,以及传统绩效评估,并把这些方法放在质量管理的框架下来运作。该项目的主要两个目标是:

(1)通过扩充数字环境下图书馆的绩效指标来进一步推广已经确定的图书馆绩效指标体系的国际认同;

(2)为图书馆管理者开发和试验一个集成质量管理和绩效测评的工具。

具体目标如下:

• 开发一个集成软件工具来帮助欧洲国家的图书馆员用更有效率的手段来管理日益复合化(即基于传统印刷型和现代数字型资源整合)的图书馆;

• 为复合图书馆开发一系列绩效指标体系并促使指标体系得到国际公认;

• 确定这些绩效指标需要收集的数据组;

• 提供的软件将鼓励所有图书馆管理者导入一个适宜的质量管理等级,而不必受限于僵化的 ISO 9000 标准;

• 在大量的图书馆对定型前的模板系统进行可行性试验;

• 在横跨欧洲的图书馆进行大规模的示范试验跟踪;

• 把定型的方法和模式在欧洲图书馆界广为传播;

• 确保欧洲图书馆界成为这一领域的世界领袖地位。

为了评估和促进图书馆服务质量,图书馆绩效指标国际标准的开发得到了国际图书馆学界的一致认可。欧盟委员会"图书馆与信息管理研究中心"的两个项目 EQLIPSE 和 EQUINOX,经过从 1995 年初到 2000 年底共 5 年多的研究、试验和积极宣传推广,其开发的评估传统图书馆与电子图书馆绩效的指标和质量测评方法,成为国际标准 ISO 11620"图书馆绩效指标"和国际标准技术报告 ISO/TR 20983"电子图书馆服务绩效指标"的雏形,在欧共体的支持下,EQUINOX 项目还出版了一份综合性的述评,提供了如何开发、应用和理解图书馆绩效指标的重要信息。

与此同时,在国际级别上,联合国教科文组织(United Nations Educational, Scientific and Cultural Organization,简称 UNESCO)和国际图联(International Federation of Library Associations and Institutions,IFLA)做了许多重要工作。

国际图联(IFLA)的统计与评估专业组(Statistics and Evaluation Section)牵头的英国诺桑比亚(Northumbria)第 1 届国际图书馆和信息服务绩效测评国际会议(the Northumbria International Conference on Performance Measurement in Libraries and Information Services),于 1995 年 8 月 30 日至 9 月 4 日在英国诺桑比亚召开,以后每两年定点在此召开,截至 2007 年,已召开了 7 届国际会议,专门探讨绩效评估国际标准的开发、测评系统的设计及应用等,目前,该国际会议已扩充到对成效评估的探讨与研究。

国际图联的大学图书馆和其他一般性研究图书馆专业组[现已改名为:学术和研究型图书馆专业组(Academic and Research Libraries)],则由德国 Münster 大学和美国大学和研究图书馆协会等图书馆界专家牵头,制定了一整套评估学术性图书馆绩效的方针指南:《质量评估:学术图书馆绩效评估国际指南》(Measuring Quality: international guidelines for performance measurement in academic libraries),目前该指南已有 7 种语言的版本。

从 1997 年开始,国际图联统计与评估专业组开始联合国际图联公共图书馆组,共同开展“公共图书馆质量管理与绩效评估”的研究开发工作,成立大会于 1998 年 8 月 16 日在荷兰的阿姆斯特丹(Amsterdam)图联大会期间举行,大约有 50 位关注这一主题的代表参加。联合国教科文组织也积极参与,推进了公共图书馆绩效指标的开发,其中,美国图书馆学会,英国图书馆学会和英国国家文化、传媒和体育部图书馆、信息和档案司,法国图书馆学会参与了联合国教科文组织的公共图书馆绩效评估。

之后,国际图联统计与评估专业组,联合国家图书馆组、公共图书馆组、学术和研究型图书馆组、管理与运营组以及信息技术组等相关专业组,共同探讨图书馆质量管理绩效评估牵涉到的有关管理、应用范围及信息技术的各种问题。

最后,在国际图联和联合国教科文组织推动下,国际标准化组织技术委员会第 46 分会:信息与文献委员会(ISO/TC46)其下属的第 8 分会(SC8):统计和绩效评估委员会,以国际图书馆界的研究成果为基础,筹备起草了有关图书馆绩效评估的国际标准、补充本,并相继获得通过,出版发行。

1998 年 4 月 1 日出版发行了国际标准 ISO 11620:1998“信息与文献——图书馆绩效指标”,2003 年 7 月 5 日发布了该标准的补充本 ISO 11620:1998/Amd. 1:2003“信息与文献——图书馆绩效指标 补充本 1:增订图书馆绩效指标”(Information and Documentation—Library Performance Indicators AMENDMENT 1: Additional performance indicators for libraries);2003 年 11 月 1 日发布了国际标准技术报告 ISO/TR 20983“信息与文献——电子图书馆服务绩效指标”;同时国际图书馆界还联合了国际图联(IFLA)统计和评估专业组(Statistics and Evaluation)以及国家图书馆专业组等,以德国的 Roswitha Poll 作为主持 ISO 2789 修订的主席,对国际标准 ISO 2789“信息与文献——国际图书馆统计”进行了反复修订,在 1991 年版的基础上出版了 2003 年版 ISO 2789。到 2003 年底,这一系列标准的相继出版,为基于事实与数据说话的图书馆质量管理,提供了一整套的统计、评估工具。

3. 图书馆绩效指标国际标准制订的完善阶段(2004 年至今)

自从 1998 到 2003 年底,绩效指标评估的系列国际标准发布和统计标准修订以后,国际图书馆界纷纷开始了利用统计工具和绩效指标来评估图书馆服务的质量,图书馆质量评估的实践也已经固化为图书馆的一种常规管理手段。在实践应用当中,国际图书馆统计标准 ISO 2789:2003 已不能涵括网络环境下或数字环境下的图书馆电子信息服务的快速发展,国际图书馆界又重新对统计标准进行增补修订,于 2006 年 9 月,ISO 2789 第 4 版 ISO 2789:2006 得以颁布发行。

同时,为了整合传统图书馆和电子图书馆服务的质量评估,国际图书馆界也在修订并整合 ISO 11620:1998、ISO 11620:1998/Amd. 1:2003 和 ISO/TR 20983,使其成为一个一体的国际标准文件。

2007 年 8 月,国际图联 IFLA 学术和研究图书馆专业组也对 1996 年颁布的《质量评估:学术图书馆绩效评估国际指南》进行了修订,出版了第 2 版,并改名为《质量评估:图书馆绩效评估手册》(Measuring Quality: Performance Measurement in libraries)。与第 1 版主要针对学术图书馆不同,第 2 版不仅在内容上有所增加,共列出了 40 项评估指标,包括新增的电子资源服务及成本评估指标,而且在主要面向学术和公共图书馆的同时,其体系中的很多评估指标对其他类型的图书馆同样也很实用。

三、现有的图书馆绩效评估系列国际标准(包括 ISO 11620、ISO/TR 20983 和 ISO 2789)

国际标准的准备工作通常是由国际标准化组织(ISO)技术委员会(Technical Committee,简称 TC)第 46 分会:信息与文献委员会(ISO/TC46 Information and documentation),其下属的第 8 分会(SC8):统计和绩效评估(statistics and performance evaluation)委员会,负责起草和制定与图书馆相关的标准。为了让我们更好地了解与图书馆相关国际标准的名称和代码的含义,在此简要介绍国际标准从起草到制定的步骤及其代码:

第一步　通过一项新的工作议题

第二步　起草草案

第三步　形成委员会草案(CD:Committee Draft)

第四步　国际标准草案(DIS:Draft International Standard)

第五步　国际标准草案定稿(FDIS:Final Draft International Standard)

第六步　标准发布

那么,目前用在图书馆质量评估的国际标准有:

- ISO 11620:1998 图书馆绩效指标(Information and Documentation—Library performance indicators)(第 1 版,1998 年 4 月)
- ISO 11620:1998/Amd. 1:2003 图书馆绩效指标 补充本 1:增订图书馆绩效指标(Information and Documentation—Library Performance Indicators AMENDMENT 1:Additional performance indicators for libraries)(补充本第 1 版,2003 年 7 月)
- ISO/TR 20983:2003 电子图书馆服务绩效指标(Performance indicators for electronic library services)(第 1 版,2003 年 11 月)
- ISO 2789:2006 国际图书馆统计(International library statistics)(第 4 版,2006 年 9 月)

以上标准中,ISO 11620:1998 和 ISO 11620:1998/Amd. 1:2003 统称 ISO 11620,是传统图书馆绩效评估的绩效指标标准,ISO/TR 20983:2003 则是电子图书馆服务绩效评估的指标体系,ISO 11620 和 ISO/TR 20983 构成图书馆绩效指标两大体系,那么这两大图书馆绩效指标体系的宗旨是一致的,其共同目的是行使其作为工具的职能,来评估图书馆所提供的服务和开展的其他活动的质量和效果,并评估图书馆为开展这些服务和活动所配置资源的效率。

但是传统与电子图书馆服务并不是割裂开来的,它们是复合在一个组织机构内的,尤其是网络或数字环境改变了图书馆利用的方式和方法,传统的和电子的图书馆利用此萧(非消也,此萧乃萧条而非消灭也)彼涨,因此为了给图书馆一个综合的评价,同时弥补传统服务利用率的下降,国际图书馆界正在修改并整合这两大指标体系,使其成为一体的评估复合图书馆的绩效指标国际标准。

为什么 ISO 2789:2006“国际图书馆统计标准”会成为质量评估的一个标准呢?虽然 ISO 2789 的主要目的是促进图书馆之间、不同国家图书馆之间的比较,它不关注绩效指标本身,也不关注如何最好地收集数据来产生这些绩效指标,但是它为图书馆和信息服务界收集和报道统计数据制定了规则,其主要目的旨在:

- 为了提供国际报告
- 确保了不同国家之间的一致性,因为这些统计方法过去经常被图书馆管理者应用,却

不符合国际报告惯例

- 鼓励图书馆和信息服务的管理较好地实践对统计的应用
- 规定了国际标准 ISO 11620 所要求的数据提供。

由此可见,ISO 2789 是有关图书馆数量的统计工具,提供从馆藏规模和服务、用户数量和类型,图书馆人员、设备、馆舍等对图书馆投入(input)方面进行统计;国际标准 ISO 11620 和 ISO/TR 20983 是对图书馆的产出(output)——即图书馆工作进行质量评估,它们是国际图书馆界进行绩效评估不可或缺的标准和工具。特别要在此说明的是,ISO 2789 不仅是绩效评估不可或缺的工具,同时也是图书馆成效评估的必备工具。

备注:本章主要介绍与绩效评估相关的几个国际标准,而成效评估将单独在下一个章节中阐述。而且在本章中,对这几个国际标准只作简要介绍,具体的绩效指标的定义、数据收集、计算及分析方法等,都在标准文件中有详细的解读,这些解读请参看附在本书的后半部分的"标准篇"(这几个国际标准已经由本书作者把其对应的英文版一一翻译成了中文版)。

第二节　ISO 2789 国际图书馆统计标准概述

一、ISO 2789 国际图书馆统计标准开发与修订的背景和目的

图书馆利用统计往往是为了制定战略性计划、作决策和资金预算,而国家级层次上的统计则是需要总结和制定政策。那么我们知道,所有图书馆统计都是首先由个体图书馆采集数据并计算,为了使得这些数据和统计能够总结为地区级、国家级和国际范围内所有图书馆或不同类型图书馆所用,而且使得图书馆之间具有可比性,那么就需要对统计的项目及所采用的方法进行标准化,这就是图书馆统计国际标准 ISO 2789 诞生的初衷。

ISO 2789 自 1974 年发布第 1 版以来,经历过 1991 年、2003 年、2006 年的 3 次扩充和修订,目前最新版本是 2006 年 9 月修订的第 4 版。

以前,传统的图书馆统计只注重图书馆的投入、拥有和经费,但是最近这几年国际图书馆界不断对 ISO 2789 进行修订,目的是为了适用新的发展和需求。主要的促进因素有两个,其一是,近几年来,图书馆界对图书馆服务的质量和效果以及资源利用的效率进行评估和比较的开发,取得了重大进展,已经开发了一整套绩效指标,如国际标准 ISO 11620 及 ISO/TR 20983,为了规范这些绩效指标所需要的数据提供,必须相应修改和增加图书馆统计的内容;其次是,由于现代信息技术和网络技术的高速发展,改变了传统图书馆利用形式,而且图书馆电子资源的形式和利用的方式也在快速发展,图书馆统计需要反映图书馆资源和利用的新变化,因此 2006 版 ISO 2789 与以前的版本相比,不但很好地兼顾了传统图书馆资源与服务,而且更多地考虑了电子图书馆资源与服务,走向更加扩充和注重产出、利用和可用性、成果及影响。

因此在图书馆管理当中,自觉采纳符合国际惯例的标准统计,可以使图书馆统计达到如下目的:

——比照标准和相似组织机构的数据,监控运营结果;

——监控趋势随时间变化的情况和革新的结果;

——提供制订计划、作决策、提高服务质量的基础依据,并对其结果进行反馈;

——证明用户从图书馆获得的服务的价值,包括对未来用户的潜在价值;

——告知国家或地方机构行使其支持、资金拨款和监控作用；

——向政治人物和外部观众宣扬图书馆的作用。

那么，ISO 2789 在经过不断的修订后，其最新的 2006 年版本，具体说来，ISO 2789:2006 国际标准为图书馆与信息服务界收集和报告统计数据而制定，其宗旨是：

——为了提供国际报告；

——确保了不同国家间统计方法的一致性，因为这些统计方法过去经常被图书馆管理者应用，却不符合国际报告惯例；

——鼓励图书馆和信息服务的管理较好地实践对统计的应用；

——规定了国际标准 ISO 11620 所要求的数据提供。

二、ISO 2789:2006 国际标准的体例和内容结构

ISO 2789:2006 标准包括标准正文、3 个附件、1 个参考文献目录和 1 个索引（按字母顺序编排），本标准的核心是标准正文（包括前言、导语和 6 大条款）和 3 个附件，而且 3 个附件共同构成本标准文本不可或缺的组成部分。由此，ISO 2789:2006 标准的整体内容结构如图2－1所示：

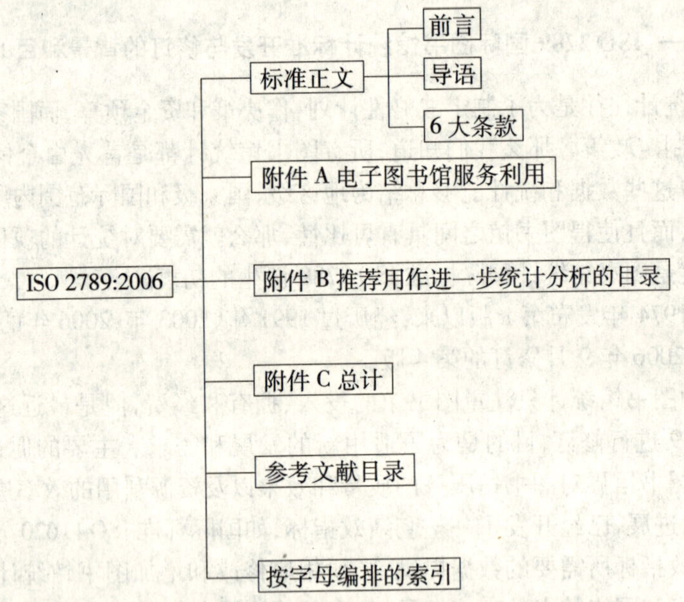

图 2－1

为了让读者对 ISO 2789:2006 的编排体例和整体内容有一个概要性的了解，在此把本标准的目录展示如下（以标准的英文版为根据，包括页码的标注）：

ISO 2789:2006 标准文件目录

三、ISO 2789:2006 国际标准的主要内容

ISO 2789:2006 的核心内容是标准正文及 3 个附件,分别述之如下:

1. 标准正文的主要内容

标准正文包括前言、导语和 6 大条款。

(1)前言:简述了 ISO 2789 的起草和制定及版本情况,同时声明了 ISO 没有责任确定本标准中部分涉及专利权的任何问题。

(2)导语:简述了 ISO 2789 设立的宗旨及本国际标准的核心部分:第 3 款和第 6 款,以及 3 个附件。

(3)6 大条款:

第 1 款 范围

第 2 款 标准文献参考引用

第 3 款 术语和定义

第 4 款 统计的用途、益处和局限性

第 5 款 统计数据的报告

第 6 款 统计数据的收集

其中第 3 款和第 6 款是本国际标准的核心。第 3 款对构成图书馆服务的绝大多数要素进行了定义,第 6 款对应该如何计算这些要素给出了建议。下面简略介绍 6 大条款的主要内容。

第 1 款　范围

本条款开门见山地指出了本国际标准为谁和为什么而设定,及其宗旨是什么:

本国际标准为图书馆与信息服务界收集和报告统计数据而制定本规则,其宗旨是:

——为了提供国际报告;

——确保了不同国家间统计方法的一致性,因为这些统计方法过去经常被图书馆管理者应用,却不符合国际报告惯例;

——鼓励图书馆和信息服务的管理较好地实践对统计的应用;

——规定了国际标准 ISO 11620 所要求的数据提供。

第 2 款　标准文献的参考引用

本条款提到了本标准必须引用的 3 个标准文献,即:

ISO 11620:1998,信息和文献——图书馆绩效指标

ISO 11620:1998/Amd. 1:2003,信息和文献——图书馆绩效指标—补充本 1:增订图书馆绩效指标

ISO/TR 20983:2003,信息和文献——电子图书馆服务绩效指标

第 3 款　术语和定义

本条款规定了本国际标准中使用的术语和定义,按照 6 大项分别定义了如下术语:

3.1　图书馆　从 3.1.1—3.1.12,定义了 19 个与图书馆相关的名称和类型(其中专业图书馆的 7 个细分类)。这些术语是:

管理单位,分图书馆,中心图书馆/主图书馆,外部服务点,图书馆,高等教育图书馆,流动图书馆,国家图书馆,公共图书馆,学校图书馆,专业图书馆(政府图书馆,健康服务图书馆/医学图书馆,行业的学术研究机构或行业协会图书馆,工商图书馆,媒体图书馆,区域图书馆,其

他专业图书馆)，保存图书馆/存储图书馆。

3.2　馆藏　从3.2.1—3.2.40，定义了40个与馆藏相关的各种文献类型（包括传统介质和电子介质）的名称及其计量单位名称，以及馆藏状态的术语，如增加的采访、库存、剔除。与2003年版本相比，2006年版本增加了计算机文件、内容单元、描述性记录、DVD这4个术语的定义。这些术语是：

摘要和索引数据库，使用权利，增加的采访，视听资料，图书，地图文献，只读式压缩光盘（CD-ROM），计算机文件，内容单元，数据库，描述性记录，数字文档，文档，DVD，电子图书，电子收藏，电子期刊，免费网络资源，全文数据库，政府文件，绘图文献，图书馆馆藏，手稿，缩微资料，专著，丛书（系列专著），多媒体文献，报纸，其他数据库，其他数字文献，其他图书馆文献，专利，期刊，物理单元，印刷型音乐文献，连续出版物，库存，标题，册，剔除。

3.3　图书馆利用和用户　从3.3.1—3.3.30，定义了30个与用户和图书馆利用各种形式的名称，包括电子图书馆服务利用。与2003年版本相比，2006年版本尤其增加了内容下载、图书馆网站、即席的IT培训、登录、虚拟访问这5个电子图书馆服务利用的术语定义。这些术语是：

活跃的借阅者，活跃的用户，内容下载，下载，电子文献传递（有中介的），电子服务，外来文献供给，外部用户，信息请求，馆内利用，馆际互借，互联网登录，图书馆网站，借阅，在线目录，现场借阅，即席的IT培训，服务人群，下载的记录，注册用户，被拒登录（不许进入），续借，预约，检索，登录，登录时间，用户，用户培训，虚拟访问，到馆访问。

3.4　获取和设备　从3.4.1—3.4.6，定义了6个与获取图书馆服务相关的时间、空间及设备条件的名词术语。与2003年版本相比，2006年版本增加了“公共可用的工作站”这1个术语的定义。这些术语是：

获取，网络，开放时间，公共可用的工作站，座位，空间。

3.5　支出　从3.5.1—3.5.4，定义了4个与图书馆经费相关的术语。这些术语是：

资产支出，公开可获取的出版费用，运营经费（日常经费），专项拨款。

3.6　图书馆员工　从3.6.1—3.6.6，定义了7个与图书馆员工（包括志愿者）相关的术语。与2003年版本相比，2006年版本增加了“学科馆员”这1个术语的定义。这些术语是：

图书馆雇员，职业教育，专业人员，学科馆员，其他职员，志愿者。

第4款　统计的用途、益处和局限性

本条款从标准修订的背景、图书馆实践的发展、图书馆统计的选择三个方面简要阐述了图书馆统计的目的、用途，以及本标准实践应用的局限性。

第5款　统计数据的报告

本条款简要阐述了统计数据报告的注意事项，如统计需要定期进行，提供的信息要与定义第3款表达一致；每一个统计项目和活动应该是相互排斥的，也就是说，不归入一个以上的统计类别中；数据涉及的时间周期，应该清晰陈述跨越的时间周期；对于取样估算的数据，应该说明统计取样的方法，要注意取样的代表性，考虑到取样时间、地点和取样方法的选择，可能的话，公布的数据中最好列出误差的范围。

第6款　统计数据的收集

本条款对第3款中定义的构成图书馆服务的要素应该如何计算给出了建议。这些建议包括：应该统计的项目以及细分的类目（如果可以细分的话）和如何计算。下面以条款6.2.2

(印刷型的)图书和连续出版物和条款 6.2.7 视听资料来加以说明(详细的各条款请参看笔者翻译的中译本)。

示例 1

6.2.2 (印刷型的)图书和连续出版物

6.2.2.1 库存

需要统计以下各项:

a) 全部库存的物理单元的数量;

b) 开架区物理单元的数量;

c) 全部库存中的种类数量。

注释 1:当统计物理单元行不通时,一个替代的估算方法是库存所占的书架的长度(见 6.4.7.4)。这种空间估测方法也可以用于估算物理单元的数量。

装订的期刊应该被看做一个物理单元。没有装订的期刊和报纸也应该按照其将要装订的物理单元进行统计。通常一册包括一个年度的所有发行量。页码松散的装订物应该视为一个物理单元。

注释 2:如果图书馆要求,图书和连续出版物可以分别统计。

注释 3:图书可以包含附属物,如 CD - ROM,磁盘,幻灯片等。这些附属物不必分别统计。

6.2.2.2 增加

应该统计以下各项:

a)增加到总库存的物理单元的数量;

注释:作为替代,可以计算增加的书架长度(米数)。

b) 增加的种类数量。

注释:这通常等同于新增加完整目录的纪录数。

6.2.2.3 剔除

应该计算剔除的物理单元数量。

注释:作为替代,可以计算剔除的库存所占的书架长度(米数)。

示例 2

6.2.7 视听资料

6.2.7.1 库存

应该统计馆藏中的视听资料数量:

——模拟载体上的(物理单元);

——数字载体上的(物理单元);

——网络的或者安装在单机上的(种数)。

根据类型可以进一步细分:

——声音的:乐曲;

——声音的:有声读物;

——可视的;

——视听混合的。

如果难以细分,那么应该提供总体数量,而不分其类型。

注释:物理单元常常是指 CD 包、盒式录音带或者录像盒。

6.2.7.2 增加

统计增加的视听资料的数量：

——模拟载体上的（物理单元）；

——数字载体上的（物理单元）；

——网络的或者安装在单机上的（种数）。

根据类型可以进一步细分：

——声音的：乐曲；

——声音的：有声读物；

——可视的；

——视听混合的。

如果难以细分，那么应该提供总体数量，而不分其类型。

6.2.7.3　剔除

统计剔除的视听资料的数量：

——模拟载体上的（物理单元）；

——数字载体上的（物理单元）；

——网络的或者安装在单机上的（种数）。

2. 附件 A“评估电子图书馆服务利用”的主要内容

绝大多数传统统计可以由图书馆自身进行，而电子服务的统计数据，特别是电子服务的利用，在某种程度上需要从不同的途径进行收集，其中一些途径并不是图书馆自身能够直接掌控的（例如经销商和供应商，计算机中心和图书馆联盟都会涉及）。最重要的问题是图书馆要就评价其服务的统计数据取得一致认识，并与经销商和信息资源的供应方（例如图书馆联盟，国家级图书馆）以及图书馆自动化系统的供应商就此数据进行协商。

本国际标准定义了与电子图书馆资源、服务与利用的各项：

——电子图书馆服务的各种形式；

——电子信息资源的各种形式；

——电子服务利用的各种形式。

目前图书馆提供的电子服务的各种形式，在本标准正文 3.3.6 中，定义有：

——在线目录；

——图书馆网站；

——电子馆藏；

——电子文献传递（借助中介的）；

——电子参考服务；

——电子服务用户培训；

——通过图书馆提供的互联网登录。

其中电子收藏又包括：数据库（全文、文摘和索引、其他数据库）、计算机文件、电子连续出版物、数字文献（电子图书、电子专利、网络音频及视频文献、其他）；

那么，图书馆电子服务的各种形式，如图 2－2 所示：

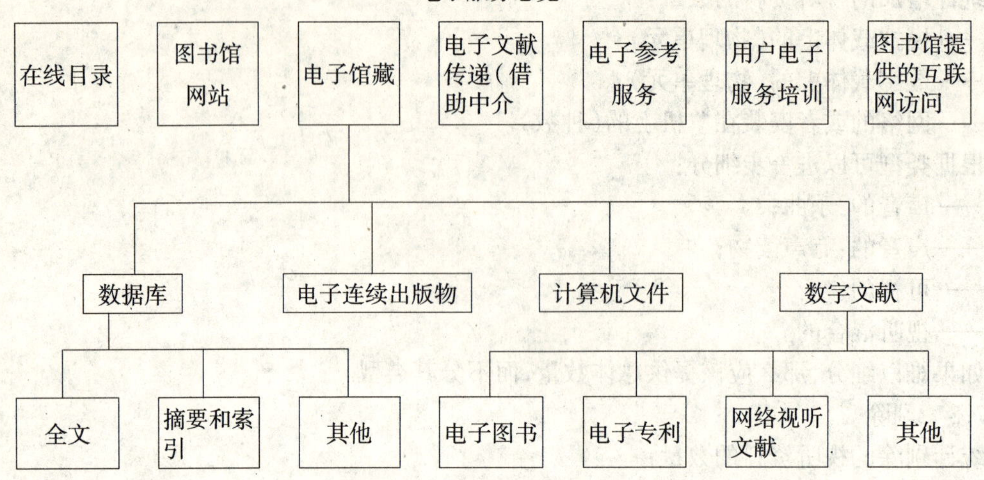

图 2－2

在本国际标准的正文文本中,已经涵盖了对电子信息资源、电子文献传递、电子参考咨询服务,以及有关电子服务和信息技术的用户培训等款目的定义及数据收集。

本附件 A 只为电子服务的利用提供统计方法,描述了用户利用行为如登录、被拒登录、内容或者记录下载、登录时间、检索、Internet 登录、虚拟访问等各种利用形式,用户可以是直接在图书馆内,或在图书馆外的本单位之内,以及在图书馆所属本单位之外的地方进行电子图书馆利用,如表 2－1 所示:

表 2－1　图书馆电子资源利用的相关数据

数　据	源于图书馆内部(服务人群)	源于本单位内其他场所(服务人群)	源于本单位外(服务人群)
登录次数	X	X	X
登录时间	X	X	X
被拒绝登录次数(不许进入)	X	X	X
内容下载数量	X	X	X
记录下载数量	X	X	X
检索次数	X	X	X
虚拟访问次数		X	X
互联网登录次数	X		

3. 附件 B　“推荐作进一步统计分析的类目”简介

除了标准正文第 3 款定义的统计类目外,本附件 B 推荐了一些作进一步分析的类目。

这些类目包括:

(1)本国际标准正文中已经定义的类目的扩展,如下所列。

- 馆藏和支出:可以依据资源类型进行细分。
- 库存、增加和支出:可仿照在 B. 2. 1. 2 至 B. 2. 1. 7(即主题、采访模式、借阅馆藏、产品出品的国家、文献的语言、数据库类型)的细目,进行再细分。
- 图书馆用户和利用:用户数量和利用情况依据用户类型而有所不同。
- 其他借阅类目:既可以按资源类型细分,也可以按短期借阅数量(少于 3 天)、机构集体外借、借阅对象(成人和小孩)来细分。

• 信息请求:可以按照检索专业文献、有关某一特定主题的资源或者阅读的建议、参考咨询(由图书馆员进行的、对特定事实、数据等的查找)、增值的信息服务(典型情况下有收费并超过了一定的时间限制)进行细分,等等。

• 用户入馆教育和培训:除了在6.3.11.7中统计的正式用户培训外,可以统计即席的IT培训。

• 参加活动:既可以根据活动的类型(展览和其他活动)来统计总的参加活动次数;也可以根据用户类型(小孩和成人)来统计。

• 获取和设备:增加的目录记录数的细分。

(2)补充类目(在本国际标准正文中没有包含的):反映图书馆的特殊类型、任务和/或收藏,如博士毕业论文,政府文献,古迹珍本馆藏,索引的细分。

4. 附件C"总计"简述

本附件通过一个例子阐释了如何进行估算来总计的几种方法,并说明只有在缺失的数据是来自于具有广泛代表性的图书馆中时,才能使用附件C中规定的程序和方法。如果缺失的数据集中在非典型性的图书馆时,则要采用专门程序(例如,像非典型性图书馆,可以是专门为研究生提供服务的大学图书馆,或者是相对来说只有少量印刷资料馆藏的电影图书馆)。

此外还指明:估算程度应该在发布的统计资料中备注指出,以解释采用的程序。原始的(不完整的)数据也可以发表。

四、ISO 2789:2006的局限性和应用中的注意事项

1. ISO 2789:2006的局限性

图书馆的类型多种多样,所处背景环境不一样,服务于不同的用户群并具有一系列自身独特的特征(如结构、资金和管理等),因此该标准在应用中存在如下局限性:

(1)并非本国际标准中所列的全部统计数据都适用所有类型的图书馆,有很多统计数据只适用于个别图书馆。例如,该国际标准指出了哪些数据适用于国家级层次上不同类型的图书馆。

有些数据是供选择使用的。例如,在附件B中描述的数据,推荐了更为具体的统计类别,这些数据已经在国家级层次上由一些国家进行了收集。

(2)并非所有不同类型和大小的图书馆都能够收集到本国际标准中规定的全部方法和措施。关键是要确保无论在哪儿收集特定的统计数据,都要使用相同的定义和方法。

2. ISO 2789:2006应用中的注意事项

(1)电子资源和服务统计的注意事项

电子服务利用是以用户主动获取为前提,而不通过图书馆员工,所以电子图书馆服务的利用不包括借助图书馆员工为中介的电子文献传递。因此,借助图书馆员工而开展的电子文献传递,要归纳到传统的文献传递中统计。

另外,本国际标准包括了电子资源和服务的定义和统计程序。所有电子资源和服务的定义都在正文中,但是有关的统计则分别在本国际标准的正文和附件A中规定。在本国际标准的正文部分,为电子馆藏、电子文献传递、参考服务和培训课程阐述了数据收集程序;而所有电子服务利用的统计,则都列在附件A中。

因此,关于本国际标准正文中有关电子资源和服务的这些条款,阅读者需要特别牢记附件A中的重要解释和指导方针。

(2)统计本身的注意事项

a)关于统计项目的定义与区分

首先,当进行统计时,必需严格遵循本国际标准所规范的各统计项目的定义,有关各统计项目所提供的信息,要与定义第3款表达一致,并且,除非有其他的声明,应该符合本国际标准。例如,要严格按照定义,区分分图书馆、流动图书馆和外部服务点的概念,以免混淆概念而作出错误的统计,从而使得发布的信息与实际不相符合,导致统计不具备真正意义的可比性。

其次,每一个统计项目和活动应该是相互排斥的,也就是说,不归入一个以上的统计类别中(例如:图书或者电子文献;馆际互借、电子文献传递或外部文献供给)。

b)关于抽样统计

对于那些要跨越一个完整的报告周期的数据收集,目前,图书馆的自动系统对这些数据的收集并不能覆盖图书馆的所有服务,诸如馆内利用或参考咨询问题等。因此,当那些数据不能够通过自动系统收集,或者跨越一个报告周期的数据收集太耗费时间时,可以采用抽样统计方法。为了计算出一个可靠的取样范围,在统计时,我们要参考统计程序手册所规定的要求。

同时,要注意取样的代表性,考虑到取样时间、地点和取样方法的选择,并且不要有偏见。

另外,我们还需要了解的是,即使取样具有很好的代表性,如果取样的大小不一样,评估的程序会发生一些错误,这都会导致结果的偏差。

因此,在报告由取样调查推算出来而不是全部计数的数据结果时,应该说明统计取样的方法,如果可能的话,公布的数据中最好列出误差的范围。

c)关于总计

数据的完整性必须始终是根本目标。当实际的数据统计表不可避免存在不完善时,必须采用估算来补充实际的统计表,这样才能提供整体情况的最佳表达,这就需要进行合计统计。合计统计的方法在附件C中。

附件C中的总计方法,对国家统计数据的编辑和出版有为重要,因为它确保了不同国家和同一国家不同时期的统计采用一致的总计方法,使得数据具有真正可比性。

d)关于统计年度的算法

本国际标准所指的统计需要定期进行,比如每年一次。如果统计按照自然的公元纪年统计的话,例如2007年年度的计算,应该从2007年1月1日的凌晨开始算起,直至2007年12月31日的午夜为止。

如果统计年度不是按照自然的公元纪年来计算的话,而是跨越了两个公元纪年(例如跨越了2006和2007年),那么,年度统计的归结年份,通常情况下,应该按照覆盖年份较长的那一年计算。特殊情况下,两个年份各占半年的时间长度,其年度统计的归结年份,则应该按照半年在前面的那个年份计算。各示例如下:

例如:统计年度,从1998年4月1日至1999年3月31日的,统计年份要归结到1998年(因为覆盖了1998年较长的9个月)。又如,统计年度从1999年8月1日至2000年7月31日的,统计年份要归结到2000年(因为覆盖了2000年较长的7个月)。

又如,统计年度从1998年7月1日至1999年6月30日的(各占半年时间长度),统计年份要归结到1998年(因为1998年的半年在前)。

第三节 国际图书馆绩效评估标准 ISO 11620 和 ISO/TR 20983 概述

对于处在一个竞争性环境的图书馆来说，图书馆绩效评估越来越有必要，而且图书馆更有义务提高它们对用户和主管部门的作用。前面的章节，我们已经知道，绩效评估的研究起源于 20 世纪 70 年代，并从 90 年代中期开始，图书馆绩效指标国际标准的开发获得了国际图书馆学界的广泛认可。

目前图书馆绩效指标体系的国际标准包括 ISO 11620“图书馆绩效指标”和 ISO/TR 20983“电子图书馆服务绩效指标”两大体系。ISO 11620 把图书馆服务分为技术服务、公共服务两个方面，再加上图书馆服务的用户评价（即用户满意度），从图书馆公共服务、技术服务、服务的改善（暂未有指标）、图书馆服务的用户评价以及人力资源的有效性与利用这五个方面，共规范了 34 个指标，对传统图书馆的服务和活动进行绩效测评。ISO/TR 20983 则从电子图书馆公共服务、人力资源的有效性与利用这两个方面，共规范了 15 个指标，对电子图书馆的服务和活动进行绩效测评。这两大图书馆绩效指标体系有一个共同的目的，即：行使其作为工具的职能，来评估图书馆所提供的服务和开展的其他活动的质量和效果，并评估图书馆为开展这些服务和活动所配置资源的效率。

表 2－2　图书馆绩效指标体系一览表

被测评的图书馆服务、活动或其他方面		两大绩效指标体系	
		ISO 11620（34 个指标）	ISO/TR 20983（15 个指标）
用户评价		用户满意度	
公共服务	总体	目标人群覆盖率	电子服务对服务人群的覆盖率
		用户人均成本	
		人均到馆率	虚拟访问的比率
		到馆平均成本	
	文献的提供	文献获取的有效性	电子馆藏建设的费用支出比率
		需求文献获取的有效性	
		需求文献在馆藏中的百分比	
		需求文献获取的时效性	
		人均馆内利用率	
		文献利用率	
		未利用库存的百分比	
		上架准确率	
	文献检索	闭架文献索取的时间	登录被拒率
		开架文献索取的时间	远程 OPAC 登录比率
	文献借阅	外借馆藏周转率	每次登录平均下载文献数
		人均外借次数	每次数据库登录平均成本
		人均外借文献册数	每次文献下载平均成本
		平均外借成本	
		员工人均外借次数	
		库存借阅率	
	外部资源的文献传递	馆际互借速度	

（续表）

被测评的图书馆服务、活动或其他方面		两大绩效指标体系	
		ISO 11620(34 个指标)	ISO /TR20983(15 个指标)
	咨询和参考服务	正确回答满足率	通过电子方式递交的信息请求比率
	信息查询	题名目录检索成功率	
		主题目录检索成功率	
	用户教育	ISO 11620 中无指标	人均用户参加电子服务培训课程的次数
	设备	设备的有效性	人均工作站有效时间
		设备的利用率	每公共开放工作站的平均服务人数
		座位占有率	工作站利用率
		自动化系统的有效性	
技术服务	文献采访	文献采访的时间	
	文献加工处理	文献加工处理的时间	
	编目	每种文献编目平均成本	
服务的改善		本国际标准中无指标	
人力资源的有效性与利用		人均开展用户服务的员工	每员工参加正式的 IT 和相关培训课程的平均时数
		开展用户服务的员工在总员工中的比例	提供和发展电子服务的员工比率

一、ISO 11620 图书馆绩效指标国际标准解读

1. ISO 11620 覆盖图书馆服务的范围及其宗旨和适用范围

国际标准 ISO 11620“图书馆绩效指标”第 1 版于 1998 年发布(简称 ISO 11620:1998),ISO 11620:1998 描述了 29 个已获得最为广泛认同的指标,用以测评图书馆绩效的所有方面,除了服务的改善、人力资源和用户教育外。2003 年发布了该标准的增订本第 1 版,即:“ISO 11620:1998/Amd. 1:2003”,该补充本除了对 1998 年版的国际标准正文进行了部分修订外,主要增加了 5 个绩效指标,其中 2 个指标是有关人力资源方面的。本节把 1998 年版和 2003 年的补充本统称为 ISO 11620,共规范了 34 个图书馆绩效指标。

ISO 11620 规范的 34 个绩效指标,覆盖了图书馆服务的哪些范围呢?请参见表 2－3:

表 2－3　ISO 11620 绩效指标覆盖图书馆服务的范围一览

被测评的服务、活动或其他方面	子类目
用户评价	总体
公共服务	总体
	文献的提供
	文献检索
	文献借阅
	外部资源的文献传递
	咨询和参考服务
	信息查询
	用户教育(没有指标)
	设备

（续表）

被测评的服务、活动或其他方面	子类目
技术服务	文献采访
	文献加工处理
	编目
服务的改善	（没有指标）
用户服务的人力资源配备	员工安排

由此可见，国际标准 ISO 11620 指标体系从图书馆技术服务、公共服务、用户服务人力资源配备和图书馆服务的用户评价五个方面来测评传统图书馆服务在文献采访、文献加工处理、编目、文献的提供、文献检索、文献借阅、文献传递、咨询和参考服务、信息查询及设备与面向用户的员工安排、读者满意度等各方面的工作质量和效果，以及资源配置的效率。但是，ISO 11620 绩效指标并未规范图书馆的所有服务、活动及资源利用，也不包括那些评估图书馆对个人或社会产生影响的指标。

制定 ISO 11620 国际标准的主要宗旨是支持绩效指标在图书馆中得到应用，并传播如何进行绩效测评的知识。该国际标准关注所有类型的图书馆评估，通过制定该国际标准，将促进绩效指标的应用，并使得无论是发展中国家还是发达国家的图书馆都能够从与正式策划程序和数据收集过程相关的知识和技能中受益；同时也指导那些未曾使用过这些指标的图书馆如何实施绩效指标。

ISO 11620 适用所有国家所有类型的图书馆。但是，每一个单独的绩效指标，其应用的局限性列举在每一个指标说明细则的适用范围条款中。

2. ISO 11620 国际标准的体例和内容结构

ISO 11620 标准包括标准正文和附件 A、B、C 三个，标准正文又包括前言、导语和 6 大条款，3 个附件分别是：

- 附件 A 图书馆绩效指标列表；
- 附件 B 绩效指标细则；
- 附件 C 参考文献目录。

标准正文和附件 A 及附件 B 共同构成本标准文本不可或缺的组成部分，附件 C 列举的出版物中提供了有关方法论和分析的详细信息，只作为本标准的参考文献，但不构成本标准的内容。

由此，ISO 11620:1998 标准的整体内容结构如图 2－3 所示：

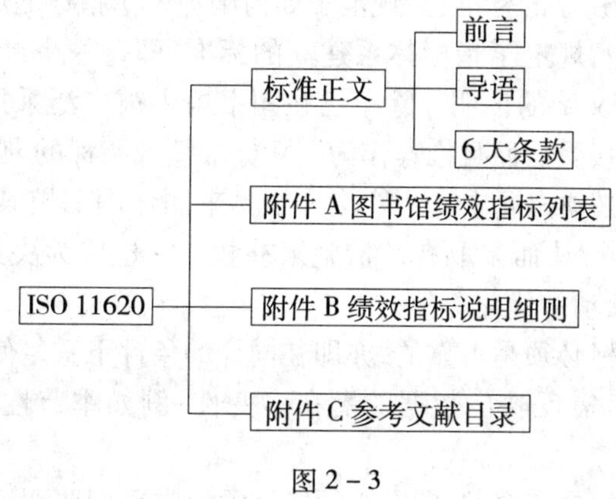

图 2－3

为了让读者对 ISO 11620 的编排体例和整体内容有一个概要性的了解，在此把本标准的目录展示如下：

ISO 11620 标准目录一览

3. ISO 11620 国际标准的主要内容

(1)绩效指标的规范术语和简要定义

本国际标准共规范了 34 个绩效指标，并在附件 B 中对每一个绩效指标进行了简要的定义。这些绩效指标是：

用户满意度，目标人群覆盖率，用户人均成本，人均到馆率，到馆平均成本，文献获取的有效性，需求文献获取的有效性，需求文献在馆藏中的百分比，需求文献获取的时效性，人均馆内利用率，文献利用率，未利用库存的百分比(2003 年增补)，上架准确率(2003 年增补)，闭架文献索取的时间，开架文献索取的时间，外借馆藏周转率，人均外借次数，人均外借文献册数，平均外借成本，员工人均外借次数，库存借阅率(2003 年增补)，馆际互借速度，正确回答满足率，题名目录检索成功率，主题目录检索成功率，设备的有效性，设备的利用率，座位占有率，自动化系统的有效性，文献采访的时间，文献加工处理的时间，每种文献编目平均成本，人均开展用户服务的员工(2003 年增补)，开展用户服务的员工在总员工中的比例(2003 年增补)。

在标准正文第 3 款中，提供了对下列术语的定义。这些术语是：

可获取性，适宜性，有效性，文献，效果，效率，评估，设备，目标，指标，图书馆，借阅，任务，绩效，绩效指标，服务人群，质量，日常经费，可靠性，资源，目标人群，题名，用户，图书馆馆藏。

(2)制定了指标体系建立的标准，并规范了如何阐释说明指标的原则

在标准正文第 4 款中，规定了指标体系建立的标准，即每一个绩效指标必须经过全面测试、确认及(最好是)备有文字的证明。除了已在图书馆中被广泛采用的绩效指标，即使没有确切地被证明，也可以被接受。而且推荐作为国际标准绩效指标的，必须满足以下标准：

a) 内涵丰富。指标必须内涵丰富才能作为工具来测评图书馆某项活动，鉴定成果，确定工作中的各种问题和缺点，从而采取有效措施来补救。它也应为决策提供信息，如目标的确立、预算的分配、服务和活动的优化等。

b) 可靠性。绩效指标必须是可靠的，亦即在同样的条件下重复使用时能持续产生同样的结果。因此，设计指标时，需反映出数据的潜在多变性，例如季节性变化或借阅活动的起伏波动。

c) 有效性。指标必须是有效的，即它必须能够测评它预期要测评的目标。对那些本身是

间接指标或只是粗略评价的指标，并不意味着指标的非有效性。

d）适宜性。指标必须适用于它预设的目的，即单位和规模必须适合，实施测评的过程所必需的操作应与图书馆的程序及实际布局相一致。

e）实用性。指标必须实用，即它所使用的数据能够通过图书馆根据员工时间、员工素质、运作成本及读者时间与耐心，用一系列合理的努力而有效获得。

f）可比性。单个图书馆绩效指标允许在不同的图书馆间进行比较。如果评分相同，考虑为评分的精确度留有余地的话，意味着在图书馆中被比较的服务质量或效率处于相同的水平。

此外，本标准还为指标的阐释制定了统一的说明原则，即，附件 B 中的绩效指标是按照以下结构来阐释说明的，该原则也应被用来说明新的绩效指标或增加绩效指标的多种选择性。该结构为：

——指标的名称

——指标的目标

——适用范围

——指标的定义

——数据收集与计算方法

——说明和影响指标的因素

——指标的来源（可选项）

——相关指标（可选项）

（3）提供了对一整套绩效指标应用的说明细则，及其对所需数据进行收集和分析的说明（在附件 B 中）。这 34 个指标从五大方面分组覆盖图书馆的服务，列表如下：

备注：各表取“绩效”两字拼音首字母，加上分组的序号及分序号，分别命名，以备在本章第四节作案例分析时采用。

第一组：测评图书馆服务的用户评价

表 JX1.1

被测评的服务、活动或其他方面		绩效指标	附件 B 中的说明
用户评价	总体	用户满意度	B.1.1.1

第二组：测评图书馆的公共服务

表 JX2.1

被测评的服务、活动或其他方面		绩效指标	附件 B 中的说明
公共服务	总体	目标人群覆盖率	B.2.1.1
		用户人均成本	B.2.1.2
		人均到馆率	B.2.1.3
		到馆平均成本	B.2.1.4

表 JX2.2

被测评的服务、活动或其他方面		绩效指标	附件 B 中的说明
公共服务	文献的提供	文献获取的有效性	B.2.2.1
		需求文献获取的有效性	B.2.2.2
		需求文献在馆藏中的百分比	B.2.2.3
		需求文献获取的时效性	B.2.2.4
		人均馆内利用率	B.2.2.5
		文献利用率	B.2.2.6
		未利用库存的百分比	B.2.2.7
		上架准确率	B.2.2.8

表 JX2.3

被测评的服务、活动或其他方面		绩效指标	附件 B 中的说明
公共服务	文献检索	闭架文献索取的时间	B.2.3.1
		开架文献索取的时间	B.2.3.2

表 JX2.4

被测评的服务、活动或其他方面		绩效指标	附件 B 中的说明
公共服务	文献借阅	外借馆藏周转率	B.2.4.1
		人均外借次数	B.2.4.2
		人均外借文献册数	B.2.4.3
		平均外借成本	B.2.4.4
		员工人均外借次数	B.2.4.5
		库存借阅率	B.2.4.6

表 JX2.5

被测评的服务、活动或其他方面		绩效指标	附件 B 中的说明
公共服务	文献传递	馆际互借速度	B.2.5.1

表 JX2.6

被测评的服务、活动或其他方面		绩效指标	附件 B 中的说明
公共服务	咨询和参考服务	正确回答满足率	B.2.6.1

表 JX2.7

被测评的服务、活动或其他方面		绩效指标	附件 B 中的说明
公共服务	信息查询	题名目录检索成功率	B.2.7.1
		主题目录检索成功率	B.2.7.2

表 JX2.8

被测评的服务、活动或其他方面		绩效指标	附件 B 中的说明
公共服务	用户教育	无指标	B.2.8

表 JX2.9

被测评的服务、活动或其他方面		绩效指标	附件 B 中的说明
公共服务	设备	设备的有效性	B.2.9.1
		设备的利用率	B.2.9.2
		座位占有率	B.2.9.3
		自动化系统的有效性	B.2.9.4

第三组:测评图书馆的技术服务

表 JX3.1

被测评的服务、活动或其他方面		绩效指标	附件 B 中的说明
技术服务	文献采访	文献采访的时间	B.3.1.1
	文献加工处理	文献加工处理的时间	B.3.2.1
	编目	每种文献编目平均成本	B.3.3.1

第四组:测评图书馆服务的改善

表 JX4.1

被测评的服务、活动或其他方面	绩效指标	附件 B 中的说明
服务的改善	无指标	B.4

第五组:测评图书馆人力资源的有效性与利用

表 JX5.1

被测评的服务、活动或其他方面	绩效指标	附件 B 中的说明
人力资源的有效性与利用	人均开展用户服务的员工	B.5.1.1
	开展用户服务的员工在总员工中的比例	B.5.1.2

二、国际标准技术报告 ISO/TR20983"图书馆电子服务绩效指标"简述

ISO/TR 20983 国际标准技术报告的主要目的是传播有关评估电子图书馆服务的实践知识。它的体例和内容结构完全按照 ISO 11620 的相同格式,包括标准正文、附件 A"绩效指标列表"、附件 B"绩效指标细则",以及参考文献目录、索引。绩效指标都是按照在 ISO 11620 中的标准来评判的。也就是说,每一个指标都是具有内涵丰富、可靠性、有效性、适宜性、实用性的,并且在某种情况下也可用来进行比较。

本国际标准适用于所有国家所有类型的图书馆。每一个单独的绩效指标,其应用的局限性列举在每一个指标说明细则的适用范围条款中。

本技术报告所规范的绩效指标作为工具用来比较图书馆服务和产出的效率、效果和质量。它们可以用来评估下列领域:

——比较单个图书馆不同年度的绩效;

——支持管理决策,例如,重新配置资源,引进新的服务,减少或取消现有的服务;

——向图书馆资金提供者,服务人群和公众证明其绩效及其成本;

——比较指标建议的、具有相似结构和任务的不同图书馆之间的绩效;

——图书馆的绩效或是其服务的利用,历年以来,是否有所改变;

——一个图书馆的绩效或利用,与其他图书馆相比,有多大的不同。

ISO/TR 20983 国际标准技术报告共规范了 15 个指标,列表如表 2-4 所示:

表 2-4　ISO/TR 20983 图书馆电子服务绩效指标一览表

被测评的服务、活动或其他方面		绩效指标	附件 B 中的说明
公共服务	概要	电子服务对服务人群的覆盖率	B.1.1.1
	电子图书馆服务的提供	电子馆藏建设的费用支出比率	B.1.2.1
	文献检索	每次登录平均下载文献数	B.1.3.1
		每次数据库登录平均成本	B.1.3.2
		每次文献下载平均成本	B.1.3.3
		登录被拒率	B.1.3.4
		远程 OPAC 登录比率	B.1.3.5
		虚拟访问的比率	B.1.3.6
	咨询和参考服务	通过电子方式递交的信息请求比率	B.1.4.1
	用户教育	人均用户参加电子服务培训课程的次数	B.1.5.1
	设备	人均工作站有效时间	B.1.6.1
		每公共开放工作站的平均服务人数	B.1.6.2
		工作站利用率	B.1.6.3
人力资源的利用和有效性	员工培训	每员工参加正式的 IT 和相关培训课程的平均时数	B.2.1.1
	员工安排	提供和发展电子服务的员工比率	B.2.2.1

三、ISO 11620 与 ISO/TR 20983 的相关性

1. ISO 11620 中能同样评估传统和电子图书馆服务的指标

一些指标对传统和电子图书馆服务都是相同的。一个最显然的例子就是用户满意度。其他的只需对现存的定义和方法的说明作非常轻微的修改，以清晰表明它们对两种服务都是相关联的，例如，每种文献编目平均成本。类似地，在这里与文献提供相关的指标组其定义和描述则需要修改为包括电子格式的文献。在网络化环境中还有其他相似性的指标，但需要更多的修改以适应不同的格式，以及不同的测评基础。参见表 2-5

表 2-5　能同样评估传统和电子图书馆服务的指标一览表

被测评的服务、活动或其他方面	绩效指标	在 ISO 11620 中
用户评价：总体	用户满意度	B.1.1.1
公共服务：文献的提供	文献获取的有效性	B.2.2.1
	需求文献获取的有效性	B.2.2.2
	需求文献在馆藏中的百分比	B.2.2.3
	需求文献获取的时效性	B.2.2.4
公共服务：咨询和参考服务	正确回答满足率	B.2.6.1
公共服务：信息查询	题名目录检索成功率	B.2.7.1
	主题目录检索成功率	B.2.7.2
公共服务：设备	设备的有效性	B.2.9.1
	设备的利用率	B.2.9.2
	座位占有率	B.2.9.3
	自动化系统的有效性	B.2.9.4

（续表）

被测评的服务、活动或其他方面	绩效指标	在 ISO 11620 中
技术服务:文献采访	文献采访的时间	B.3.1.1
技术服务:编目	每种文献编目平均成本	B.3.3.1
用户服务:员工安排	人均开展用户服务的员工	B.5.1.1
	开展用户服务的员工在总员工中的比例	B.5.1.2

2. 只能评估传统图书馆服务的指标

在本组内的指标由于与文献的物理形式密切相关,因而它们与电子领域几无确切的对等性,见表2-6。

表2-6 只能评估传统图书馆服务的指标一览表

被测评的服务、活动或其他方面	绩效指标	在 ISO 11620 中
公共服务:文献的提供	人均馆内利用率	B.2.2.5
	文献利用率	B.2.2.6
	未利用库存的百分比	B.2.2.7
	上架准确率	B.2.2.8
公共服务:文献检索	闭架文献索取的时间	B.2.3.1
	开架文献索取的时间	B.2.3.2
公共服务:外部资源的文献传递	馆际互借速度	B.2.5.1
公共服务:文献加工处理	文献加工处理的时间	B.3.2.1

3. 评估传统图书馆服务的指标中与电子图书馆服务评估类似的指标

在本组中,电子服务的指标,与那些传统服务指标基于同一概念的,但是测评的基础却不同。例如,人均到馆率,将被一个与服务人群虚拟访问相关的指标所取代。文献借阅的各种指标也有相似性,因为现在电子借阅是可行的。

事实是,所设想的相似性能够在未来 ISO 11620 的版本中找到,或许有必要设计复合指标来融合传统和网络化服务。例如,指标“人均到馆率”可以重新定义为包括实际到馆和虚拟访问。在本技术报告中包括有两个复合指标:虚拟访问的比率,通过电子方式递交的信息请求比率。国际图书馆界正在开发这些复合测评方法和指标。参见表2-7。

表2-7 评估传统图书馆服务的指标中与电子图书馆服务评估类似的指标一览表

被测评的服务、活动或其他方面	绩效指标	在 ISO 11620 中
公共服务:总体	目标人群覆盖率	B.2.1.1
	用户人均成本	B.2.1.2
	人均到馆率	B.2.1.3
	到馆平均成本	B.2.1.4
公共服务:文献借阅	外借馆藏周转率	B.2.4.1
	人均外借次数	B.2.4.2
	人均外借文献册数	B.2.4.3
	平均外借成本	B.2.4.4
	员工人均外借次数	B.2.4.5
	库存借阅率	B.2.4.6

4. 未来 ISO 11620 指标体系覆盖图书馆服务范畴的分析

国际图书馆界正在修改并整合这两大指标体系,使其成为一体的评估复合图书馆的绩效指标国际标准，未来的 ISO 11620 指标体系将覆盖图书馆传统与电子服务，将从以下四个方面来设计和整合指标体系：

——资源、可获取性、基础设施

——利用

——效率

——潜能和发展

下面是国际图联主持国际标准 ISO 2789、ISO 11620 修订的主席，德国的 Roswitha Poll 所设计的未来 ISO 11620 指标体系一览表。

表 2－8　未来 ISO 11620 指标体系覆盖图书馆传统、电子及混合服务一览表

未来 ISO 11620 指标体系覆盖图书馆服务范畴的分析			
	传统服务	混合服务	电子服务
资源、可获取性、基础设施	上架准确率， 闭架文献索取时间， 开架文献索取时间。	文献获取的有效性， 需求文献获取的有效性， 需求文献在馆藏中的百分比， 设备的有效性， 自动化系统的有效性， 人均开展用户服务的员工， 开展用户服务的员工在总员工中的比例。	电子服务对服务人群的覆盖率， 电子馆藏建设的费用支出比率， 人均公共检索工作站台数， 人均工作站有效时间。
利用	外借馆藏周转率， 文献利用率， 人均馆内利用率， 未利用库存的百分比。	人均到馆率（包括虚拟访问）， 人均用户培训次数， 服务人群覆盖率， 用户满意度， 题名目录检索成功率， 主题目录检索成功率， 设备的利用率， 座位占有率。	每次登录平均下载文献数， 登录被拒率， 远程 OPAC 登录比率， 虚拟访问的比率， 通过电子方式递交的信息请求比率， 每公共开放工作站的平均服务人数， 工作站利用率。
效率	平均外借成本。	需求文献获取的时效性， 到馆平均成本， 用户人均成本， 馆际互借速度， 文献采访的时间， 文献加工处理的时间， 每种文献编目平均成本， 正确回答满足率。	每次数据库登录平均成本， 每次文献下载平均成本。
潜能和发展	——	图书馆员工人均培训次数。	每员工参加正式的 IT 和相关培训课程的平均时数， 人均用户参加电子服务培训课程的次数。

四. ISO 11620 与 ISO／TR 20983 绩效指标体系的局限性和应用注意事项

1. 绩效指标体系覆盖图书馆服务范围的局限性

国际标准绩效指标体系并未规范图书馆的所有服务、活动及资源利用,如图书馆开展的教学和科研服务,而且不包括那些评估图书馆对个人或社会产生影响的指标。

所以,应该意识到:应用该绩效指标体系对图书馆服务进行评估,并不能反映出图书馆全面的服务质量和服务效率。

2. 绩效指标对图书馆类型适用的注意事项

绩效指标体系适用于所有国家所有类型的图书馆,但是每一个单独的绩效指标其应用的局限性,列举在每一个指标说明的适用范围条款中,应特别给予关注。而且并非所有已确定的绩效指标对所有的图书馆都有用。

因此,最好把国际标准中的绩效指标列表,看成是一份能适用各种背景的图书馆的可行性绩效指标清单。个体图书馆必须根据自身的任务、目的和目标来选用最有用的指标,并与其相关利益各方在所采纳的绩效指标的适宜性上达成一致。

3. 绩效指标用来对图书馆进行比较的注意事项

应用图书馆绩效指标的一个主要目的是自我诊断,因此绩效指标可用来对比同一图书馆在不同时期的绩效。它包括同一图书馆不同年份的绩效比较。在评估过程中,图书馆服务和其他活动的质量和效果,以及图书馆资源利用的效率将比照图书馆自身的任务、目标和目的来评估。

应用图书馆绩效指标的第二大目的,是鼓励不同的图书馆之间作有意义的和有益的比较,但是要慎重考虑图书馆用户的种种差异,对采用的指标有充分的理解,以及对数据有详细的阐释。

同时在数据收集过程中,要严格按照 ISO 2789 统计标准来统计,采用 ISO 11620 和 ISO/TR 20983 所规范的程序来开展,才能有助于评估过程的标准化,从而使得绩效的结果建立在一致性的基础之上,真正具有可比性。但是在进行馆际间比较的时候,还必须尊重每一个图书馆的——

a) 任务、目的和目标;

b) 一系列绩效指标中的业绩;

c) 资源;

d) 用户群;

e) 管理结构;

f) 程序。

如果要作不同图书馆之间总体绩效等级的比较,必须要非常谨慎,考虑并充分意识到这种比较的局限性。

就某种程度而言,用户在图书馆的各种行为,以及员工的数据收集与计算技能,都会影响图书馆绩效指标,也要给予特别关注。

4. 其他国际标准参考引用的注意

国际标准的文本中参考引用了标准 ISO 2789 国际图书馆统计的地方,引用的标准文本共同构成该国际标准的条款。故此应注意该标准的最新版本。

由于图书馆服务质量关系到更为广泛的质量管理和质量保证的主题,所以国际标准同时认可并支持 ISO 9004-2。

第四节　国际图书馆界对绩效评估与统计标准的应用

一、国际图书馆界对绩效评估与统计标准的应用概述

自从1998年绩效指标评估的国际标准发布以来，国际图书馆界纷纷开始利用统计工具和绩效指标来评估图书馆服务的质量，各个国家向国际图联IFLA统计与评估专业组陆续报告这些标准应用的情况(http://www.ifla.org/VII/s22/annual/ann01.htm)，简略陈述如下：

美国、英国、法国、德国、荷兰都基于国际标准建立了网页和在线统计。

加拿大国家图书馆于2000年11月举办了一个会议来修改收集国家级层面的核心图书馆统计的程序。在魁北克省和其他一些省份，公共图书馆的统计已进行了30多年，而现在组建了一个新的工作组，来负责重新定义要收集的统计数据，并开发电子服务的测评方法。2001年蒙特利尔公共图书馆在基于ISO 11620和ISO 2789的国际标准上导入绩效测评。加拿大研究图书馆学会开展了调查，准备实施评估计划。

法国教育部Pierre－Yves Renard报告：法国学术图书馆界的统计正在采用在线网页表格收集数据，并通过一个在线应用系统来传递。目前，已经在一个通用数据库的基础上，开发了几个中央级水准的监控工具。

英国J. Eric Davies报告：LISU(Library and Information Statistics Unit)定期发布英国公共图书馆的系列统计数据，并与SCONUL协同工作进行大学图书馆的统计。他们正在进行基于网页的统计收集和递呈，目前已把四个年度的统计放在网上。LISU也关注博物馆和档案馆的统计数据，从而为管理者创建一个统计系统平台。

荷兰Anja Smit(University Library Nijmegen，Netherlands)报告：荷兰的大学图书馆已经把1999年和2000年的统计和绩效指标收集起来并挂在网上了。

美国研究图书馆学会Julia Blixrud(Association of Research Libraries，ARL)简要报告了ARL的“评估与统计计划”(measurement and statistics program)；Sherrie Schmidt(Arizona State University)报告了ARL“新评估计划”(New Measures Initiatives)及其关注的电子图书馆服务的评估。Keith Curry Lance(Library Research Service，USA)报告：“图书馆研究服务”项目在过去的十年中一直致力于收集学校图书馆信息。他同时也正在为他的一个IMLS(Institute of Museum and Library Services)支助项目——“统计您的结果”(counting your results)结题，该项目旨在为基于成效的调查开发成套的工具系统。

主持国际标准ISO 2789修订的主席，德国的Roswitha Poll也报告：德国国家统计局正基于ISO标准开展工作，并将把结果挂在网上。

瑞典皇家图书馆报告已把ISO 11620翻译成瑞典语。而来自瑞典皇家图书馆的Henrik Aslund就是ISO国际标准工作组成员。瑞典图书馆学会出版了关于绩效测评的手册，鼓励瑞典的图书馆使用该手册并在图书馆之间实施定标比超。

挪威基于国际标准设计并采用一种新的表格来收集统计数据，尤其是力图收集关于电子利用和读者教育的更多信息。

斯洛文尼亚国家图书馆设计了一个专门的网页来收集学术、专业和公共图书馆的统计数据，扩大了馆员教育与培训计划，并在Llubljana大学的图书馆与信息学系为学生开设统计学

课程。

俄罗斯国家图书馆也在组织人员翻译 LIBECON 表格,以便分析这些表格,用来收集俄罗斯图书馆的统计数据。

从上面的报道,可以看到,这些国家的图书馆界,有的建立了专门的网页进行数据发布,有的建立了网站进行在线统计,有的建立了集成统计系统(如 LIBECON),有的设计了专门的集统计与绩效测评为一体的网络系统(如 LibQUAL+)。

二、国际图书馆界主要几大统计与绩效测评系统或项目

目前在国际图书馆界,影响面广、知名度高的统计与绩效测评系统或项目有如下几个:

1. LIBECON 项目(International Library Economics Research Study,简称 LIBECON,http://www.libecon.org/)

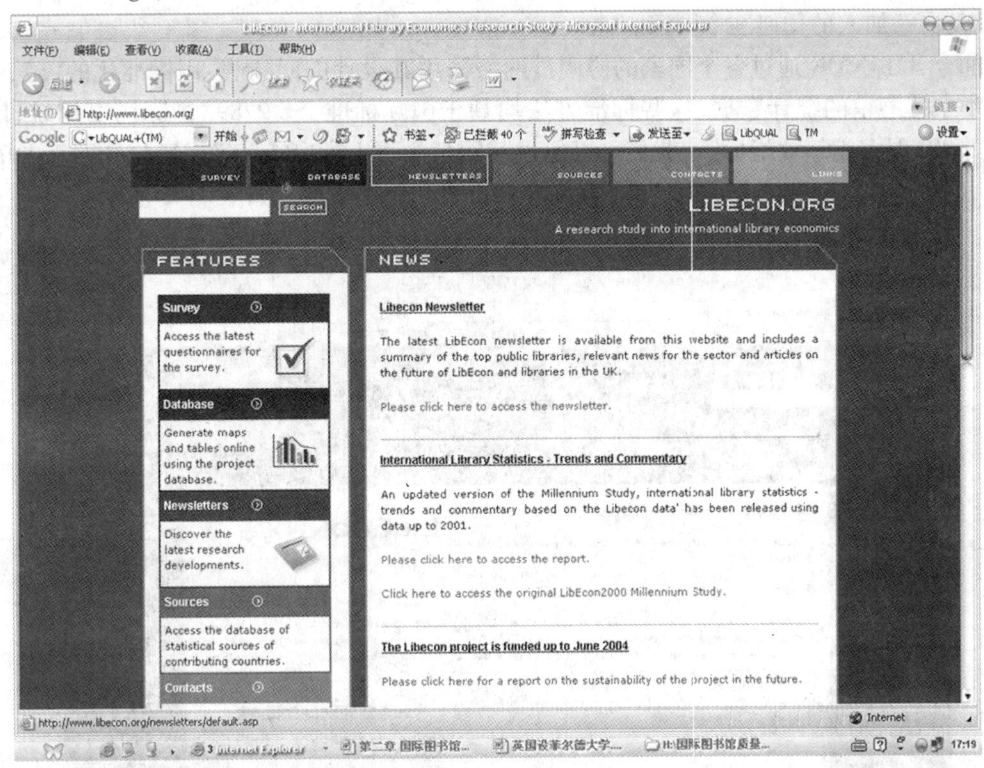

图 2-4

LIBECON 项目(2001 年 6 月—2004 年 6 月)为期 3 年,由欧洲委员会提供资金。该项目利用互联网通信来开发一个不断更新的有关图书馆活动与在本国经济环境下相应成本的数据库,收集、发布和诠释国家级层次的图书馆统计数据集合,这对那些关注图书馆绩效的每一个人是极为重要的。

该项目的目标是,在 DGINFOS、ISO 2789、ISO 11620 以及国际图联和联合国教科文组织的工作基础上,努力达到:

①提高与图书馆经济学和统计学相关的数据收集和发布的标准方法执行的质量;

②使数据具有"用户友好"性并把结果传递给政策制定者、管理者和欧洲委员会,本身作

为一个定标比超的工具，从而促进这个更多意义上在欧洲通行的方法最终成为一个图书馆行业的政策；

③为关键的利益相关者，如国际或国家级的图书馆学会，提供一个建设性工具；

④加速 ISO 2789 新草案定稿后的新方法的应用，并在国际层面上提供一个工具来试验可能的新方法；

⑤试验把 LIBECON 模式向其他文化部门（如博物馆、档案馆）扩展的可行性

LIBECON 项目的主要的合作者有联合国教科文组织（UNESCO）、法国国际公共财经研究院（the Institute of Public Finance）、LISU、欧盟委员会欧洲统计（Eurostat）、国际图联（IFLA），以及车臣国家图书馆（the Czech National Library）。

现在，该项目的统计数据不仅包括欧盟、欧洲自由贸易协议国、中欧和东欧的 30 个国家，还扩充并覆盖到下列国家：澳大利亚、加拿大、韩国、新泽西、美国、日本、墨西哥、土耳其和俄罗斯，以及愿意加入的任何一个国家。

如今，LIBECON 通过各个国家的协调员网络采用其设计的问卷表、用标准化的方法来收集各类型图书馆的统计数据，这些标准方法均基于国际标准 ISO 2789“国际图书馆统计”和 ISO 11620“图书馆绩效指标”。我们可以通过其网站主页上的“Survey”栏目打开网页 http://www.libecon.org/survey/default.asp 下载问卷调查表和使用指南。如图 2－5 所示：

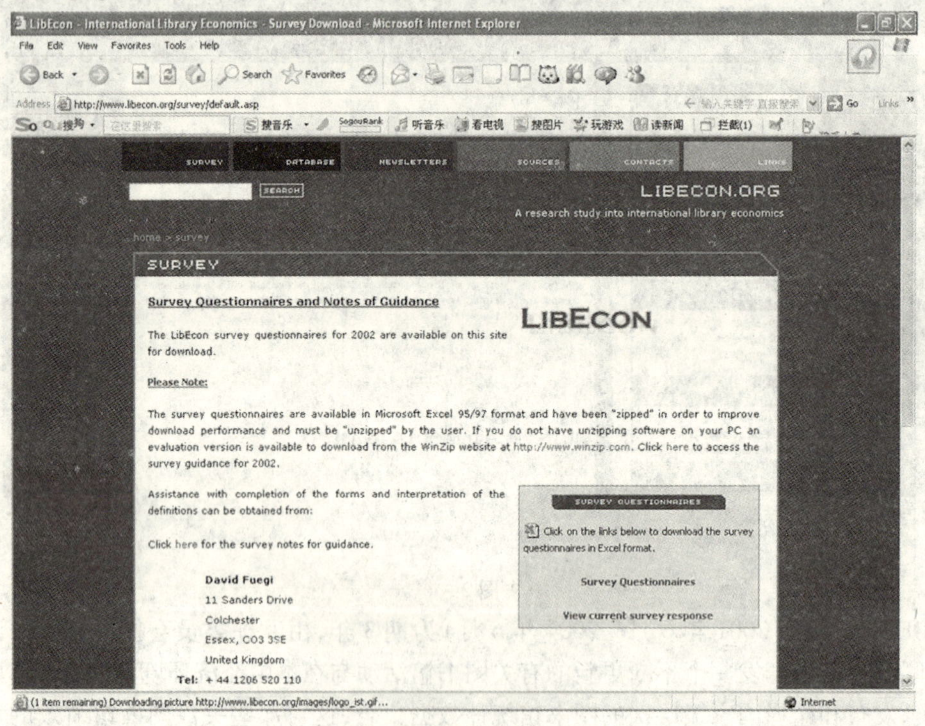

图 2－5

2. LibQUAL＋（http://www.libqual.org）

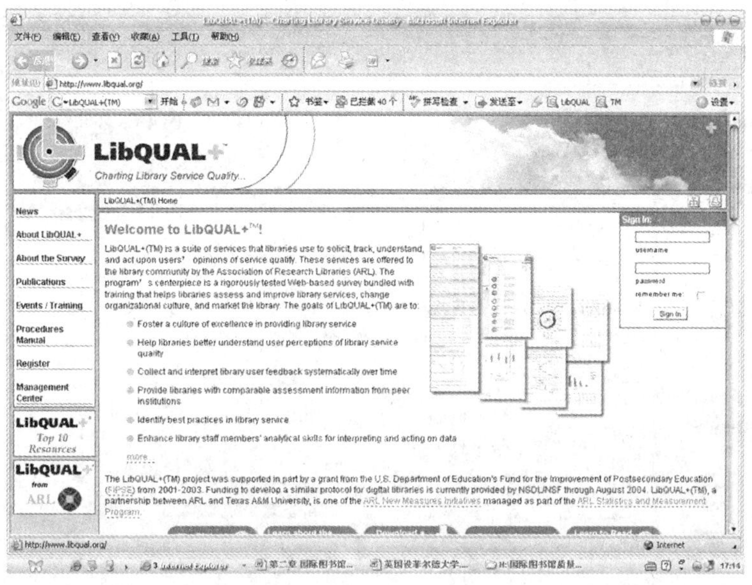

图 2－6

LibQUAL＋(Charting Library Service Quality,图表化图书馆服务质量)系统是由美国研究图书馆学会(ARL)为美国及国际图书馆界提供的统计及评估图书馆服务质量的一整套在线服务,利用该服务的图书馆可以征求、跟踪、了解读者对图书馆服务质量的意见并据此读者意见而采取行动。目前包括服务质量、电子资源利用和评价,并正在开发成效评估。该项目从 1995 年开始设想,到 2000 年系统公开发布并运行,目前已开发了四大项目:LibQUAL＋,DigiQUAL,MINES for Libraries,E－Metrics。略述如下:

◆ LibQUAL＋(TM)(http://www.libqual.org/)

该项目的核心部分是一个经过严密测试了的基于网络的调查,并把如何利用调查方法的培训进行了捆绑(见图 2－7)。LibQUAL＋(TM)的具体目标是:

- 促进图书馆在提供服务上形成卓越的文化;
- 帮助图书馆更好地理解用户对图书馆服务质量的观点;
- 经常系统地收集和理解用户反馈;
- 为图书馆提供来自最优机构的可比性评价信息;
- 确定图书馆服务的最佳实践;
- 强化图书馆职员对理解数据的分析技能及根据数据采取措施的技能。

该调查表格包括 22 大项核心问题、5 大项本地服务质量测评的可选问题,以及 8 大项有关信息素质和总体用户满意度的调查问卷。对于填写表格的用户还提供了开放的评价窗口,这种开放终端的评价有助于帮助图书馆理解用户为什么如此评分,也让用户理解他们的意见如何影响图书馆决策的改变,从而感到有责任提出建设性评价。

LibQUAL＋(TM)调查表格采纳市场营销专家帕拉苏拉曼(Parasuraman)设计的一种问卷式服务质量评估工具——SERVQUAL 模式,具有如下特点:

(1)系统要求读者对每一项服务指标都给出定量的评估值,取值范围从 1 到 9,共 9 个等级;

(2)对每一项服务指标,读者需要给出 3 个评分值,分别代表对该项指标的最低忍受值,实际感

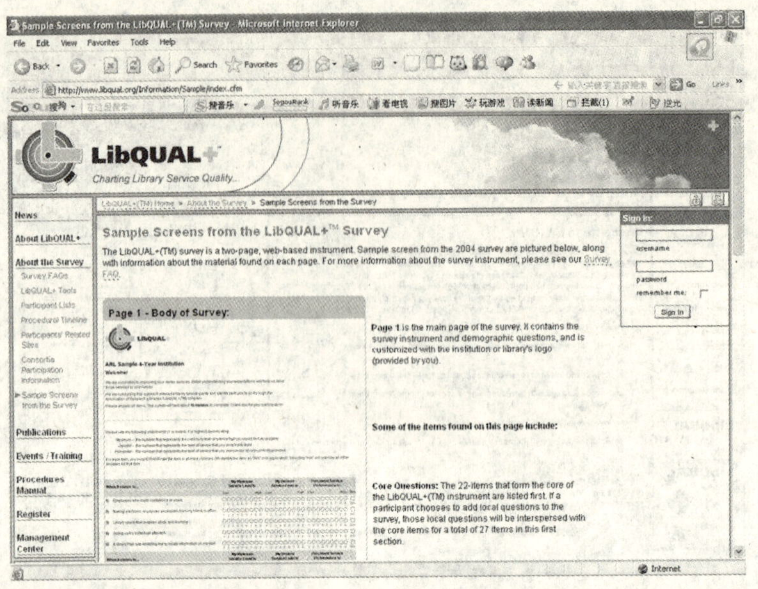

图 2－7　LibQUAL＋(TM)在线调查表格示例

受值和理想期望值。例如,在系统的调查问卷中,对某项服务指标采用如下表的方式描述。

表 2－9　服务指标描述方式

评价内容	最低忍受值(1－9) 123456789	实际感受值(1－9) 123456789	理想期望值(1－9) 123456789
X X X	○○○○○○○○○	○○○○○○○○○	○○○○○○○○○

(3)系统综合采用用户对图书馆服务的各项指标的 3 个评价值之间的差值,来评估服务质量,而不是仅仅采用 3 个独立的评价值。

LibQUAL＋(TM)通过这些调查及评价,将有助于图书馆评估和提升其服务质量、改变其组织文化,并开展图书馆营销(见下表,是其培训指南中有关用户调查的一个表单)。

User Sub-Group	Population N	Population %	Respondents n	Respondents %	%N - %n
First year (Undergraduate)	5,549	12.75%	85	9.48%	3.28%
Second year (Undergraduate)	7,510	17.26%	75	8.36%	8.90%
Third year (Undergraduate)	8,883	20.42%	53	5.91%	14.51%
Fourth year (Undergraduate)	11,332	26.05%	65	7.25%	18.80%
Fifth year and above (Undergraduate)	87	0.20%	33	3.68%	-3.48%
Non-degree (Undergraduate)	0	0.00%	6	0.67%	-0.67%
Masters (Graduate)	4,124	9.48%	81	9.03%	0.45%
Doctoral (Graduate)	3,229	7.42%	146	16.28%	-8.86%
Non-degree or Undecided (Graduate)	385	0.88%	8	0.89%	-0.01%
Adjunct Faculty (Faculty)	0	0.00%	4	0.45%	-0.45%
Assistant Professor (Faculty)	349	0.80%	87	9.70%	-8.90%
Associate Professor (Faculty)	402	0.92%	78	8.70%	-7.77%
Lecturer (Faculty)	422	0.97%	40	4.46%	-3.49%
Professor (Faculty)	849	1.95%	121	13.49%	-11.54%
Other Academic Status (Faculty)	388	0.89%	15	1.67%	-0.78%
Total:	**43,509**	**100.00%**	**897**	**100.00%**	**0.00%**

图 2－8

从 2004 年起，在美国已有 500 多个图书馆加入到 LibQUAL + 项目中，包括学院和大学、社区学院、健康科学图书馆、法律图书馆，以及公共图书馆，有些是通过各种各样的图书馆联盟加入的，有的是单独加入的。现在 LibQUAL + 项目已向加拿大、英联邦国家甚至欧洲国家扩展，日益走向国际化。

◆ DigiQUAL™（评估数字图书馆服务），该项目正在修订和重新计划现存的 LibQUAL +（TM）协议，用来评估通过数字图书馆提供的服务。

◆ MINES for Libraries™（Measuring the Impact of Networked Electronic Services，评估网络电子服务的影响），是一个基于事务的在线调查，用来收集基于电子资源利用的数据和用户的统计数据，测评网络电子服务的影响。

◆E-Metrics 电子计量项目（Measures for Electronic Resources），E－Metric 总目标是为美国研究图书馆协会成员馆制定描述电子信息服务和资源的统计指标和绩效测评。从 1999 年起该项目经历三个阶段。第一阶段：了解 ARL 成员馆关于网络化资源和服务的统计、测度的过程和活动的当前状况；第二阶段：研究组确定和测试了可以收集和利用的数据元素，作为电子资源的测评方法，来进行趋势分析和定标比超；第三阶段：分析电子资源利用和机构成果之间的联系。

从 2000 年到如今，经过 8 年多的开发、修订与发展，LibQUAL + ®系统除在美国本土共有 500 多个图书馆加入到系列项目中，还有加拿大、英国（英格兰、苏格兰、威尔士）、澳大利亚、新西兰、法国、爱尔兰、荷兰、瑞士、德国、丹麦、芬兰、挪威、瑞典、埃及、阿拉伯联合酋长国、南非，以及中国香港等国家和地区的 1000 多个机构加入进来。目前 LibQUAL + ®系统已经收集了逾 100 万图书馆用户的数据，系统支持 12 种语言：南非洲的荷兰语、美国英语、英国英语、繁体中文、丹麦语、荷兰语、芬兰语、法语（加拿大式）、法语（欧洲）、德语、挪威语和瑞典语，成为具有国际化影响的质量测评系统。

另外，英联邦国家的 SCONUL 和 LISU 也有著名的两大在线门户网，分别简述如下：

3. SCONUL（Society of College，National and University Libraries（网址：http://www.sconul.ac.uk/）

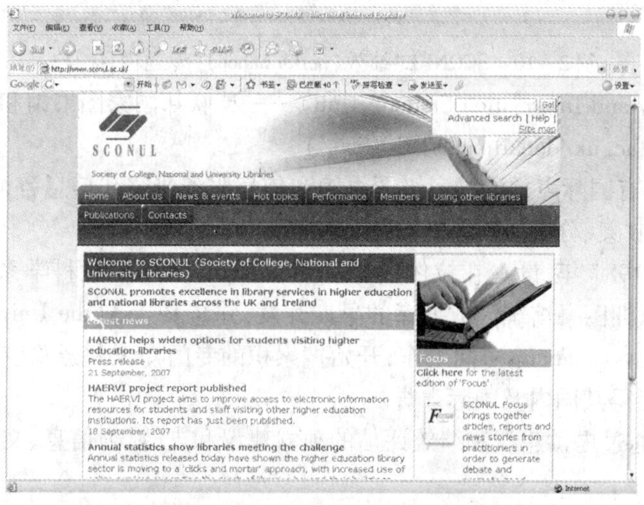

图 2－9

SCONUL 的目的:提升英国和爱尔兰国家图书馆和高等教育图书馆的卓越服务。所有英国和爱尔兰的大学图书馆都是 SCONUL 的成员。

SCONUL 网站设立有"绩效"(performance)专题栏目门户(参见图 2-10 所示),该门户提供了一套有关绩效测评的数据、测量技术和工具应用的工具箱,集成了评估指标体系、SCONUL 年度图书馆统计、满意度调查、统计调查表,还有 SCONUL 统计、统计网站和统计趋势分析,以及影响测评计划等在此门户上。另外,还提供了 Charter Mark 特许标志认证、欧洲质量管理基金 EFQM 最优模式、人力投资项目(Investors in People)等质量管理认证项目,以及对美国研究图书馆学会 LibQUAL +®系统的介绍和连接。所有这些为图书馆质量管理和绩效、成效评估提供了各种方法及工具的选择。

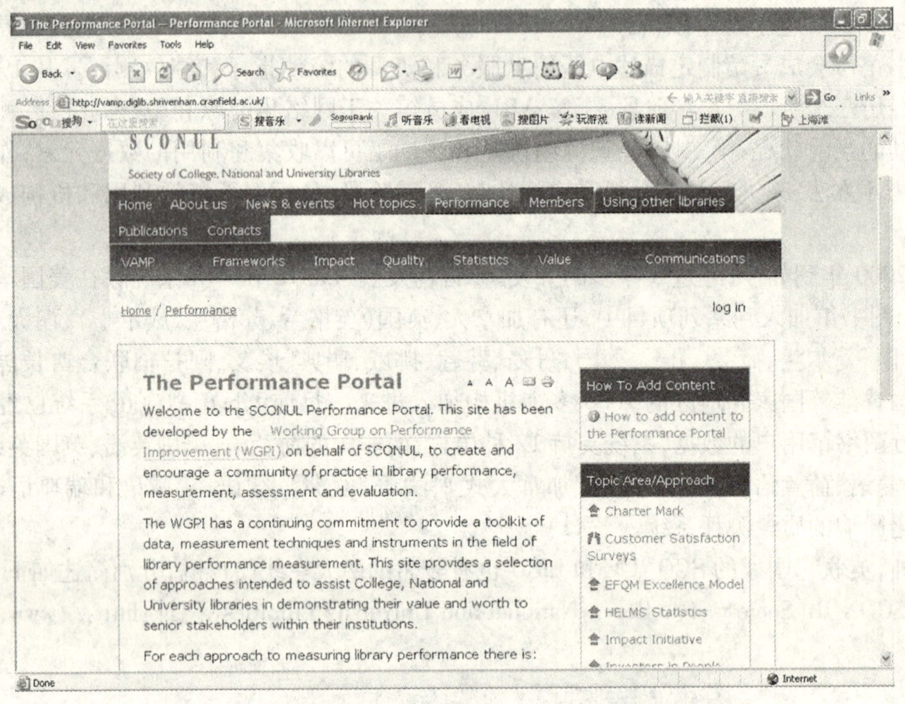

图 2-10　SCONUL"绩效(performance)"专题栏目门户

4. LISU(Library and Information Statistic Unit)——英联邦国家图书馆和信息统计集成系统(http://www.lboro.ac.uk/departments/dis/lisu/)

LISU 是英国具有国际声誉的国家级图书馆和信息服务研究和信息咨询中心,主要为英联邦国家的图书馆界收集、分析、诠释、发布统计信息。

该中心成立于 1987 年,设立在拉堡夫(Loughborough)大学信息科学系。21 世纪初,LISU 曾参与 LIBECON 欧洲图书馆统计数据库的早期开发,并与 UCISA(the Universities and Colleges Information Systems Association)协同工作,开始把累积的专门知识和经验应用在传统图书馆以外的领域,并逐渐赢得其国内及国际声誉。

LISU 的使命:通过提供建议和绩效评估的独立建议和支持,为信息、文化和学术服务提供良好的管理实践。

LISU 的战略目的:

- 为图书馆服务的管理者和决策者提供他们需要的系列工具,用以开发服务到最大潜

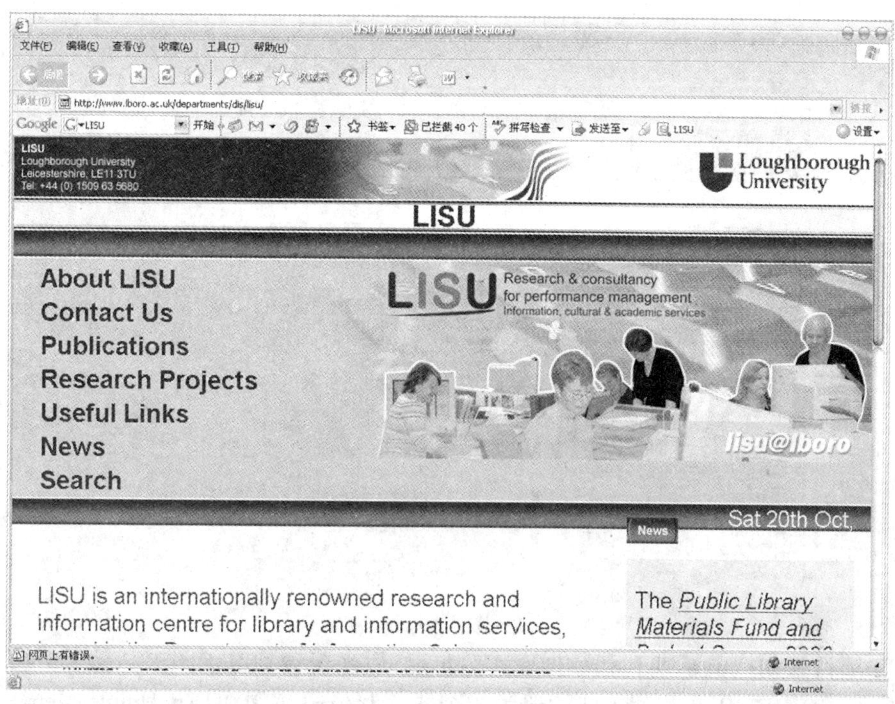

图 2－11

力,包括服务操作的权威数据。

• 提高对管理绩效证据的价值的意识,并加强这些证据的理解和应用。

• 开展高级研究,为调查方法的革新,理解信息、文化和学术服务,以及为更为宽广的知识经济作出贡献。

• 保持和增强 LISU 在数据收集和分析上的质量声誉,在数据传播上的可靠性和权威性,以及在结果报告上的独立和一致性。

• 继续开发 LISU 运营领域,尤其在文化服务上,包括博物馆、展览馆和档案馆,以及学术支持服务。

目前 LISU 正在与国内 94 组大学的学术图书馆协同工作,开发一个标准化电子资源提供和利用的方法。而所谓的电子资源只包括那些资源的利用数据是符合相关的 COUNTER (Counting Online Usage of Networked Electronics Resources)实用代码(Codes of Practice)的。

5. COUNTER 项目:"网络电子资源在线利用统计"国际项目(网址:http://www.project-counter.org/)

在线信息资源的利用正在快速增长。信息的生产者和购买者已达成广泛的共识,即这些资源的利用应该在更为一致的方法下进行测评。图书馆馆员希望更好地理解他们从各种渠道购买的信息是如何正在被利用的? 出版商希望知道他们传播的信息产品是如何正在被访问? 为满足这些目的的关键需求,就需要开发一套国际公认的标准和协议来管理在线利用数据的记录和交换。

2002 年 3 月,COUNTER (Counting Online Usage of Networked Electronics Resources)即"网络电子资源在线利用统计"项目应运而生,该国际项目通过设立标准,促进采用一种统一的、可靠的和兼容的方法来记录和报告在线利用统计,从而为图书馆员、出版商和中间商服务。

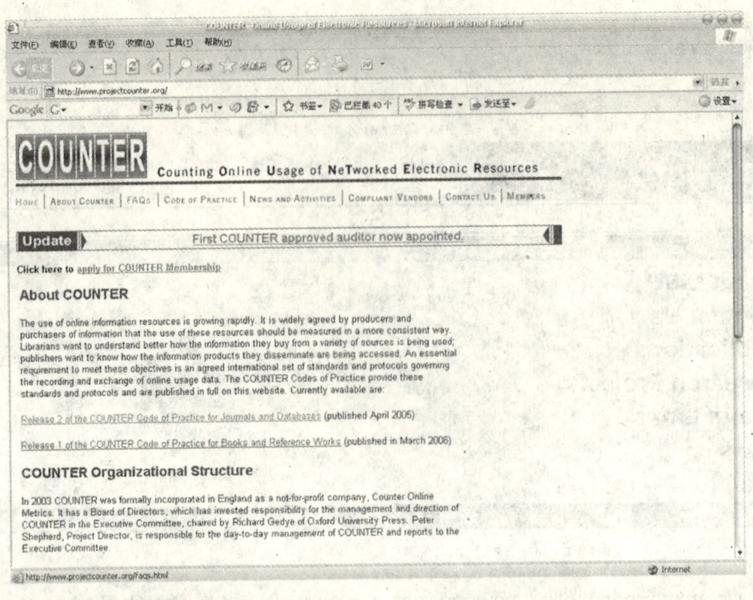

图 2-12

COUNTER 项目最初把电子期刊和数据库作为重点,后来覆盖到电子图书和参考引用的文献。

2003 年,COUNTER 在英国正式注册为一个非赢利公司:COUNTER Online Metric。公司有一个董事会,负责整体的管理和对 COUNTER 执行委员会的行政指导,董事会主席由牛津大学出版社 Richard Gedye 担任,日常管理由项目董事 Peter Shepherd 担任,董事会其他成员有英国兰开斯特(University of Leicester)的 Christine Fyfe、Wiley 的 Cliff Morgan,美国长岛大学(Long Island University)的 David Goodman、耶鲁大学(Yale University)的 Ann Okerson,以及荷兰 Elsevier 的 Joep Verheggen。

另有来自英美及荷兰的 14 位执行委员会委员,还聘请有来自英国、美国、德国、法国和日本的有关出版、图书馆和媒体方面的国际专家组成国际咨询顾问委员会。

2003 年,COUNTER 发布了标准"在线期刊和数据库的实用代码(Codes of Practice)",2006 年发布了标准"在线图书和参考引用文献的实用代码";同时还与美国国家信息标准组织NISO(the National Information Standards Organization)一起工作,开展"标准化利用收割计划"(SUSHI,Standardised Usage Harvesting Initiative)项目研究,最终开发了一个协议以促进自动收割和巩固来自不同经销商的利用统计。公司把开发的这些标准和协议都公布在网站:http://www.projectcounter.org/。

所有愿意遵循本标准和协议的图书馆、图书馆联盟、电子资源的出版商和经销商都可以作为成员加入"COUNTER 统一利用统计委员会"(the body of COUNTER compliant usage statistics)。如今,COUNTER 拥有来自英国、美国、澳大利亚、新西兰、加拿大、丹麦、芬兰、中国香港、爱尔兰、日本、俄罗斯、法国、德国等遍布世界的成员,作为图书馆联盟加入的有:英国 SCONUL、LISU、英国连续出版物联盟(UKSG,Unitied Kingdom Serieals Group),美国的法律图书馆学会 AALL、大学和研究图书馆学会(ACRL)、研究图书馆学会(ARL)、OCLC 等;作为国际组织机构成员加入的有:国际科学技术信息委员会 ICSTI(International Council for Scientific and Technical Information)、出版商协会(The Publishers Association)、联合信息系统委员会(Joint Information Systems Committee)、世界银行等;而且加入的出版商和经销商越来越多,尤其是世界知名的数据库出版和经销商,如美国科学促进会(American Assoxiation for the Advancement of Science)、美国物理科学院(American Institute of Physics)、美国心理学学会、BMJ 出版集团、剑桥大学出版社、牛津大学出版社、CABI 国际集团、EBSCO、EDP Science、Elsevier、Emerald、Extenza、Gale/Thomson Learning、Lexis Nexis、OECD、ProQuest,等等。

由此可见,COUNTER 项目"网络电子资源在线利用统计"的研究,使得图书馆员们、出版商和经销商广为受益,主要体现在:

图书馆馆员:能够从不同的经销商处比较利用统计;能够获得有用的计量统计,如平均每次利用成本等;能够作出更为明智的决策;能够更有效地计划基础设施建设。

出版商和中间商:能够以客户希望的格式为其提供数据;能够比较不同传递渠道对应的利用;能够为利用多种传递渠道的客户合计数据;能够更多了解真实的利用模式。

毋庸讳言,COUNTER 项目为电子图书馆服务的绩效测评奠定了坚实的基础,对国际图书馆界的质量评估影响深远。

近几年来,国际图联 IFLA 统计与评估专业组也正在努力在其网站(http://www.ifla.org/VII/s22/index.htm)建立一个统计与评估系统,同时链接到各个国家的国家级统计网站及上面介绍的那些跨国界的国际项目及系统上。提供了统计数据一览表,参见 http://www.ifla.org/VII/s22/project/Library-collectedData.pdf。

第五节　图书馆绩效指标的应用与绩效评估的案例

一、建立在图书馆统计和绩效指标国际标准基础之上的统计案例

1. 英联邦大学和国家图书馆学会 SCONUL 电子资源和服务统计分类表

英联邦大学和国家图书馆学会 SCONUL 为所有的电子资源按照数据库、连续出版物和电子图书三大类进行分类,并把所有的电子服务提供商提供的各种服务归纳到这三大类中,进行统一列表(如表 2-10 示例),这样,就为英国和爱尔兰国家的所有国家图书馆及高等教育图书馆的电子资源和服务的统计,以及电子图书馆服务的评估,提供了可供参考的统一标准(参见:http://www.sconul.ac.uk/groups/performance_improvement/papers/definitionstable.doc)。

表 2-10

电子服务的名称	数据库,电子连续出版物或电子图书
ABI/Inform (Global, Select, Trade & Industry etc)	数据库
ACM Digital Library	电子连续出版物
ACS journals (American Chemical Society)	电子连续出版物
The Academic Library (Pluto Press)	电子图书
Biomed Central	电子连续出版物
BioOne	电子连续出版物
Blackwell Synergy	电子连续出版物
British Education Index (BEI)	数据库
Cambridge Journals online	电子连续出版物
Cambridge Scientific Abstracts	数据库
Digimap	数据库

（续表）

电子服务的名称	数据库，电子连续出版物，或电子图书
DOAJ – directory of open access journals	数据库
EBSCO Host Academic search elite	数据库
Ebsco Host EJS	电子连续出版物
EBSCO Business source premier	数据库
Elsevier Science Direct	电子连续出版物
Emerald full text	电子连续出版物
Emerald Management Reviews	数据库
HighWire press	电子连续出版物
Historical Abstracts	数据库
备注：该列表只是其分类列表中摘录的部分样例。	

2. 欧盟委员会 LIBECON 国际图书馆统计表格

LIBECON 项目为国家图书馆、高等教育图书馆、公共图书馆、专业图书馆（其下又细分政府图书馆、健康服务图书馆/医学图书馆、行业的学术研究机构或行业协会图书馆、工商图书馆、媒体图书馆、区域图书馆、其他专业图书馆 7 小类）、学校图书馆这五大类型图书馆设计了五大类和专业图书馆七小类共 12 种表格，从以下七个方面来进行统计：

（1）馆藏和增订：图书和装订的报刊（印刷型材料）、现刊现报（订购的和实际到馆的）、电子连续出版物、手稿、缩微胶卷、视听资料、CD-ROM、电子图书。

（2）设备和服务：开架区库藏百分比，已纳入自动化系统的编目纪录百分比、用户座位数量、净使用空间面积、用户工作站数量。

（3）利用和用户：注册用户、馆内利用、现场借阅、外借事务（普通外借）、到馆访问数量、虚拟参考事务数量、图书馆网络资源虚拟访问数量、虚拟访问数量。

（4）图书馆和雇员：专业人员、学科馆员、其他职员。

（5）日常运营经费：雇员费用、馆藏采访费用、电子信息费用、自动化系统费用、行政与日常运行维护费用、新馆舍和重修费用、其他支出经费。

（6）收入：由图书馆机构自身或其主管单位提供的资金、其他公共资源提供的资金、公司或私人提供的资金（包括捐赠）、专项拨款或资金、图书馆自身产生的收入（由图书馆运作收取的各种费用并交由图书馆可支配的）。

（7）资本支出费用：新馆舍或重修费用、新馆库藏采访购置费用（只用于新图书馆建设时库藏购置的采访费）、自动化系统费用（与计算机系统提供相关的资产费用，包括 OPAC 终端机、CD-ROM 阅读机、PC 工作站等）、其他资本支出费用。

二、英国《公共图书馆服务标准》的修订与对国际标准绩效指标的采纳

2001 年，英国联邦政府发布《公共图书馆服务标准》（Public Library Service Standards，以下简称 PLSS），其宗旨在于：创建一个清晰的、并广为接纳的图书馆机构的法定职责，以提供综合性和有效的服务；并且第一次为公共图书馆设立了绩效监督的纲领。

从 2001 年起，图书馆的许多服务发生重大变化，例如图书馆开放时间，馆藏的提升，ICT 提供的改进，用户满意度的提高，以及图书馆访问等等，获得了巨大的增长。2003 年，英国文化媒体与体育部（Department for Culture Media and Sport，简称 DCMS，以下简称英国文化部），

和其下属的“英联邦国家博物馆、图书馆和档案馆委员会”(Museums, Libraries and Archives Council,简称 MLA),根据“未来的纲领”(Framework of the Future)对该标准进行了评审,于2004 年 10 月修改了 2001 年的标准初版,目前又发布了 2007 年 12 月的最新版本。

这些修改,一是为了适用图书馆绩效评估的新要求,确保标准能够反映最新的战略规划,同时也避免了给地方机构带来不合理的管理负担。因此,新的标准体系设计为:应该证明图书馆在力图满足其当地社区的需要,同时反映当地民众有权期望的最低服务标准。在图书馆服务提供方式方法日益增多的情况下,为了兼顾遵循本地评判的原则,在可能会遇到的不同情形时,英国文化部 DCMS 和 MLA 还给予了某些标准极大的灵活性。

英国公共图书馆服务标准的实质是一套目标,共有 10 个。这 10 个目标通过系列核心活动来测评图书馆绩效,而且该服务标准对图书馆绩效的测评被认为与图书馆影响测评是相配套的。该服务标准的 10 大目标简要介绍如下:

英国公共图书馆标准 10 大目标

第 1 款(以下简称 PLSS 1)——在图书馆周边规定距离内家庭的比例

机构类型	家庭,所在范围		
	1 英里	2 英里	稀缺型机构 2 英里
在伦敦市区内	100%		
在伦敦市区周边	99%		
在大都市地区	95%	100%	
在单列市	88%	100%	72%
在郡县		85%	72%

备注:稀缺型机构定义为:市县中 10% 的地区有着高度稀缺的人口指数。

第 2 款(PLSS 2)——每千人人均所有图书馆总计如期开放的小时数

128 小时

计算方法:人口是指城镇居民人数,伦敦地区可以采用常住人口来计算。数值为:城镇内所有图书馆各个图书馆服务点全年开放时间的总和,除以人口数量。

第 3 款(PLSS 3)——固定图书馆中,可提供互联网连接设备、以获取电子信息资源的图书馆的百分比

100%

固定服务点开放至少每周 10 小时以上,可以让公众访问互联网。

第 4 款(PLSS 4)——每千人人均可用的、能够访问互联网和图书馆目录的电子工作站总数(包括固定图书馆和流动图书馆,以及其他服务经营站所提供的电子工作站)

6 个

第 5 款(PLSS 5)——需求文献获取的时效性

i 7 日内可获取的百分比 50%

ii 15 日内可获取的百分比 70%

iii 30 日内可获取的百分比 85%

第 6 款(PLSS 6)——每千人人均到馆率

7650 次(在伦敦市区内,或 6800 次常住人口)

8600 次(在伦敦市区周边)

6000 次(在大都市地区)

6300 次(在单列市)

6600 次(在郡县)

备注:不包括虚拟访问。

第 7 款(PLSS 7)——用户满意度之 16 岁及以上的用户对图书馆服务评价为:

i 优秀

ii 良好

iii 一般

iv 差

v 很差

本标准建议——94% 的回答者对图书馆服务评为“良好”和“优秀”

第 8 款(PLSS 8)——用户满意度之 16 岁以下的用户对图书馆服务评价为:

i 好

ii 一般

iii 坏

本标准建议——90% 的回答者对图书馆服务评为“好”

第 9 款(PLSS 9)——年度每千人人均购书量

216 件

备注:包括:图书和其他载体形式的出版物,如视听多媒体资料、电子出版物等。

不包括:报纸、期刊和其他资料。

第 10 款(PLSS 10)——补充在开架区或可阅览区的外借储备所花费的时间

6.7 年

从上面 10 个 PLSS 目标中,我们可以看到,有 PLSS4、PLSS5、PLSS6、PLSS7 和 PLSS8 共 5 个标准是绩效指标,分别对应为 ISO/TR 20983“每公共开放工作站的平均服务人数 B.1.6.2”、ISO 11620“需求文献获取的时效性 B.2.2.4”、ISO 11620“人均到馆率 B.2.1.3”、ISO 11620“用户满意度 B.1.1.1”,同时,PLSS1 还与 ISO 11620“目标人群覆盖率 B.2.1.1”指标相类似。

英国文化部 DCMS 和 MLA 希望机构能够采用该标准进行各种各样的评估,而无论其是外部指导委员会的评审,还是作为一个自我评估的工具。同时还规定:当比照这些标准审视机构的绩效时,不期望任何机构在没有达到大多数标准的时候,却声称有特殊的考量。

由此可见,英国图书馆服务标准日益重视绩效指标的应用和图书馆绩效的评估。

三、英国审计委员会 CPA 综合绩效评估模式下的图书馆绩效评估

英国审计委员会(The Audit Commission,一下简称 AU)是一个独立的实体,负责确保公共资金被经济、有效的和有效率地使用,从而为地方民众提供高质量的本地服务。该委员会的审计对象覆盖英格兰 11 000 个实体机构,这些实体机构每年花费 1800 亿公共资金,覆盖政府、医药健康、文化、住房、社区安全与消防和抢险营救服务。

作为独立的监督机构，英国审计委员会提供有关公共服务质量的信息。作为这些服务改进的驱动力，英国审计委员提供实践建议，并推广最佳实践。作为独立的审计者，英国审计委员要确保公共服务对于其所花费的资金要有良好的价值，并且确保公共资金得以正当使用。

英国审计委员会主要采用 CPA(Comprehensive Performance Assessment，综合绩效评估)这样一个工具来帮助议会机构改进并提升其服务。从 2001 年，CPA 开始对英国的单列市和郡议会进行综合绩效评估以来，取得了很大的成功，目前已覆盖到所有级别和类型的市县政府机构的绩效评估。在一揽子 CPA 评估中，也包括了对属于文化领域的图书馆的绩效评估。本书将介绍在 CPA 模式下图书馆绩效评估的内容与方法。

1. CPA 模式的核心结构与内容

CPA 所采纳的各种方式方法总在不断地改进中，因此每年度的上半年，审计委员会要征询本年度的评估建议，并最终制定和发布当年度的 CPA 评估纲领(CPA Framework)，用来宣告和指导各议会机构根据该纲领进行自我评估和接受外部评估。

CPA 的核心是：它收集一系列的信息，如绩效指标、整体能力的评估、审计和检察报告，以及利益相关人的意见等，然后通过一个综合分析工具，来总合各类信息，最后得出对被测评实体的一个总体的评价，即 CPA 星级级别(有 0—4 星 5 个级别，如表 2－11 所示)。

表 2－11

评估的整体 CPA 级别：
· 4 星(反映着绩效的最高级别)
· 3 星
· 2 星
· 1 星
· 0 星

2007 年 4 月，英国审计委员会发布了征询“2007 服务评估纲领”(the service assessment framework for 2007)具体建议的文件，并最终出台了《综合绩效评估——2007 强化测试纲领》(CPA-the Harder Test Framework for 2007)(参见 http://www.audit-commission.gov.uk/cpa/stcc/stccframework.asp)。

下面以 2007 年 8 月 2 日发布的 2007 年度 CPA 纲领：《综合绩效评估——2007 强化测试纲领》(CPA － the Harder Test Framework for 2007)为例，来了解 CPA 评估的主要内容和方法。

(1) CPA 评估模式的核心结构

CPA 评估模式的核心结构，以 2007 年 CPA 结构(CPA framework for 2007)模型图为例，示范如下图 2－13：

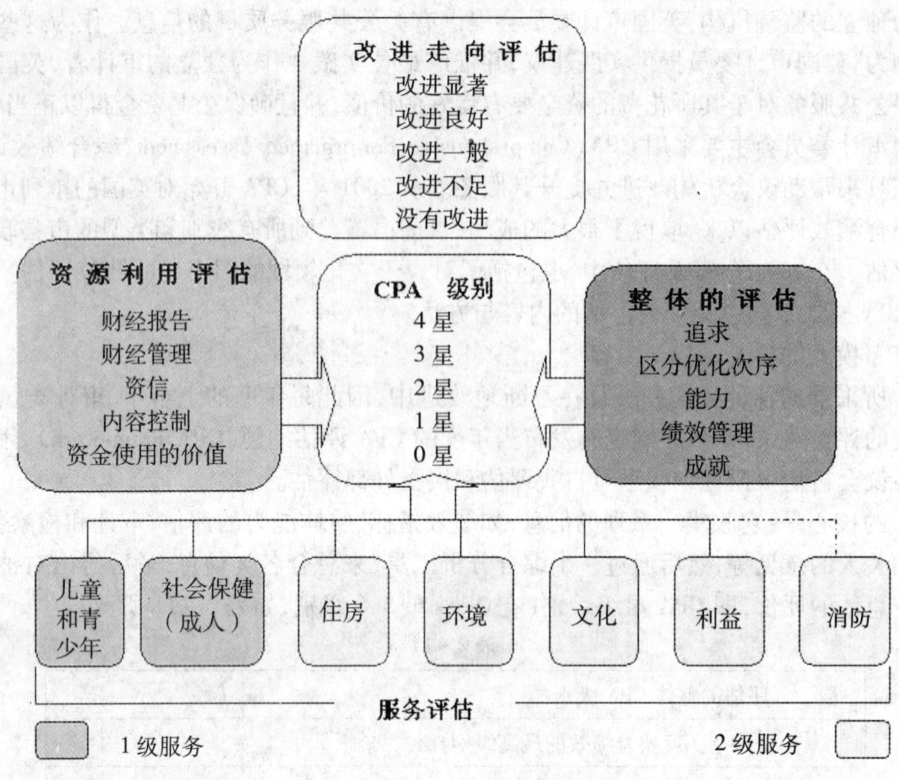

图 2-13 CPA 评估结构

(2)CPA 评估模式的核心内容

从以上 CPA 评估模式结构图中,我们可以看到,整体的 CPA 评估内容包括四个主题,也称为四大元素,即:“整体的评估”、“资源利用评估”、“服务评估”和“改进走向评估”。其中“服务评估”中对儿童和青少年的服务、对成人的社会保健服务属于 1 级服务(图中绿色模块),所有其他服务属于 2 级服务(图中灰色模块)。四大主题的内容简述如下:

A)整体的评估(Corporate assessment)

整体的评估从下面五个主题进行评估:

- 追求;
- 区分优先次序;
- 能力;
- 绩效管理;
- 成就

审计委员会采用 KLOE(Key lines of enquiry,是一系列的具体调查问卷工具,参见:www.audit-commission.gov.uk/kloe)调查问卷工具,通过该框架,CPA 整体评估团队收集和评价议会机构是如何有效地工作的。这涵括了议会机构是怎样更好地理解本地社区和邻居,并充当社区领袖;而这种对本地居民和地方的理解,又是如何转化为议会机构的追求和优先次序;他们实施这些追求和优先措施的能力,以及在实践中,取得了什么成就。

B)资源利用的评估(Use of resources assessment)

资源利用的评估每年度都在所有的议会机构进行。它提供了一个判断议会机构是如何管理和使用其资源的。这项评估主要关注的是其行使合理的和战略性的财政管理，对确保资源有效地支持议会的优先措施并提升服务的重要性。该评估涵括下列主题：

- 财经报告；
- 财经管理；
- 资信；
- 内部控制；
- 资金使用的价值

C)服务评估(Service assessments)

审计委员会每年对环境、住房和文化服务领域进行年度评估。这些服务评估总合了当前服务的绩效信息(通过绩效指标)和任何相关的服务检查，为议会机构绩效提供了一个全面的评价。服务评估等级每年发布并用以更新每一年的 CPA 级别。在对各级地方权力机构的绩效进行评估时，CPA 首先考虑了相关的国家级服务标准，例如在对公共图书馆进行评估中，CPA 服务评估绩效指标就完全采纳了英国公共图书馆的服务标准(在后文中详细介绍)。CPA 服务评估也包括关注这些服务的用户的绩效测评。

根据 2007 年 CPA 评估纲领，审计委员会还发布了具体的 CPA 服务评估指南《CPA - The Harder Test 2007：Guide to service assessments for single tire and county councils》，用以指导环境、住房和文化领域的服务评估(参见：www. audit-commission. gov. uk/cpa/stcc/stccsaf. asp)。

CPA 结构图表中有关服务评估的其他领域，如政府机构对儿童和青少年的服务、对成人的社会保健服务，以及利益服务，则分别由 Ofsted、CSCI 和 BFI 来实施年度评估，然后把评估的数据和结果提供给审计委员会。

D)改进走向评估(Direction of travel assessment)

改进走向评估是一个年度评价，为公众提供可信的信息：即议会机构是否在遵循其采取措施的职责，以确保职能得以持续改进。

它测评过去 12 个月内的进步。评估按 4 个程度的等级进行评判：

- 改进显著；
- 改进良好；
- 改进一般；
- 改进不足，或没有改进。

改进走向评估通常与整体的评估结合在一起进行。一旦进行整体的评估，那么也会同时进行改进走向评估，以最小化总体的负担。

改进走向评估采用自我评估与问询相结合的方式方法。但在这方面，审计委员会更注重顾客和居民的满意度，以及更好地结合 KLOE 的调查。

改进走向评估是 CPA 纲领中的重要组成部分。首先，它肯定了本年度取得的进步，其次，通过报告当前绩效和改进走向，为 CPA 提供了二维模型。

总之，在以上四大主题的评估中，只有资源利用评估，服务评估中环境、住房及文化领域 3 大模块，是由审计委员会直接实施的，而对于服务评估的其他要素和整体评估，审计委员会直接采纳其他监察机构的工作结果，并依据这些监察机构的产出——数据和信息，来进行分析、总合。每年度，英国审计委员会从这四大主题对议会机构的绩效进行评估，并最终给予被测评者一个整体的 CPA 星级级别(0—4 星)，代表被测评者绩效的整体评价。

2. CPA 星级等级的确定

在 CPA 四大元素中，只有“整体的评估”、“资源利用评估”和“服务评估”三个主题构成确定 CPA 星级级别的元素。因此，CPA 星级等级的确定，是通过总合 CPA 中“整体的评估”、“资源利用评估”和“服务评估”三大要素的评估等级，然后按照 CPA 制定的规则来分析并确定的。确定的步骤简述如下：

步骤一：为 CPA 纲领图中“整体的评估”、“资源利用评估”和“服务评估”和“改进走向评估”的每一个组成元素给予一个 1—4 的等级。其中，1 为最低级，4 为最高级，各等级的界定和含义，见表 2 – 12：

表 2 – 12

等级	含义
4 很好地高于最低要求以上	——改进显著
3 一贯地保持在最低要求以上	——改进良好
2 仅达到最低要求	—— 改进一般
1 低于最低要求	——改进不足

步骤二：确定“整体的评估”的总体等级

整体的评估的 5 个主题（包括 1 个单独的所取得成就评估的总体等级），每一个主题给予 1—4 的等级，这 5 个等级根据表 2 – 13 的规则进行总合，得出整体的评估的总体等级：

表 2 – 13

整体评估的等级总合规则	
资源利用主题的等级 （4 个主题等级和 1 个成就评估总体等级）	整体评估 总体等级
2 个或以上的主题有一个等级 4，并且没有 1 个主题低于等级 3	4
3 个或以上的主题有 1 个或更多的等级 3，并且没有一个主题低于等级 2	3
3 个或以上的主题有 1 个或更多的等级 2	2
任何其他的组合	1

步骤三：确定“资源利用评估”的总体等级

资源利用的每一个主题给予 1—4 的等级，这 5 个主题的 5 个等级根据表 2 – 14 的规则进行总合，得出资源利用评估的总体等级：

表 2 – 14

资源利用评估等级总合规则	
资源利用主题的等级 包括：财经报告、财经管理、资信、内部控制、资金使用的价值	资源利用评估 总体等级
2 个或以上的主题有 1 个等级 4，并且没有 1 个主题低于等级 3	4
3 个或以上的主题有 1 个或更多的等级 3，并且没有 1 个主题低于等级 2	3
3 个或以上的主题有 1 个或更多的等级 2	2
任何其他的组合	1

步骤四：确定“服务评估”各要素的等级

下文将以 2007 年度 CPA 服务评估指南为案例，详细阐释服务评估总体等级如何总合并确定的。在此先省略。

步骤五：最终的 CPA 级别总合规则

前面已经提到，在 CPA 四大要素中，只有整体的评估、资源利用评估和服务评估的等级是审计委员会采纳来进行总合,并得出最终的 CPA 级别的。它们各自的权重不一样,1 级服务的评估和资源利用评估(同为绿色模块)在确定 CPA 星级级别时具有较大的权重,同时把整体评估的等级作为最终确定 CPA 级别的关键因素。

所有构成 CPA 结构图中的这些元素的等级如何进行总合,最终得出总体的 CPA 级别,将根据表 2-15 的规则进行:

表 2-15

CPA 级别总合规则			
整体的评估等级	1 级服务 (包括资源利用评估)	2 级服务	CPA 级别
4	没有 1 个低于等级 3	没有 1 个低于等级 2	4 星
4	没有 1 个低于等级 2	只有 1 个是低于等级 2	3 星
4	只有 1 个是低于等级 2	只有 1 个是低于等级 2	2 星
4	任何其他的组合		1 星
3	没有 1 个低于等级 3	没有 1 个低于等级 3	4 星
3	没有 1 个低于等级 2	没有 1 个低于等级 2	3 星
3	没有 1 个低于等级 2	只有 1 个是低于等级 2	2 星
3	任何其他的组合		1 星
2	没有 1 个低于等级 3	没有 1 个低于等级 2	3 星
2	没有 1 个低于等级 2	没有 1 个低于等级 2	2 星
2	只有 1 个是低于等级 2	只有 1 个是低于等级 2	1 星
2	任何其他的组合		0 星
1	没有 1 个低于等级 3	没有 1 个低于等级 2	2 星
1	没有 1 个低于等级 2	没有 1 个低于等级 2	1 星
1	任何其他的组合		0 星
来源:Audit Commission(UK)			

步骤六:发布 CPA 级别。

与此同时,改进走向评估等级要和 CPA 级别一起发布。

3. CPA 服务评估模式与图书馆绩效评估

2007 年 8 月,审计委员会根据《综合绩效评估——2007 强化测试纲领》又制订了 2007 年度具体的服务评估实施指南《CPA—The Harder Test 2007: Guide to service assessments for single tire and county councils》,该指南只适用于 2007 年度的服务评估。图书馆绩效评估包含在整体的服务评估中,因此,在此指南中,服务评估的整体纲领与模式同样适用图书馆绩效评估。下面以图书馆绩效评估为例,来阐释 CPA 服务评估模式的原则和步骤。

(1)图书馆服务评估整体等级确定的原则

服务评估整体等级取决于两个单独的等级元素:绩效信息等级(performance information score)和检查等级(inspection score)的总合(当相关时)。其中,检查等级,是由英国审计委员会进行实地考查时所给予的一个等级评价;而绩效信息等级,是根据 CPA 给定的一系列绩效指标组,把所有的绩效指标值按照 CPA 指南中给定的规则测算出来的。如何确定绩效信息等级及其规则,将在后文中阐述。

这两个单独的等级都赋值为 1 到 4,各给予权重并总合,然后用下列界线值(列在表 2-10 中)来决定整体的服务评估等级(1 至 4)。

表 2－16 决定服务评估等级的界线值

总合绩效信息和检查等级分值	整体服务评估等级及含义	
	等级	等级的含义
低于 1.85	1	改进不足，或没有改进
1.85 到 2.5 之间	2	改进一般
2.5 到 3.15	3	改进良好
高于 3.15	4	改进显著

(2)图书馆评估的绩效信息等级和检查等级权重规则

一旦服务评估中包含了检查，那么绩效信息等级就相应的按照下列权重表进行计算。

在文化服务评估中，检查的权重对所有类型的机构都是一样的。

如果有不止一次的检查，那么检查等级要取其平均值。

表 2－17 绩效信息等级和检查等级权重表

是否包括了检查	权重	
	绩效指标信息等级	检查等级
是	62.5%	37.5%
没有	100%	N/A

由上可见，如果审计委员会对图书馆进行了检查，那么：

图书馆服务的整体等级 ＝ 绩效指标信息等级 ×62.5% ＋ 检查等级 ×37.5%

如果审计委员会没有对图书馆进行检查，那么：

图书馆服务的整体等级 ＝ 绩效指标信息等级 ×100%

＝ 绩效指标信息等级

(3)图书馆检查等级的确定

包括在服务评估中的服务检查，用来确定整体服务评估等级中的检查等级。任何检查只要覆盖了服务职能的实质性领域，都可以包括进来计算检查等级。

检查等级基于当前的每一个相关的检查所给予的服务绩效等级(服务是如何好的)。每一个服务检查的当前绩效等级，赋值为 0(差)—3(优秀)，这些值对应为等级 1—4。

在过去的 3 年内发布的相关的服务检查，被用来确定服务评估的检查等级。所有在 2005 年 1 月至 2007 年 12 月 31 日午夜之间报告的相关服务检查等级，都将包括在 2007 年度内检查等级的确定中。采用这种方法来包括服务检查，意味着：许多机构将在 2007 年会有一个或多个服务评估等级，那么整体的检查等级要取其平均值。

(4)图书馆绩效信息等级的确定及方法

所有列在绩效指标一览表中的指标，都是用来报告绩效信息等级的，它们将根据 CPA 服务评估指南的规则和方法，按照下列步骤来确定绩效信息等级。

步骤一：收集图书馆绩效指标信息

所有用来组成评估的图书馆绩效指标(PIs，performance indicators)列举在下表中。这些指标是由“最有价值的绩效指标”(BVPIs，best value performance indicators)和“其他绩效测评方法”(non－BVPIs)组成的。在该表中，还列出了指标的来源、应用机构的类型，及其指标评价的标准，和在 CPA 评估模式中为比较指标值的相关程度而设立的界线值。其中，笔者特意增加了指标与国际标准 ISO 11620、ISO/TR 20983 的对应关系。

表 2-18　2007 年 图书馆服务评估中采用的绩效指标一览表

指标	指标的描述	来源和参考引用	应用	评价标准	底线值	上线值	关联 ISO 11620/20983
C2	公共图书馆服务标准:关于获取——第 1,2,6 款	IPF	LBs MDCs UAs CCs	每一款参见 DCMS 和 MLA 制定的标准	三项中只要有一项在标准线上或低于标准线	三项中的所有项都在标准以上并且至少有一项达到了其标准上线	
C2a	在图书馆周边规定距离内家庭的比例	IPF - PLSS 1	LBs MDCs UAs CCs	参见 DCMS 和 MLA 制定的标准	低于标准 5 个百分点	无	ISO 11620 B.2.1.1
C2b	每千人人均所有图书馆总计如期开放的小时数	IPF - PLSS 2	LBs MDCs UAs CCs	标准:128 小时	低于标准 20 个百分点	达到或超过标准	
C2c	每千人人均到馆率	IPF - PLSS 6	LBs MDCs UAs CCs	参见 DCMS 和 MLA 制定的标准	低于标准 30 个百分点	达到或超过标准	ISO 11620 B.2.1.3
C3	公共图书馆服务标准:关于 ICT 提供——第 3,4 款	IPF	LBs MDCs UAs CCs	每一款参见 DCMS 和 MLA 制定的标准	两项都在或低于标准线上;或者第 3 款在标准线上或低于标准线,并且第 4 款低于其标准上线	第 3 款在标准线上,并且第 4 款达到其标准上线	
C3a	固定图书馆提供获取连接到互联网的电子信息资源的百分比	IPF - PLSS 3	LBs MDCs UAs CCs	标准:100%	没有达到标准	无	
C3b	每千人人均可用的电子工作站的总数	IPF - PLSS 4	LBs MDCs UAs CCs	标准:6 个	低于标准 25 个百分点	达到或超过标准	ISO /TR20983 B.1.6.2
C4	服务人群中活跃的借阅者比例	IPF	LBs MDC UAs CCs		20.4%	27.3%	

（续表）

指标	指标的描述	来源和参考引用	应用	评价标准	底线值	上线值	关联 ISO 11620/20983
C6	居民满意度(对图书馆)	BVPI - BV 119b	LBs MDCs UAs CCs	绩效基于2006/7年度用户满意度调查结果	63%	72%	ISO 11620 B.1.1.1
C11	公共图书馆服务标准:关于库存——第5,9,10款	IPF	LBs MDC UAs CCs	每一款参见DCMS和MLA制定的标准	三项中只要有一项在其标准线上或低于标准线	所有项都在标准以上并且至少有一项达到了其标准上线	
C11a	需求文献获取的时效性	IPF - PLSS 5	LBs MDC UAs CCs	标准有三项:7日内50%,15日内70%,30日内85%	三项中有任意一项低于其标准10个百分点	所有三项均达到或超过标准	ISO 11620 B.2.2.4
C11b	年度每千人人均购书量	IPF - PLSS 9	LBs MDC UAs CCs	标准:216件	低于标准15个百分点	达到或超过标准	
C11c	补充在开架区或可阅览区的外借储备所花费的时间	IPF - PLSS 10	LBs MDC UAs CCs	标准:6.7年	低于标准30个百分点	达到或超过标准	
C14a	公共图书馆服务标准:关于用户满意度(16岁及以上的用户评价)	IPF - 加上成年人调查 - PLSS 7	LBs MDCs UAs CCs	标准:94%以上评价为“良好”和“优秀”。	低于标准20个百分点	低于标准7个百分点	ISO 11620 B.1.1.1
C13	到馆平均成本	IPF	LBs MDCs UAs CCs	允许区域成本作适当调整和有年度通胀率	£ 3.46	£ 2.53	ISO 11620 B.2.2.1
备注	1. 指标的适用性:可应用在 LBs、MDCs、UAs、CCs 的所有类型 2. 表格中缩写的全称:LBs(London Boroughs)——伦敦市区 MDCs(Metropolitan Districts)——大都市地区 UAs(Unitary Authorities)——单列市 CCs(County Councils)——郡议会 IPF(Institute of Public Finance)—— 英国财政协会						

在这15个图书馆绩效指标中,其中C2、C3和C11是复合绩效指标,其指标值的确定由其子项绩效指标值共同决定,另外C11a本身是一个多项标准的指标,这4个复合指标如何确定其值,将在后面的附件“单个绩效指标指南”中以图例方式说明。

在2007年CPA图书馆评估指标中，由于去掉了一个指标C12，因此，英国审计委员会规定：2007年的评估等级不得低于2006年的等级。如果有机构在2007年的评估等级低于2006年的，审计委员会将采用2006年的指标体系来评估其服务等级。

步骤二：为每一个绩效指标区分绩效的相关程度

从绩效指标一览表中，我们可以看到：在大多数情形下，每一个绩效指标设立了两个界线值：底线值和上线值，这些界线值是为了区分每一个绩效指标的绩效程度。

因此，在评估中，每一个绩效指标的结果要比照各自确定的界线值，确定其绩效程度。下图显示了每一个绩效指标的绩效将如何比照其相关的上线值和底线值。

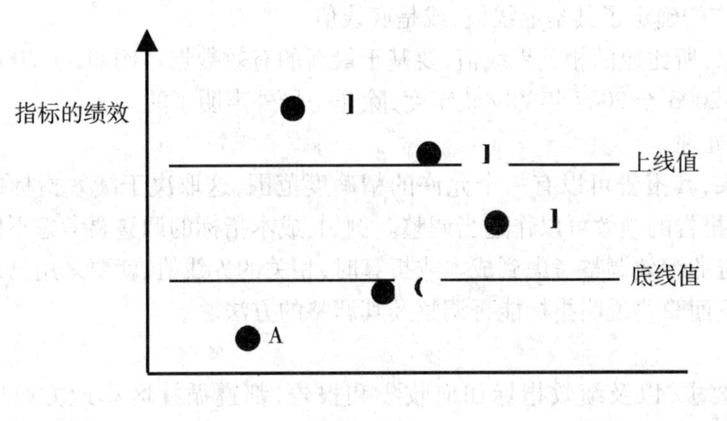

图例说明
对本指标：
机构A的绩效等级低于底线值；
机构B的绩效等级高于上线值；
机构C的绩效等级在底线值上；
机构D的绩效等级高于上线值；
机构E的绩效等级在底线和上线之间。

备注：绩效等于上线值的，其等级定为高于上线值；
绩效等于底线值的，其等级定为低于底线值。

图2－14 绩效指标的绩效与其相关的界线值的比较

步骤三：根据所有绩效指标分布的相关程度，确定绩效信息等级

在每一项服务评估（或子项服务评估）中，所有指标围绕界线值的分布，决定着该项评估（或子项评估）的绩效信息等级。这些分布如何确定绩效信息等级，其规则在表2－19中阐明：

表2－19 确定绩效信息等级的方法

绩效信息等级	绩效指标的分布
4	没有1个指标是等于或低于底线值的，并且35%及以上的指标等于或者高于上线值
3	不超过15%的指标（如果15%小于1的话为1个指标）等于或低于底线值的，并且25%及以上的指标等于或高于上线值
2	任何其他的组合
1	35%及以上的指标等于或低于底线值

（5）评估实施中的其他规则与方法

a）界线值的设置与特殊应用规则

要用前后一致的方法为服务评估设置界线值。一旦有相应的政府部门已经确定或承认了其服务的国家级标准或要求的，那么，达到这些标准或要求的成就或进步就应该被采纳，用来设置相应的界线值。由此，我们可以看到，在15个CPA图书馆绩效指标中，除了C4"服务人

群中活跃的借阅者比例”、C6“居民满意度(对图书馆)”和 C13“到馆平均成本”3 个指标外,其余的都是英国公共图书馆服务标准中的目标要求,但是,其中有些进行了组合,形成了一些新的复合指标,并给予了新的组合规则来设置界线值。

在其他情形中,一旦没有这样的国家级要求,那么缺省的界线值,就要关联到指标前一年数据的 1/4,具体算法如下:

- 底线值设置为前一年指标值的第 25 个百分点;且
- 上线值设置为前一年指标值的第 75 个百分点。

有一些数据项,其界线值是由“是”或“不是”的回应来确定的。一旦出现这种情形,回答“是”,或是没有回答,就相应的确定了其是上线值,或是底线值。

每一个绩效指标的结果,所比照的相关界线值,要基于最新的有效数据。例如,在 2007 年所采纳的数据,就要来源于 2006 至 2007 年的财政年度,除非是另外声明了的。

b) 绩效指标的利用和处理

每一个绩效指标的结果,其报告可以有一个允许的精确度范围,这取决于绩效指标的特性。因此,对于绩效指标所报告的绩效可以作适当调整。例如,成本指标的调整要考虑不同区域的相关成本。一旦所报告的绩效调整考虑到成本或折算时,相关的界线值,就要采用已调整的绩效指标数据来计算。下面简要说明指标能否调整及其调整的方法。

► 如何处理调查数据

有关调查如何进行的要求,以及绩效指标如何收集和报告,都遵循社区和地方政府部(Department for Communities and Local Government, DCLG)所发布的指南,参见:www. survey. bvpi. gov. uk。

所有基于调查的绩效指标的服务评估,例如用户满意度调查,都是基于抽样调查技术,并且因此,就有一个可靠区间,借此绩效能够用足够确凿的事实来表达处于一个范围之内(例如,76%,加或减 3%)。那么绩效等级的计算将按照下列范例来推定:

范例:如果一个机构的满意度分值在 65% 加/减 5 个百分点之间,则其取值范围在 60%—70%之间。

如果指标的底线值规定为 67% 的话,那么,该机构的绩效等级应该计算为高于底线值,因为其取值范围的整体没有低于 67% 。

如果指标的底线值是 71% 的话,那么,该机构的绩效等级将计算为低于底线值。同样地,这种计算方法可对应到上线值的计算上。

如果上线值规定为 67% 的话,该机构的绩效等级不能算作高于上线值,因为可靠区间的整体没有在上线值上面。

如果上线值规定为 60% 的话,该机构的绩效等级应该计算为高于上线值。规定:所有在 2006 年服务评估中产生的 2006/07 用户满意度调查的数据,都要提交到审计委员会的数据确证处理部门。

►如何处理缺失的或有疑义的数据

如果审计委员会对数据的确证性和质量产生怀疑并提请问询,那么,委员会或审计者要力图与被测评机构解决这些问题,并达成一致,提交一个正确反映当前绩效的数据。如果疑义不能解决,并且不能提交一个双方都同意的数据,这将导致委员会有资格决定该绩效指标的结果,视为有疑义的数据。

那么,在服务评估中,缺失的数据,或是有疑义的数据,都被计算为低于底线值。

▶如何进行成本调整和折算

成本调整

对于指标 C13——到馆平均成本,考虑到各地劳动力成本和商业税率的不同,因此,要根据社区和地方政府(Communities and Local Government, CLG)每年度发布的《区域成本调整系数》(The area cost adjustments, ACA)来调整所报告的绩效。ACA 也可用来调整指标的界线值。具体的调整计算是,用结果来除以 ACA 调整系数。

折算

已经研究出在服务评估中所有绩效指标的绩效和折算之间的关系:通过计算绩效和折算程度之间的关联系数来解决。一旦关联系数被认为是重要的,例如大于 0.4,或小于 -0.4,那么,就要进行折算调整。

我们将为这些绩效指标调整其机构所报告的绩效,以考虑折算的程度。因此,折算程度越高,调整就越大,并且在结果上,计算出来的绩效对任一给定的机构,不受其他机构所报告的绩效调整的影响。

调整通过采用系数的一个线性回归模式来提高所报告的绩效。所调整的绩效指标值的计算,采用下列等式:

调整的绩效指标值 = 原始的绩效指标值 - 折算的线性函数

线性元素采用线性回归方程式的升降率,从相关年份的数据计算得来,这些数据是用来设置界线值的。下面给予这种计算的一个通例:

原始的绩效指标值 = 38%

升降率 = -0.25

折算(IMD2004 年的平均分值) = 36

调整的绩效指标 = 原始的绩效指标值 -(升降率 × IMD2004)

即 调整的绩效指标 = 38% -(-0.25 × 36)

= 38% - (-9)

= 47%

在极少数情形下,当调整的结果超过了可允许的最大值,那么调整的数字将封顶为可允许的最大值。例如,100%。

CPA 附件 单个绩效指标指南

C2 公共图书馆服务标准:关于获取——第 1,2,6 款

如何对界线值的结果进行总合,示例如图 2-15:

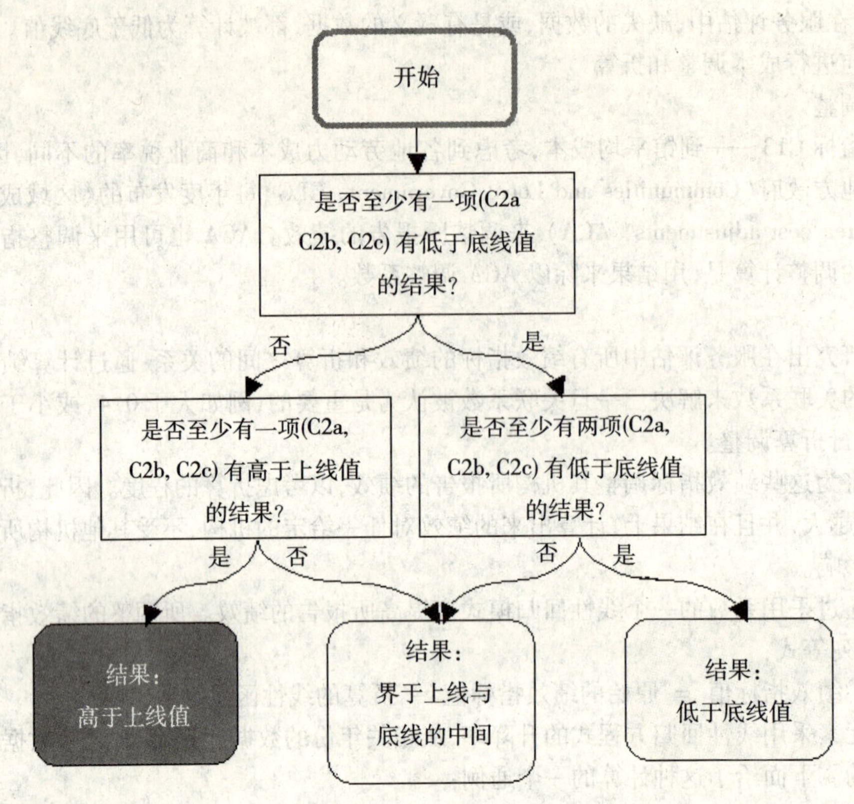

图 2-15

C2a　在图书馆周边规定距离内家庭的比例

公共图书馆标准如下：

表 2-20

机构所在类型	非稀缺型机构		稀缺型机构	
	在 1 英里内的家庭(%)	在 2 英里内的家庭(%)	在 1 英里内的家庭(%)	在 2 英里内的家庭(%)
在伦敦市区内	100	-	-	-
在伦敦市区周边	99	-	-	-
在大都市地区	95	100	-	-
在单列市	88	100	-	72
在郡县	-	85	-	72

如何比照界线值确定绩效，示例如图 2-16：

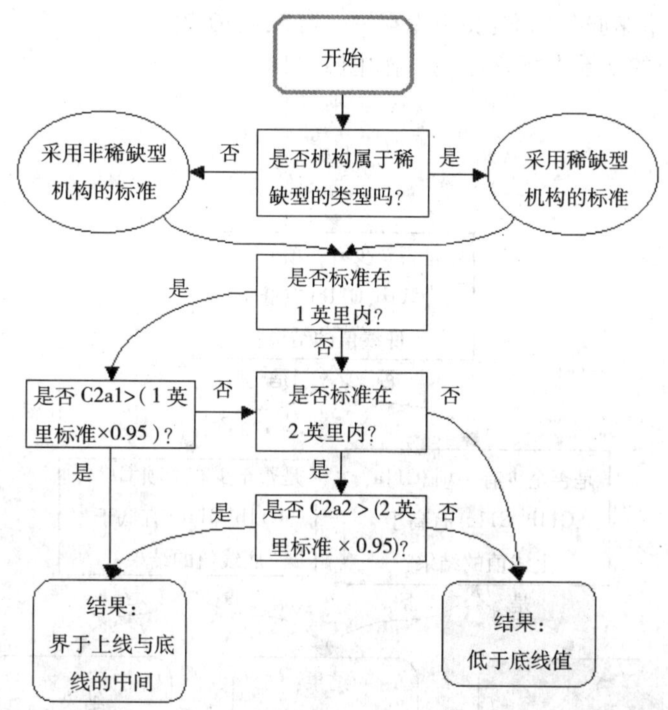

备注:C2a1是IPF return（2006/07 return）发布的关于图书馆1英里内家庭的比例

C2a2是IPF return（2006/07 return）发布的关于图书馆2英里内家庭的比例

图2－16

C3　公共图书馆服务标准:关于ICT提供——第3,4款

如何对界线值的结果进行总合,示例如图2－17:

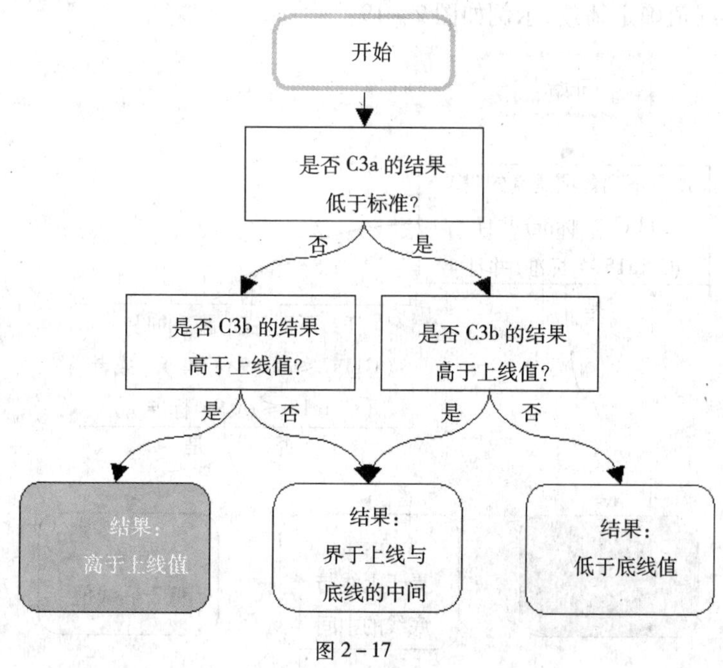

图2－17

C11　公共图书馆服务标准:关于库存——第 5,9,10 款

如何对界线值的结果进行总合,示例如图 2－18:

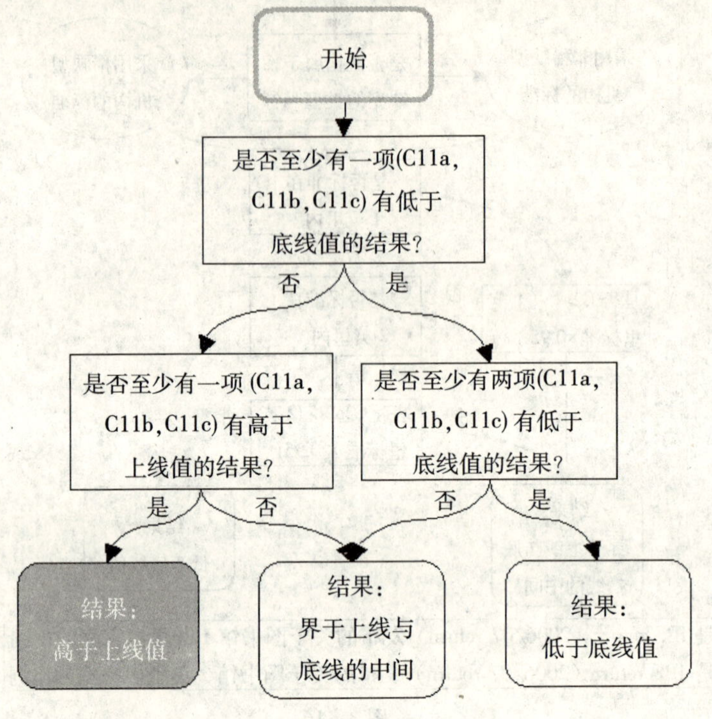

图 2－18

C11a－　需求文献获取的时效性

如何比照界线值确定绩效,示例如图 2－19:

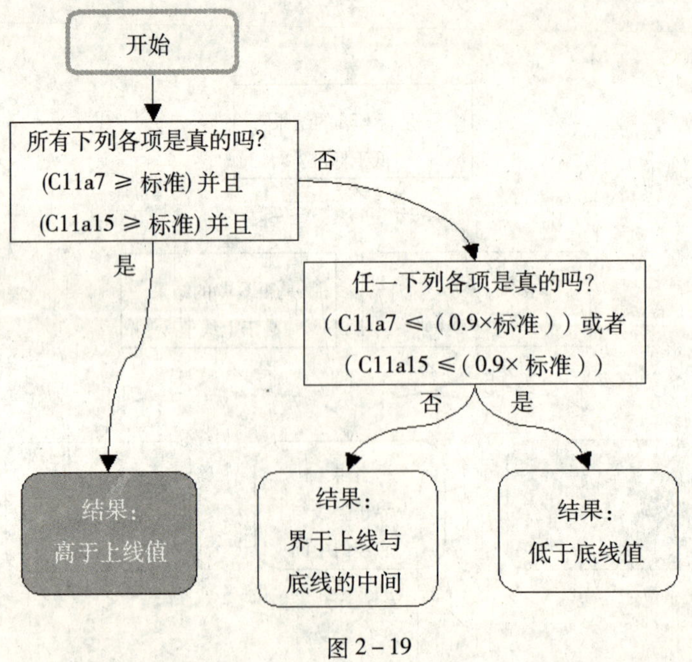

图 2－19

备注：
C11a7 是 IPF return（2006/07 return）发布的需求文献在 7 日内可获取的比例
C11a15 是 IPF return（2006/07 return）发布的需求文献在 15 日内可获取的比例
C11a30 是 IPF return（2006/07 return）发布的需求文献在 30 日内可获取的比例

（6）CPA 图书馆用户满意度历年来调查结果

从 2001 年起，英国审计委员会采用 CPA 统一的调查问卷表，对公共图书馆进行用户满意度调查，并在其网站上发布历年来的调查结果。下表显示的是其中的一部分，全面的调查结果，请参见网页：http://www.communities.gov.uk/documents/localgovernment/doc/324643.doc。

表 2－21　图书馆用户满意度 BVPI119b － 2000－01，2003－04 以及 2006－07 国家级结果

% 满意度	2000 年 1 月	2003 年 4 月	变化，从 2000 年 1 月到 2003 年 4 月	2006 年 7 月	变化，从 2003 年 4 月 到 2006 年 7 月
国家级平均水平	70	67	－3	73	+6
报告该指标的机构数量	142	149	－	372	－
郡议会	72	69	－3	74	+5
单列市	70	68	－2	72	+4
大都市市区	72	68	－4	72	+4
伦敦市区	64	61	－3	67	+6
区议会	73	69	－4	74	+5
第 25 个百分点	74	69	－5	75	+6
第 59 个百分点	70	67	－3	72	+5
第 75 个百分点	76	68	－8	74	+6

由统计表中，可以看出，参与绩效评估的图书馆机构越来越多，用户对图书馆的满意程度，在 2003 至 2004 年度，因为绩效指标的国际标准刚刚颁布，英国公共图书馆服务标准根据新的绩效指标规范图书馆的要求导致用户满意度调查结果一度下跌以外，在其后的几年中，用户满意度的持续提高。因此，应用绩效指标对图书馆进行评估，对提升图书馆服务质量所具有的促进作用由此可见一斑。

四、英国 SCONUL 图书馆与信息机构用户满意度调查问卷表

用户对图书馆服务的评价，即读者满意度调查是从用户角度来衡量图书馆服务的关键绩效指标，因此，设计一份比较全面的用户满意度问卷表，是了解用户需要、了解图书馆服务用户评价的关键。在此，提供英国 SCONUL 设计的图书馆与信息机构用户满意度调查问卷表，以供参考。对此详细的了解，请参见下列网页：http://www.sconul.ac.uk/groups/performance_improvement/surveys/SCONUL%20Library%20Survey%202005.doc。

图书馆用户满意度调查问卷表

请帮助我们进一步提高服务和信息服务，恳请花费几分钟时间完成这份调查问卷。

请回答所有的问题（除了最后的 14 个问题是可选的之外）

关于您

1. 您属于?

   大学生 □ 硕士研究生 □ 博士研究生 □ 学术型职员 □ 其他职员 □
   其他 □

2. 您是:

   全职的 □ 兼职的 □ 都不是 □

3. 您所在的院系是:

   A □ B □
   C □ D □
   都不是 □

4. 您所在的年龄组:

   21 岁及以下 □ 22—26 岁 □ 27—39 岁 □
   40—49 岁 □ 50 岁及以上 □

5. 您的性别:

   女性 □ 男性 □

6. 您的种族:

   请选择一个组来说明您的文化背景
   亚洲或英裔亚洲人:印度人 □ 亚洲或英裔亚洲人:巴基斯坦人 □
   亚洲或英裔亚洲人:孟加拉国人 □ 亚洲或英裔亚洲人:中国人 □
   亚洲或英裔亚洲人:任何其他亚洲人 □
   黑色或黑色英国人:加勒比海人 □ 黑色或黑色英国人:非洲人 □
   黑色或黑色英国人:任何其他黑色人种 □
   混合型:白种或黑种加勒比海人 □ 混合型:白种或黑种非洲人 □
   混合型:白种亚洲人 □ 混合型:任何其他混合人种 □
   白人:英国人 □ 白人:爱尔兰人 □
   白人:任何其他人种 □

如果您选择了"任何其他……",请您在下框中填明。

您对图书馆和信息服务的利用

7. 哪一座图书馆或分馆是您去得最多的?

   主图书馆/学习信息中心 □
   分馆 A □ 分馆 B □
   分馆 C □ 分馆 D □
   分馆 E □ 没有可选项 □

8. 平均情况下,您到访图书馆的频率是?

   一天 2—3 次 □ 一天 1 次 □

一星期 2—3 次 ☐　　一星期 1 次 ☐

一星期不到 1 次 ☐　　一个月不到 1 次 ☐

9. 平均情况下，您通过电脑访问图书馆和信息服务的频率是（例如图书馆目录，电子期刊，像 Web of Knowledge 的电子资源）？

一天 2—3 次 ☐　　一天 1 次 ☐

一星期 2—3 次 ☐　　一星期 1 次 ☐

一星期不到 1 次 ☐　　一个月不到 1 次 ☐

10. 请仔细回想您最后一次到图书馆进行了哪些活动，您是否成功地完成了这些活动？

	很成功	相当成功	无所谓成功与不成功	相当不成功	非常不成功	不知道或无可选
在图书馆书架中查找资料						
从图书馆员工处寻求帮助						
借阅图书馆资料						
在图书馆使用电脑						

11. 请仔细回想您最后一次通过电脑访问图书馆和信息服务进行了哪些活动，您是否成功地完成了这些活动？

	很成功	相当成功	无所谓成功与不成功	相当不成功	非常不成功	不知道或无可选
利用图书馆目录						
通过自动化系统作预约						
通过自动化系统作续借						
利用电子期刊						
利用电子资源（如 Web of Knowledge）						

12. 您是否满意下列图书馆服务，以及您认为它们的重要性如何：

	非常满意	相当满意	既不满意，也非不满意	相当不满意	非常不满意	不知道或无可选		非常重要	相当重要	既不重要，也非不重要	相当不重要	非常不重要	不知道或无可选
图书的覆盖面													
教材和必备读本													
电子图书的覆盖面													
印刷型期刊的覆盖面													
电子期刊的覆盖面													
影印复印机													
打印机													
学习设备（研习座位）													
电脑的提供													
电脑设备的可靠性													
图书馆目录													
图书馆网站（非图书馆目录）													

（续表）

	非常满意	相当满意	既不满意,也非不满意	相当不满意	非常不满意	不知道或无可选		非常重要	相当重要	既不重要,也非不重要	相当不重要	非常不重要	不知道或无可选
电子资源的覆盖范围													
开放时间													
图书馆环境（噪音、供热、气氛等）													
图书馆员工善于帮助													
图书馆员工的专业知识													

13. 请表明您是否同意下列表述：

	非常赞同	一般赞同	既不赞同也不反对	不太赞同	非常反对	不知道或无可选
整体来说,图书馆为我提供了良好的服务						

14. 您有哪些评价和建议？

备注：如果您有特殊的问题希望得到答复的话,请留下您的 e－mail 地址

本章附录：国际图书馆绩效评估与绩效指标参考文献一览

1 http://www.ifla.org/VII/s23/pub/s23_Report－QA－2005.pdf(report on quality assurance models in LIS programs)

2 http://web.syr.edu/～jryan/infopro/statpub.html (Information Resoureces for Library Statistics & Performance Measures, USA, ALA)

3 http://web.syr.edu/～jryan/infopro/stateu.html(Information Resources for Information Professionals: Library Statistics & Performance Measures in Europe)

4 http://www.collectionscanada.ca/6/7/s7－2605－e.html (Canadian Libraries and Librarianship)

5 Abbott, Christine. Performance indicators in a quality context. *The law librarian*, 1994,25(4): 205－208

6 Abbott, Christine. Performance measurement in library and information services. London: Aslib, 1994: 57

7 Abbott, Christine. What does good look like? The adoption of performance indicators at Aston University Library and information services. *British journal of academic librarianship*, 1990, 5 (2):79 -94

8 Adams, Roy et. al. Decision support systems and performance assessment in academic libraries. London : Bowker-Saur, 1993:141

9 Andaleeb, S. , et al. Explaining user satisfaction with academic libraries: strategic implications. College & Research Libraries, 1998(59)

10 Alston, Ruth. Performance indicators in Bromley—purpose and practice. Library management, 1995, 16(1): 18 -28

11 ARL. A Bimonthly newsletter Special issue: issues in research library measurement. http://www. arl. org/newsltr/197/197toc. html

12 Baker, Sharon L. , Lancaster, F. Wilfrid. The measurement and evaluation of library services. 2nd ed. Arlington, Va. : Information Resources Press, 1991:411

13 Barton, Jane. Performance indicators for university libraries. *SCONUL newsletter*, 1997 (11):8 -9

14 Barton, Jane. The recommendations of the Cranfield project on performance indicators for academic libraries. *SCONUL newsletter*, 1998(14):15 -17

15 Boekhorst, Peter te. Measuring quality: the IFLA guidelines for performance measurement in academic libraries. *IFLA journal*, 1995, 21(4):278 -281

16 Blagden, John, Harrington, John. *How good is your library? : a review of approaches to the evaluation of library and information services.* London: Aslib, 1990:59

17 Bloor, Ian. Keys to success—a user's guide. *Public library journal*, 1990, 5(6)133 -141, 143 -144

18 Bloor, Ian. *Performance indicators and decision support systems for libraries : a practical application of "Keys to success"*. London : British Library. Research and Development Department, 1991:63

19 Brekke, Elaine. User surveys in ARL libraries. Washington, D. C. , ARL, 1994.

20 Brophy, Peter, Kate Coulling. Quality management for information and library managers. London: Aslib, 1996

21 Brophy, Peter, Wynne, Peter M. Management information systems and performance measurement for the electronic library : eLib supporting study (MIEL 2) , final report. Preston: University of Central Lancashire Centre for Research in Library & Information Management (CERLIM). http://www. ukoln. ac. uk/dlis/models/studies/mis/mis. rtf

22 Brophy, Peter. Performance indicators for the electronic library. *SCONUL newsletter*, 1999 (16):3 -5

23 Brunel, Yves. Influence de certaines variables sur la performance des bibliothèques publiques au Québec. *Défi.* , 1995, 10(2):20 -31

24 Calvert, Philip J. , Cullen, Rowena J. . Further dimensions of public library effectiveness II : the second stage of the New Zealand study. *Library & information science research* , 1994, 16

(2):87 – 104

25 Calvert, Philip J.. Measuring service quality: from theory into practice. *Australian Academic and Research Libraries*, 1997, 28(3):198 – 204

26 Campbell, Sheila, et al. A Measurement of service. Using the SERVQUAL model in Stirling. *Scottish Libraries*, 1995(50):10 – 11

27 Carbone, Pierre. The Committee draft of International standard ISO CD 11620 on library performance indicators. *IFLA journal*, 1995, 21(4):274 – 277

28 Carbone, Pierre. Évaluer la performance des bibliothèques : une nouvelle norme. *Bulletin des bibliothèques de France*, 1998:43(6):40 – 45

29 Carbone, Pierre. Survey of the development of library performance measures in France. *Inspel*, 1993, 27(3):196 – 198

30 Chacha, Rosemary N., Irving, Ann. An experiment in academic library performance measurement. *British journal of academic librarianship*, 1991, 6(1):13 – 26

31 Childers, Thomas, Van House, Nancy A.. *What's good? : describing your public library's effectiveness*. Chicago : American Library Association, 1993:93

32 Coleman, V., et al. Toward a TQM paradigm: using SERVQUAL to measure library service quality. *College & Research Libraries*, 1977(58)

33 Cope, Catherine. Performance indicator work in public libraries in the U. K. *Public library journal*, 1990, 5(4):95 – 98

34 Corvellec, Hervé. évaluation des performances des bibliothèques : tendances, faiblesses et perspective . *Bulletin des bibliothèques de France*, 1990, 35(6):356 – 362, 364 – 365

35 Cotta-Schonberg, Michael; Line, Maurice B. Evaluation of academic libraries : with special reference to the Copenhagen Business School Library. *Journal of librarianship and information science*, 1994, 26(2):55 – 69

36 Crawford, John. Evaluation of library and information services. London, Aslib, 1996

37 Cram, Jennifer. Performance management, measurement and reporting in a time of information-centred change. *The Australian library journal*, 1996, 45(3):225 – 238

38 Cullen, Rowena, Philip Calvert. Stakeholder perceptions of academic library effectiveness. Journal of Academic Librarianship, 1995, 21(6):438 – 448

39 Cullen, Rowena. Does performance measurement improve organisational effectiveness? a post-modern analysis. *Performance measurement and metrics*, 1999, 1(1):9 – 30

40 Cullen, Rowena, Calvert, Philip J. Further dimensions of public library effectiveness : report on a parallel New Zealand study. *Library & information research*, 1993, 15(2):143 – 164

41 Cullen, Rowena. Measure for measure : a post modern critique of performance measurement in libraries and information science. Access: http://educate1. lib. chalmers. se/iatul/proceedcontents/pretpap/cullen. html

42 Cullen, Rowena, Calvert, Philip. New Zealand University libraries effectiveness project : dimensions and concepts of organizational effectiveness. *Library & information science research*, 1996, 18(2):99 – 119

43 Cullen, Rowena J. Stakeholder perceptions of university library effectiveness. *The Journal of academic librarianship*, 1995, 21(6): 438 – 448

44 Customer service programs in ARL Libraries. Washington, D. C., ARL, 1998(231)

45 Day, Abby. Performance indicators: the librarian's challenge. *Library management*, 1990, 11(5)

46 DeCandido, Grace. Transforming libraries 5: after the user survey, what then? Washington, D. C., ARL, 1997(226)

47 Developing indicators for academic library performance: ratios from the ARL statistics 1994 – 95 and 1995 – 96. Washington, D. C., ARL, 1997

48 Diaz, K. User success in a networked environment. RQ, 1997(36): 393 – 407

49 Edwards, Susan, Mairead Browne. Quality in information services: do users and librarians differ in their expectations?. Library and Information Science Research, 1995(17): 163 – 182

50 Egan, Gerard. *Performance indicators and performance measures in academic libraries* (online). Kingswood, New South Wales: University of Western Sydney, Nepean. http://library.nepean.uws.edu.au/about/staff/gegan/pipml.html

51 Ellis, Martin. Benchmarking public libraries: comparISO ns in context. *Australasian public libraries and information services*, 1998, 11(2): 56 – 60

52 *Évaluer pour évoluer: l'évaluation en bibliothèque: compte rendu de la journée d'étude du 17 janvier 1992*. Paris: Bibliothèque publique d'information, Centre Georges Pompidou/APPEL, 1993(91)

53 Ford, Geoffrey, MacDougall. *Performance assessment in academic libraries (microform): final report on a feasibility study*. London: British Library Board, 1992: 33

54 Goodall, Deborah L.. Performance measurement: a historical perspective. *Journal of librarianship*, 1988, 20(2): 128 – 144

55 Peter Murley. Gower handbook of customer service. Gower, 1997

56 Gratch Lindauer, Bonnie. Defining and measuring the Library's impact on campuswide outcomes. *College & research libraries*, 1998, 59(6): 546 – 563

57 Harris, Melanie. The user survey in performance measurement. *British journal of academic librarianship*. 1991, 6(1): 1 – 12

58 Hernon, Peter, Calvert, Philip J.. Methods for measuring service quality in university libraries in New Zealand. *Journal of academic librarianship*, 1996, 22(5): 387 – 391

59 Hernon, Peter. Service quality in academic libraries. Norwood, NJ, Ablex, 1996

60 Hurt, C.. Building libraries in the virtual age. College & Research Libraries News, 1997, 58(2)

61 ISO 11620. Information and documentation – library performance indicators.

62 *ISO 9000 for libraries and information centres: a guide: report of a project supported by NORDINFO*. The Hague: International Federation for Information and Documentation, 1996: 95

63 Joint Funding Councils' Ad – Hoc Group on performance indicators for libraries. *The effective academic library: a framework for evaluating the performance of UK academic libraries: a con-*

sultative report to the HEFCE, SHEFC, HEFCW and DENI. Bristol: HEFCE Publications, 1995:44

64 Joint Funding Councils' Libraries Review Group. *Report.* Bristol: Higher Education Funding Council for England, 1993:84

65 *Keys to success: performance indicators for public libraries: a manual of performance measures and indicators developed by King Research Ltd.* London: HMSO, 1990:156

66 Klempin, Hannelore. Performance et démarche qualité dans les bibliothèques publiques de la République fédérale d'Allemagne. *Bulletin des bibliothèques de France.* 1998,43(1):65 – 71

67 Kupiec, Anne; Bertrand, Anne-Marie. *Bibliothèques et évaluation.* Paris : édition du Cercle de la librarie, 1994:197

68 Lancaster, F. Wilfrid. *If you want to evaluate your library.* 2nd ed. Champaign: University of Illinois, Graduate School of Library and Information Science, 1993:352

69 Line, Maurice B. Performance measurement within interlending and document supply systems. *Interlending and document supply : proceedings of the 2nd International Conference on Interlending and Document Supply, held in London, Nov.* 1990. London : IFLA Office for International Lending, 1991:5 – 13

70 MacDougall, Alan. Performance assessment : today's confusion, tomorrow's solution. *IFLA journal*,1991,17(4):371 – 378

71 McCarthy, C. , et al. Expectations and effectiveness using CD-ROMs: what do patrons want and how satisfied are they?. College & Research Libraries,1997,58(3)

72 McClure, Charles, Cynthia Lopata. Assessing the academic network environment: strategies and options. Washington, D. C. , Coalition for Networked Information, 1996

73 McDonald, Joseph A. ; Micikas, Lynda B. *Academic libraries : the dimensions of their effectiveness.* Westport, Conn. : Greenwood Press, 1994:188

74 McLean, Neil; Wilde, Clare. Evaluating library performance : the search for relevance. *Australian academic & research libraries*,1991,22(3):198 – 210

75 Meadows, A. J.. *Performance assessment in public libraries.* Wheathampstead, England : Branch and Mobile Libraries Group of the Library Association, 1990:9

76 Meunier, Pierre. Des indicateurs universels de performance des bibliothèques. *Documentation et bibliothèques.* 1997,43(3):125 – 135

77 Milson-Martula, Christopher and Vanaja Menon. Customer expectations: concepts and reality for academic library services. College and Research Libraries,1995,56(2)

78 Midwinter, Arthur, McVicar, Murray. Public libraries and performance indicators : developments and issues. *Library review*,1990,39(5)

79 Moore, Nick. *Comment mesurer l'efficacité des bibliothèques publiques.* Paris, UNESCO, 1989: 57

80 Morgan, Steve. *Performance assessment in academic libraries.* London : Mansell, 1995:211

81 Morgan, Steve. Performance assessment in higher education libraries. *Library management*, 1993,14(5):35 – 42

82 Murfin, Marjorie E. , Gary Gugelchuk. Development and testing of a reference transaction assessment instrument (RTAI). College and Research Libraries, 1987(48):314 -338

83 Nitecki, Danuta A. SERVQUAL: measuring service quality in academic libraries. ARL. A Bimonthly Newsletter of Research Library Issues and Actions. www. arl. org/newsltr/191/servqual. html

84 Nitecki, Danuta A.. User expectations for quality library services identified through application of the SERVQUAL scale in an academic library. In Continuity and transformation: the promise of confluence. Proceedings of the 7th Association of College and Research Libraries National Conference, March 29 - April 1, 1995. Richard AmRhein, editor. Chicago, ACRL, 1995

85 Nitecki, Danuta. Changing the concept and measure of service quality in academic libraries. The journal of academic librarianship,1996,22(3):181 -190

86 Northumbria international conference on performance measurement in libraries and information services, 1st, August 1995. Proceedings. Newcastle upon Tyne, Information North, 1996

87 Northumbria international conference on performance measurement in libraries and information services, 2nd, September 1997. Proceedings. Newcastle upon Tyne, Information North, 1998

88 Poll, Roswitha et al. *Measuring quality : international guidelines for performance measurement in academic libraries.* Munich : K. G. Saur, 1996:171

89 Rowley, Jennifer E.. New perspectives on service quality (SERVQUAL and SERVPERF instruments). Library Association Record,1996,98(8):416

90 Schmidt, Janine. Practical experience of performance measurement at the State Library of New South Wales. *Australian academic & research libraries.* 1990,21(2):65 -77

91 Schrader, Alvin M.. Canada's national core library statistics program : first steps in developing key performance indicators. IFLA Council and General Conference (65th, 1999, Bangkok). Booklet 6:39 -43

92 Sheppard, Margaret. Some thoughts concerning a structural framework for performance indicators. *Australian academic and research libraries.* 1990,21(1):44 -47

93 Stamatoplos, Anthony, Robert Mackoy. Effects of library instruction on university students' satisfaction with the library: a longitudinal study. *College and Research Libraries*,1998,59(4)

94 Standing Conference of National and University Libraries: Performance indicators for university libraries: a practical guide. London, SCONUL, 1992

95 Sumsion, John, Ward, Suzanne. *The next generation of performance indicators.* IFLA General Conference (61 st, 1995, Istanbul). Conference proceedings. http://www. fh - potsdam. de/ ~ hobohm/61 - sumj. htm

96 Sumsion, John. Performance indicators. *Librarianship and information work worldwide*, 1999. London : Bowker - Saur, 1999:177 -207

97 Sumsion, John. *Practical performance indicators - 1992 : documenting Citizens' Charter consultation for U. K. public libraries with examples of Pis and surveys in use.* Loughborough : Library and Information Statistics Unit, Loughborough University of Technology, 1993(1)

98 Sutter, éric. *Services d'information et qualité : comment satisfaire les utilisateurs.* Paris : AD-

BS, 1992:53

99 The Reference assessment manual. Ann Arbor, MI, Pierian Press, 1995

100 Total quality management in academic libraries: initial implementation efforts – proceedings of the 1st International Conference on TQM and Academic Libraries. Laura Rounds and Michael Matthews, editors. Washington, DC, ARL, 1995

101 Wallace, Linda K. Customer feedback – how to get it. *College and Research Libraries News*, 1994,54(2)

102 Van House, Nancy A., et, al. *Measuring academic library performance : a practical approach.* Chicago: American Library Association, 1990:182

103 Van House, Nancy. A., Childers, Thomas A. *The public library effectiveness study : the complete report.* Chicago: American Library Association, 1993:99

104 Van House, Nancy A., Childers, Thomas A. The use of public library roles for effectiveness evaluation. *Library & information science research*,1994,16(1):41 –58

105 Van Wyk, A. C.. The development of performance indicators to measure cataloguing quality in the Technical Services Division of the Unisa Library with special reference to item throughput time. *Mousaion*,1997,15(2)

106 Ward, Suzanne; Sumsion, John; Fuegi, David; Bloor, *Ian. Library performance indicators and library management tools.* Luxemberg : European Commission, Directorate – General XIII, Telecommunications, information Market and Exploitation of Research, 1995,172

107 Wehmeyer, Susan et al. Saying what we will do, and doing what we say: implementing a customer service plan. *Journal of Academic Librarianship*, May 1996

108 White, Marilyn D.. Measuring service quality in special libraries: lessons from service marketing. (SERVQUAL and SERVPERF instruments). *Special Libraries*,1995;86:36 –45

109 Willemse, John. Measuring quality :international guidelines for performance measurement in academic libraries. *Interlending and document supply : resource sharing possibilities and barriers.* – Proceedings of the 5th Interlending and Document Supply International Conference, Aarhus, Denmark, 24 –28 Aug. 1997. Boston Spa, England : IFLA Offices for UAP and International Lending, 1998:115 –122

110 Winkworth, Ian. Performance indicators for electronic services : an outline of SCONUL and UCISA work. *SCONUL newsletter.* 1999,16:5

111 Winkworth, Ian. Performance indicators for polytechnic libraries. *Library review.* ,1990,39(5):23 –41

112 Winkworth, Ian. Performance indicators progress. *SCONUL newsletter.* 1998,15:7 –8

113 Winkworth, Ian. Performance measurement and performance indicators. *Collection management in academic libraries.* Edited by Clare Jenkins and Mary Morley. Aldershot, England: Gower, 1991:57 –93

114 Winkworth, Ian . Performance measurement of U. K. university libraries. *ARL: a bimonthly report on research library issues and actions from ARL, CNI and SPARC.* 1999(207):16 –17

115 Wright State University Libraries: Our commitment to customer service. http://www. librar-

ies. wright. edu/services/Customer_Services. html.

116 Young, Peter R. Measurement of electronic services in libraries : statistics for the digital age. *IFLA journal.* 1998,24(3):157 – 160

117 Zweizig, Douglas, et al. The TELL IT! Manual: the complete program for evaluating library performance. Chicago, ALA, 1996

第三章　国际图书馆成效评估

第一节　国际图书馆成效评估概述

一、图书馆成效评估的概念

图书馆成效评估(outcome assessment,简称 OA),也有称为影响评估的(impact assessment),该称呼以英国图书馆界为主。或叫成效测评(outcome measurement,简称 OM),基于成效的评价(outcome - based evaluation,简称 OBE),或基于结果的评价(results - based evaluation,简称 RBE)。

所谓成效,即对终端用户的影响;而影响,是对行为、态度、技能、知识或条件(状态/地位)的改变。

图书馆成效评估,是以图书馆用户为中心来计划和评估图书馆项目或服务的一种方法,这些项目或服务用以提供解决特定用户需求并设计达到改变用户的目的。

国际图书馆统计标准与绩效标准的颁布,推动了国际图书馆界对图书馆质量评估的标准化,大多数图书馆对它们的投入(资源)和产出(活动)进行了系统化测评。但是我们知道,ISO 2789 是有关图书馆数量的统计工具,强调的只是投入,如经费、采购、馆藏等等,从来没有论证过支出和服务质量的关系,同时缺乏度量标准来描述成效——即来自用户观点的成功,因此并不能对图书馆的真实质量进行评估;而国际标准 ISO 11620 和 ISO/TR20983 的绩效指标,虽然能够对图书馆的产出(output)——即图书馆工作的大部分内容进行质量评估,但是没有覆盖图书馆服务的所有方面,尤其对图书馆深层次服务,例如图书馆开展的教学和科研服务,目前还没有开发适用的指标来评估,更不能评估图书馆对个人或社会产生的影响。因此利用 ISO 11620 和 ISO/TR20983 系列标准提供的数据也并不能单独证明图书馆是否履行了其职责及其质量水准如何。

成效评估是图书馆整体计划的策划、实施、评估和改进过程有效循环的一个组成部分,构成图书馆质量评估的重要环节。因此,完整的图书馆质量评估除了绩效评估外,成效评估是不可或缺的。亦即,图书馆质量评估要包括三种类型:投入(inputs)和产出(outputs)和成效(outcome)的评估,才能形成一个从入到出、从量到质、从微观到宏观的整体评价体系。

二、国际图书馆成效评估的发展历史简述

图书馆成效评估其实是建立在图书馆投入、产出评估的基础之上的,最早的成效评估起源于20世纪70年代末,实际上是与投入与产出评估混合在一起的。随着图书馆绩效评估的发展与标准化,图书馆成效评估才真正从投入与产出评估的混合中分离出来,单独对其概念、原理和方法进行了定义和研究,并日趋成熟,形成了一整套与绩效评估既相分立、又互为补充的成效评估理论与方法。

国际图书馆界对成效评估的研究是以欧美图书馆界为先行的，首先是在学术图书馆界，然后逐步扩散到公共图书馆等各种类型的图书馆，它们的研究、开发的过程基本相似，尤以美国学术图书馆界更为领先一步。因此，笔者以美国学术图书馆界对图书馆成效评估的研究、发展为典型，把国际图书馆成效评估的发展划分为四个阶段：即，模糊期、界定期、成长期、成熟期。分别简述如下。

第一阶段　模糊期：20 世纪 70 年代末到 1995 年。这一阶段的特点是图书馆成效评估是与投入与产出评估混合在一起的，成效评估没有自己清晰的定义。

20 世纪 70 年代末，美国高等教育界开始关注测评其项目成效作为主要的质量指标。这种关注的驱使力量，包括重建地方认证机构的标准来强化评估，美国的州立法委员会和联邦机构的兴趣在于要求他们拨款支持的机构更好地行使其职责，而且这些高等教育机构自身也期望把他们的产品当作“高质量”的，向当时正在萎缩的大学生人群去推销。最后，美国各个州的教育协调委员会要求公共教育机构每年度上报有关产出评估的数据并承当解释之责任。

1980 年，美国图书馆学会其下属的公共图书馆学会（the Public Library Association，简称 PLA）发布了《公共图书馆策划程序（A Planning Process for Public Libraries）》，取代了国家行业规定的标准，旨在为公共图书馆提供一个工具、来帮助其规划如何成为一个社区需要的图书馆。当时，大多数公共图书馆把质量卓越定义为满足或超过州立或国家标准。但是却发现，那些图书馆项目被证明在一个社区是卓越的，可能对其相邻的社区来说却并不重要。比如说，一个有着许多学龄期孩子家庭的社区，与一个有着许多退休老人的社区，对图书馆服务的需要就有很大不同，因此，公共图书馆有意识地转向了制定由实践证明了的、本地开发的标准，来满足社区需要及地方政府的认证要求。

其时，美国图书馆学会（ALA）其下属的美国研究图书馆学会（ARL）与美国大学和研究图书馆学会（ACRL）就开始对学术图书馆的成效评估（outcome assessment）进行研究。该项研究的具体承当者是大学和研究图书馆学会 ACRL。为了适应美国联邦政府、州立法委员会和高等教育认证机构的要求，ACRL 主持了各类型各层次大学图书馆标准的研究、制定和修改，用以规范图书馆的服务与质量。

美国最早期的图书馆标准是“学院图书馆标准（College Library Standards，以下简称 CLS）”，于 1959 年发布了第 1 版，其后于 1960 年发布了“两年制大学图书馆标准”（CJCLS）第 1 版。在 70 年代末期，ACRL 在学院图书馆标准 CLS，两年制大学图书馆标准 CJCLS 的基础上，增设了大学图书馆标准（University Library Standards，简称 ULS）组，共有 3 个标准分组，分别研究和制定相应的标准。到 1979 年，学院图书馆标准、两年制大学图书馆标准经修订发布了第 2 版，大学图书馆标准也在同一年发布了第 1 版。

到了 80 年代末 90 年代初，这些标准又经过了大的修订，大学图书馆标准 1989 年发布了第 2 版，而学院图书馆标准和两年制大学图书馆标准同时在 1990 年发布了第 3 版。

然而，就在 1990 年图书馆学专家认为认证机构对图书馆的评估仍然是基于对投入与产出的评估，其采用的标准，与图书馆本身的发展和现状已经脱节。

因此 1994 年春，美国大学和研究图书馆学会（ACRL）开展了一项关于“大学图书馆标准是如何被认证机构采用的”研究，同年夏季就成立了一个标准研究特别任务组（a Standards Study Task Force），负责开发一个计划，来考察认证机构是怎样看待图书馆、尤其是怎样利用 ACRL 标准作为他们认证过程的一部分。研究结果表明：当时的 ACRL 标准不能很好解决专业和地方认证机构正在探讨的担忧问题，例如没有成效评估的方法，而在认证机构的标准中，几乎没有一个已经着手解决正在发生巨变的学术图书馆环境。因为在信息高速公路已经普及的美国图书馆界，正面临着生存与发展的困境之中，传统图书馆业务在萎缩，电子图书馆服务在迅猛发展，而图书馆的经费日趋紧张。

第二阶段　界定期：从 1996 年到 1998 年。这一阶段的特点是成效评估开始从投入与产出评估中分立出来，有了自身清晰的定义，并以美国大学和研究图书馆学会《学术图书馆成效评估报告》白皮书的发布为里程碑。其后国际图书馆界绩效评估研究都是以该报告作为蓝本来扩展和深化的。

1996 年以前，ACRL 尚没有发布过有关成效评估研究的系统理论，它所制定的标准大多数是关于投入评估的，已经落后于地方和专业认证机构和州高等教育机构的实践和哲学。

1995—1996 年度时任 ACRL 主席的 Patricia Breivik 认为，缺乏成效评估的地位使得 ACRL 处境艰难，于是起草了一个提案来创建一个任务组来研究成效评估。1996 年，ACRL 理事会成立一个任务组来研究成效评估，即学术图书馆成效评估任务组（Task Force on Academic Library Outcomes Assessment），负责：

①根据学校期望的成效来设计一个评估图书馆的哲学框架；

②开发评估标准；

③为执行该评估标准设计一个或多个程序包括完成评估的时间框架。

此时，ACRL 对学术图书馆的成效评估进行了清晰的定义，即：成效评估是对图书馆作为一个整体的组织和它所开展的活动、提供的服务，以及它作为大学的一部分对学校整体目标的贡献进行质量和效率的评价。

经过近 2 年多的研究，1998 年 6 月 27 日，美国大学和研究图书馆学会发布《学术图书馆成效评估报告》白皮书（Task Force on Academic Libray Outcomes Assessment Report，1998。以下简称 ACRL 白皮书），明确了学术图书馆成效评估的定义和原则，并建议 ACRL 理事会要求所有未来的标准要融合成效评估。

ACRL 白皮书首次在国际图书馆学界对图书馆成效评估进行了清晰的定义，建立了基本的原则，是图书馆成效评估发展的里程碑，以后的有关研究无不围绕这些定义和原则来扩展和深化。试简述如下。

◆ ACRL 白皮书对学术图书馆成效评估的定义：

所谓成效，即图书馆用户通过接触图书馆的资源和项目而有所改变的情形。满意与不满意都是成效的一种。简单的满足是一种易于做到的成效，但是，通常却与更为实质性的成效无关，而这些成效紧密固守着图书馆及其所服务机构的使命和任务。一个学术图书馆项目的重要成效包含对下列问题的回答：

- 学生通过接触图书馆是否提升了其学术成绩？
- 通过利用图书馆，学生是否提升了获得职业成功的机会？
- 利用过图书馆的大学生是否更有可能在研究生学习中获得成功？
- 图书馆的书目指南是否会为学生带来一个较高的信息素质水平？
- 作为与图书馆员工合作的结果，教师是否更可能把利用图书馆作为他们整体课程教学的组成部分？
- 利用过图书馆的学生是否更可能获得更为充实和满意的人生？

而这些问题很难回答，也很难用严格的试验去测评。那就是说，在实际上严格的学术图书馆成效测评是难以做到的。但是图书馆用户的变化，例如解决了上述问题的回答就包含了学术图书馆应该关心的成效。所以，尽管成效评估很难在一个短时间内甚或通过每一个机构被严格证明，但是评估工作组相信它们是可以测试的，它们与图书馆资源和项目的投入的关系通过长期而细致的研究可以被确定。

区分成效（outcomes）与产出（outputs）。产出是指所做工作的数量，如图书流通的册数，编目的种数，回答咨询问题的数量，产出评估对物力配置水平的决策、安排图书馆运行时间等是有价值的。但是它们无关乎影响用户成效的图书馆整体效率的那些关键因素。跟踪图书馆产出是重要的，但是不充分。

投入（inputs），通常被认为是图书馆项目募集到的原始资源，包括资金、空间、馆藏、设备和人员，即所谓财力、物力和人力。这样，对投入的测评，或是用标准来规范其数量，是一种最原始的，或至少是不足以把握图书馆评估的方法。一个共识是，根据馆藏和人员来衡量对图书馆投入了多少，其重要性，远不如根据图书馆员与教职员工的合作，或是信息检索教育计划来衡量图书馆利用这些投入究竟做了什么。有些人甚至倾向于把后者的这些活动，定义为图书馆项目的“产出”或“成效”。但，ACRL 成效评估工作组不同意这种见解。

成效评估任务组坚持认为原始资源和活动一样，都是“投入”。对投入作区分倒是有用的，把投入分为“资源投入”，如数据库订购或员工，以及“项目投入”，如目录检索培训或是任何的馆际互借服务。然而，把各类别的投入都按照高水准的重要性去看齐是没必要的，例如，一项大的图书馆藏可能包括许多未曾读过的图书，因此根本上没有价值；另一方面，一次无效的目录检索培训也是没多大价值的，而不论其参加的学生数量。总之，所有投入的目的，不论是资源或项目，都是要实现成效。

◆ ACRL 白皮书有关学术图书馆应用成效评估的原则

成效评估是机构整体计划的策划、实施、评估和改进过程有效循环的一个组成部分。传统上图书馆已经收集了各种各样的产出数据（例如，图书流通量，文献编目种数，回答参考咨询问题数量），这些数据并不能单独证明图书馆是否履行了其职责及其质量水准如何。

学术图书馆成效评估的目的是测评其质量和效果，是对图书馆作为一个整体的组织和它所开展的活动、提供的服务，以及它作为大学的一部分对学校的整体目标的贡献进行质量和效果的评价。因此，成效评估必须一开始就有一个对图书馆所属上级机构组织的任务、目标、目的的分析以及分析图书馆作为支持这些任务、目标实现的要素之定位。评估应该包括所有这些要素：教学、研究、服务、管理过程，以及机构所追求的任何其他目的。图书馆服务所覆盖的区域应该包括：学生、教师、职员、校友，以及其他可能的外部用户。没有一套普遍适用的标准符合所有学术图书馆期望的成效，因为成效必须取决于机构的特点和任务。然而，评估过程却是可以规范化。

因此，评估应该以顾客为本，而不是以机构为本。亦即，应该评估图书馆用户源于图书馆资源或服务带来的变化。然而，成效应该尽可能关联到投入，为了确定和建立“最佳实践”。例如，如果一个机构的目的是颁发博士证书，那么图书馆在高质量学位论文研究上的成就，可表现为相关学科馆藏的多少和质量，或是馆际互借服务的效率。

图书馆的成效评估应该与学校整体的评估工作融合在一起。如果学校有效益办公室，办公室人员应该与图书馆协调工作。例如，如果学校作离校调查或访谈，有关图书馆利用和满意度的问题就可以融合进这些已经存在的评估中。然而,如果学校没有校园级的评估项目,那么图书馆能够开展其自身独立的项目。

成效评估应该包括各种各样的方法,以便于结果能够确证。

成效评估不需要解决每一种图书馆服务的每一个方面。建议选择小量,最多不超过6个核心成效并附带相关的质量标准,为每一领域作评估。评估措施本身不需要证明科学的严谨性,但应该是容易管理和合理可靠的。因为评估密切关联着策划,既有认证要求又有实际用途,评估应该设计为能够提供用来改进服务的信息。最后,成效评估应该是一个连续的、适用的过程。

第三阶段　成长期:从1999年到2004年。这一阶段的特点是成效评估的概念已经明晰,其理论基础和规范化评估过程的研究与开发,得到了迅速发展,逐渐形成一整套成熟的理论与方法体系。

前面我们已经提到,ACRL成效评估任务组建议ACRL理事会:要求所有未来的标准要融合成效评估。从1999年起,ACRL理事会开始着手修订已有的标准,把成效评估融入标准之中。2000年版的学院图书馆标准(Standards for College Libraries)是首先把成效评估融合进图书馆标准中的,该标准被学术图书馆界视为是另两个图书馆标准修订的模型,因此学院图书馆标准CLS,两年制大学图书馆标准CJCLS和大学图书馆标准ULS分部的标准委员会代表建议,把该新标准作为一个单独的综合性标准来为所有学术和技术图书馆利用。ACRL于2002年成立一个大学和研究图书馆标准任务组(The College and Research Libraries Standards Task Force)来完成这项任务。大学和研究图书馆标准任务组整合了3个分部的标准于一体,制定了统一的《高等教育图书馆标准》(Standards for Libraries in Higher Education),并于2004年6月,获得了ACRL标准和认证委员会,以及ACRL理事会的一致通过,后来又获得美国研究图书馆学会ARL、美国图书馆学会、美国联邦高等教育委员会的认可,最终成为规范所有学术及研究图书馆界的标准文件,原先的3个标准被废除。

新标准与以前的标准相比,有4个方面的重大不同:

①新标准适用高等教育所有类型的图书馆,从技术学院到研究型大学。

②新标准和主要原则设计为一个工具来帮助图书馆在其主管机构目标的大框架下建立自己的目标。

③新标准注重记载图书馆对主管机构的成效和学生学习成就的贡献。

④新标准提供建议的比较点,为图书馆进行自身和同行比较,并鼓励开发其他的测评方法措施。本标准文件采纳了一些质量和数量的方法,并列举了有关图书馆成效的系列问题,为评估图书馆运营和图书馆服务提供了指南。

美国《高等教育图书馆标准》把成效评估写入新标准中,标志着成效评估经过成长期的积累、沉淀,已臻至成熟。自此,美国大学和研究图书馆学会在其网站上(http://www.acrl.org)提供了一整套关于成效评估的原理、方法体系和标准。

与此同期,美国公共图书馆界也从1998年起纷纷开展成效评估的研究和实践。国际图书馆界在探讨绩效指标的同时,也热衷于在更宽广的视野内探讨图书馆成效评估的方法,将依据知识、信息素质、学术或职业成功、社会容纳程度、个人福利等方面,评价图书馆对个体技能、综合能力、态度、行为带来的改变。

英联邦大学和国家图书馆学会(SCONUL)于2003年开始了为期3年的“影响评估”启动

计划,由 SCONUL 其下的图书馆和信息研究组(the Library and Information Research Group,简称 LIRG)执行。研究内容包括影响/成效评估的背景、方法和主要观点。研究组人员来自英联邦 22 个大学,大部分是图书馆专家学者,目的是测评在教学或研究改革的影响,所选的主要改革集中在信息素质教育或电子资源的利用方面。通过本项目的推动,英联邦国家图书馆界达成了共识,形成了核心的影响/成效评估的思想,主要有三大观点。

第一,关注焦点——图书馆服务管理者需要:

• 从只考虑“提供什么服务和如何提供”的惯性思维中转变(这些只能导致基于传统绩效指标的过程评估)

• 把焦点转移到关注:在提供服务时“管理者试图要达到的是什么”,表达为特定的服务目标。一旦管理者清晰地知道试图要达到的目标,就容易明白需要什么证据来证明是否正在走向既定的目标。

第二,寻找变化——因为影响通常意味着服务对人的影响,我们就要寻找这些人的改变。变化可能是:

• 情感的(态度,自信的水平,对服务的满意度)

• 行为的——人们做事情的方式不同了(例如,询问不同类型的问题,变得更切中要害,或更有独立思考)

• 基于知识的(例如,知道了相关信息的关键信息源;知道不同的数据库能够回答什么问题)

• 基于能力的——人们做事情更有效率(例如,提高了检索技能;能够找到适用的信息)

第三,收集变化的证据——为此,管理者需要借助社会科学研究的调查清单。社会科学研究方法也许是复杂的,但是为了达到我们的目的,要总计各种形式的问卷:

• 询问问题(例如,通过问卷表,面谈访问或焦点组)

• 观察人(非正式的,或是经过指导的方式),或者

• 通过人们行动结果的变化来推断影响(例如,学生的计划或作业的变化)

正如同 2003 年,英国的 Stella Thebridge 和 Pete Dalton 撰文所说:英国的大学和学术图书馆界试图从许多国家最新的作品中、以及收集在英国高等教育基金委员会(Higher Education Funding Council for England,简称 HEFCE)支助的高等教育电子信息服务评估 eVALUEd 项目中的数据来显示学术部门正在开发有效的方法来评估这一领域的成效。

但是,“在过去的 30 年里,英美图书馆界累积了有关学术图书馆绩效测量与评估的丰富文献,最近,专家们把他们的注意力放在了测评教学和科研成效的专题上来。这被实践者认为是一个有用的方法来评估一个图书馆或图书馆服务对其用户产生的影响,不管该用户是学生、教学人员还是研究人员。但是,实现这些评估的实用方法并不清晰明白,而且,实践者宁愿选择一个直接的系统,能使得他们向其机构的领导和监理证明其服务的价值,在这一研究领域那些试图设计合适的系统的人,却发现很难设计出‘包揽一切’或‘通通适用’的方法”(Stella Thebridge,Pete Dalton)

因此,在国际图书馆成效评估研究与发展的这一阶段,国际图书馆界在完善图书馆成效评估的理论与实用方法的同时,还在不断实践开发实用的系统来进行图书馆成效评估,尽管系统开发的过程非常地艰难。

第四阶段　成熟期:从 2005 年至今。这一阶段的特点是成效评估的理论体系已臻完善,

成效评估的实践已形成规范化的方法体系，国际图书馆界成效评估的实施开始进入了繁盛期。不但如此，英美等发达国家成效评估的实践逐渐扩展到博物馆、档案馆等相关领域，图书馆成效评估影响深远，取得了丰硕的理论成效和实践经验。

在美国，其《高等教育图书馆标准》为美国学术图书馆界提供了一整套关于成效评估的原理、指标体系和标准。如今，美国研究图书馆学会正在开发成效评估指标体系，融入 LibQUAL + 在线系统，面向全世界图书馆提供绩效评估与成效评估的一揽子服务。由联邦政府资助的加利福尼亚州立图书馆成效评估研究项目，为公共图书馆界成效评估提供了一整套实施方案。美国博物馆和图书馆服务研究院（IMLS），不仅为博物馆和图书馆开展的成效评估提供研究基金，还为实施成效评估的机构提供项目策划指南和基于网页的在线短训课程以及人力资源建设。

在英国，为期 3 年（2003—2005）的英联邦大学和国家图书馆学会"影响评估"启动计划，在本项目的网页上，提供了影响评估的理论与在线评估的工具（包括电子图书馆影响评估）；由英联邦文化、媒体和体育部主管的国家博物馆、图书馆和档案馆委员会（MLA），于 2004 年 10 月修改 2001 年初版的《公共图书馆服务标准》（Public Library Service Standards），现在又发布了 2007 年 12 月的最新版本，并领导英国公共图书馆界于 2005 年 3 月开始全面启动影响测评。目前 MLA 正在制定《新公共图书馆绩效管理纲领》，将于 2008 年 4 月发布，旨在为英国公共图书馆管理者提供一个工具，来测评和理解图书馆在资源、质量和效率方面的绩效。

虽然成效评估因为有许多定性的指标难以用具体的数据来表达，尚未形成统一的国际标准，但是对于成效评估中一些可以量化的指标，国际图书馆界正在尝试去量化和标准化。IFLA统计和评估分组已经成立了一个工作组，正在计划影响评估的标准化进程，相关的计划和文献目录在以下网站：http://www. ulb. uni - muenster. de/outcome。

三、国际图书馆界有影响的成效评估研究项目与网站

由于成效评估与个体图书馆的性质、任务与目标密切相关，所以国际图书馆界对成效评估尚未开发出"包揽一切"的指标体系，也没有形成"通通适用"的测评方法，因此，本章提供在国际上那些有影响的成效评估研究项目与网站，他们各自形成了一整套成效评估的理论与规范化的评估体系，代表了国际图书馆界对成效评估的主要成就。

1. 美国大学和研究图书馆学会网站（http://www. acrl. org）

该网站提供了一整套关于成效评估的原理、指标体系和标准。同时还提供了有关绩效和成效评估的文献目录。

由于前面我们已详细介绍了 ACRL 学术图书馆成效评估的研究，故此不再重复。

2007 年 1 月 19 日，ACRL 举办了"评估学术图书馆成效：采用 ACRL 标准进行持续评估"职业发展研讨会，会上介绍了新的 ACRL"高等教育图书馆标准"作为一个评估所有学术图书馆的一个纲领，揭示怎样利用通常收集的信息：统计投入、产出和服务质量数据，开展用户满意度调查，等等，来评估学术图书馆，以及怎样融合绩效指标和成效评估来测评图书馆馆员和图书馆在教学上的影响，并怎样进行图书馆内部和同行间的比较。

2. 美国研究图书馆学会网站（http://www. arl. org/）

LibQUAL + 项目正在开发成效评估，并集成在 LibQUAL + 系统中（上一章已有介绍，在此不再详述）。

目前,美国研究图书馆学会(ARL)在来自华盛顿大学(University of Washington)的 Steve Hiller 和来自弗吉尼亚 大学(University of Virginia)的 Jim Self 协助下,为 ARL 成员馆和非成员图书馆提供一项的新服务,以帮助图书馆开发有效的、可持续的和实用的评估活动来描述图书馆在教学和研究中的贡献。该服务是在 ARL 一项 2 年期(2005 - 2006)的项目——"让图书馆评估发生作用:开发和保持有效评估的实用方法(Making library assessment work: Pratical approaches for developing and sustaining effective assessment)"的基础上发展而来的,在过去的两年中有 25 个图书馆参与到该项目的开发和试验中。

3. IMLS 基于成效的评估(outcome—based evaluation,简称 OBE)门户网站 IMLS 是美国博物馆和图书馆服务研究院(Institute of Museum and Library Services)的简称。网址:http://www.imls.gov/applicants/obe.shtm。

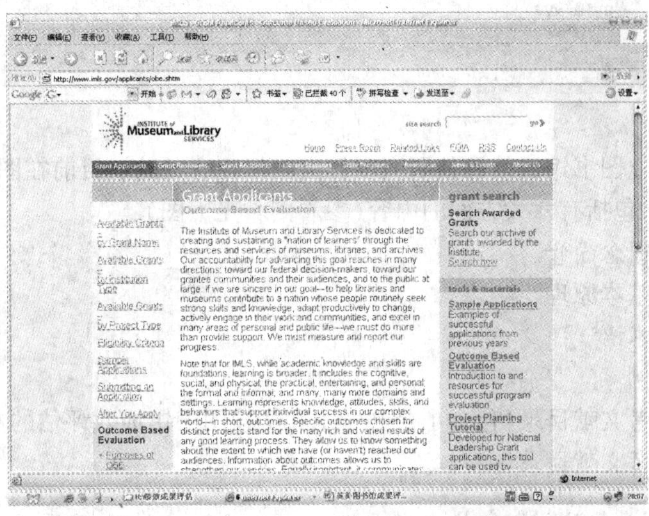

图 3 - 1

IMLS 基于成效的评估项目为进行成效评估的研究项目提供资金,网站主要包括成效评估的三大内容:

◆成效评估的目的(purposes of OBE):
http://www.imls.gov/applicants/overview.shtm

◆ 网上成效评估文献目录(Webography):
http://www.imls.gov/applicants/learning.shtm,

◆ 成效评估的资源(OBE Resources),包括:

- 成效评估基本的理论介绍
- 图书馆和博物馆成效评估的观点:一流的专家谈论成效评估的重要性
- 成效评估 FAQ(常见问题解答)
- 图书馆成效评估经典案例
- 从成效评估看"图书馆改变生活"的理念
- 了解观众学到了什么:成效和项目策划

该网站同时还提供了项目策划指南和基于网页的在线短训课程,为博物馆和图书馆开展成效评估提供人力资源建设。

4. 加利福尼亚州立图书馆(http://www.library.ca.gov/)

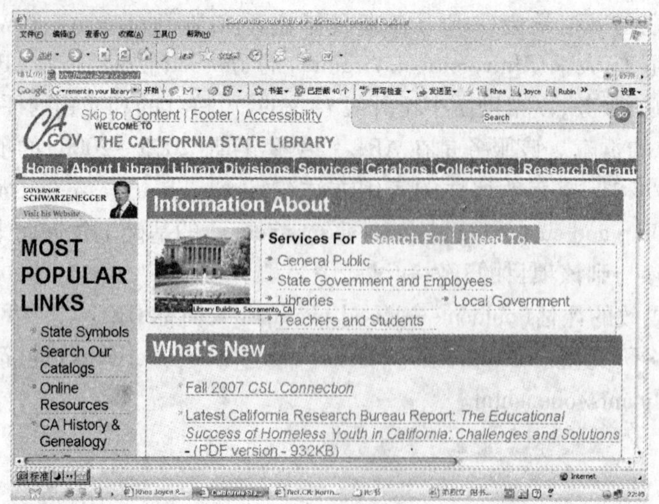

图 3－2

加利福尼亚州立图书馆成效评估研究项目由联邦政府资助。目前在图书馆网站上发布有成效评估专题信息，包括有六大方面的内容（参看网页见下图）：

- 成效评估的概念简介
- 成效评估的基本原理
- 成效评估的术语
- 成效术语示例
- 成效评估参考文献目录（包含了公共学术和学校图书馆成效评估的文献）
- 数据收集参考文献目录

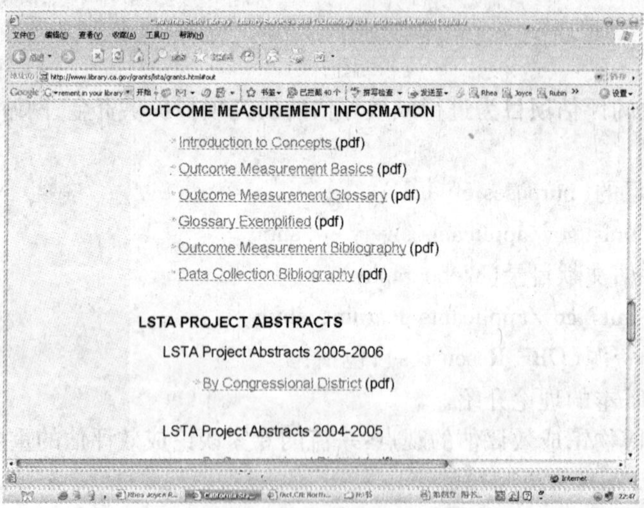

图 3－3

5. SCONUL（Society of College, National and University Libraries）英联邦大学和国家图书馆学会“影响评估”启动计划

“影响评估”启动计划由 SCONUL 其下的图书馆和信息研究组（the Library and Information Research Group，简称 LIRG）执行，为期 3 年（2003—2005）。研究内容包括影响/成效评估的背

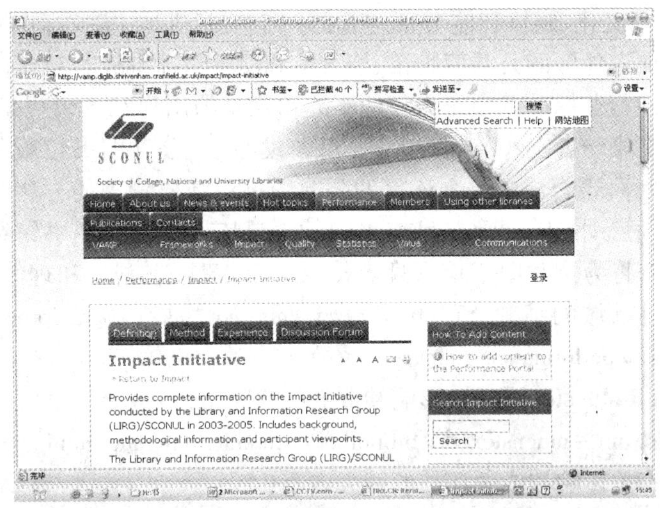

图 3－4

景、方法和主要观点。研究组人员来自英联邦 22 个大学，大部分是图书馆专家学者，目的是测评在教学或研究改革的影响，所选的主要改革集中在信息素质教育或电子资源的利用方面。

在本项目的网页上，提供了影响评估的理论与在线评估的工具：

- 影响评估的各种方法，方法工具箱包括三大内容：文件，调查和讨论（帮助）。网页路径为：http://www.jiscmail.ac.uk/lists/LIS－Impact.html
- 图书馆影响评估的理论原理。网页路径为：
  http://eprints.bbk.ac.uk/archive/00000373
- 电子图书馆服务影响评估的在线工具箱。网页路径为：
  http://www.evalued.bcu.ac.uk/

6. 英联邦国家博物馆、图书馆和档案馆委员会（Museums, Libraries and Archives Council，简称 MLA，http://www.mla.gov.uk/website/home）

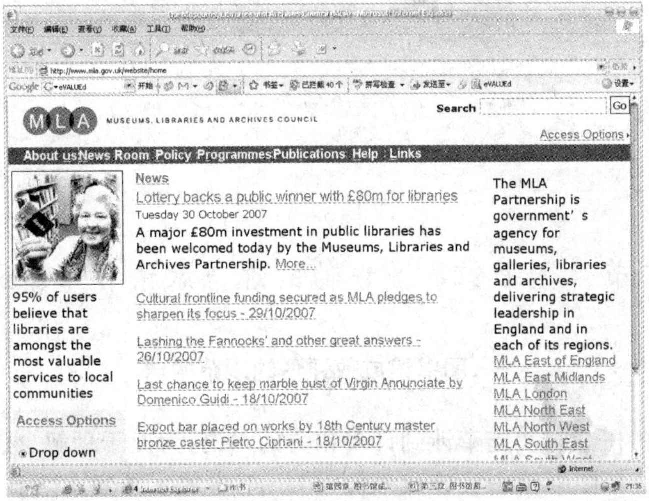

图 3－5

MLA 是由英联邦文化、媒体和体育部主管的一个政府机构，成立于 2000 年 4 月，旨在为英联邦国家及其所属各地区的公共博物馆、档案馆和图书馆提供战略领导，强化他们之间的潜在合作。目标是制定行业标准并领先为各种年龄和背景的用户和读者提供更好的服务，而不管其是本国居民还是来访者。2004 年 10 月，MLA 发布了《公共图书馆服务标准》，把两套评估方法（绩效与成效评估）合成了一个连贯的公共图书馆绩效管理的方法。2005 年 3 月英国公共图书馆开始全面启动影响测评。目前 MLA 正在制定《新公共图书馆绩效管理纲领》，将于 2008 年 4 月发布，将为公共图书馆管理者提供一个工具，来测评和理解图书馆在获取、资源、质量和效率关键领域的绩效。（http://www.mla.gov.uk/website/programmes/framework/framework_programmes/performance_management/）

7. 德国 The ULB Münster 图书馆影响和成效门户网站：

http://www.ulb.uni-muenster.de/bibliothek/projekte/outcome.html

该网站提供了有关影响和成效评估的四大内容：

- 影响和成效评估简介
- Dr. Roswitha Poll（她是 IFLA 指定的主持国际标准 ISO 2789 及 11620 修订的执行主席）有关绩效评估、成效评估研究的演示报告
- 影响和成效评估参考文献书目
- 影响和成效评估热点研究网站链接、国际会议资讯

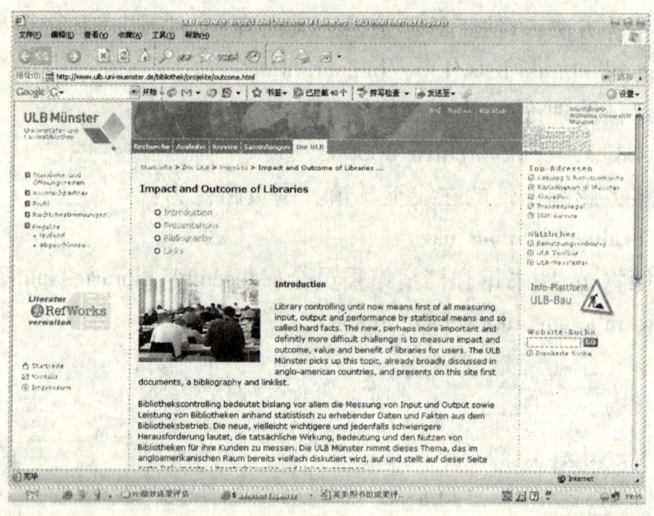

图 3－6

第二节　图书馆成效评估的规范术语和基本原理

一、图书馆成效评估的规范术语

由于成效评估的概念与实施牵涉到许多相关的术语，为便于理解，兹以美国 Rhea Joyce Rubin 在《证明结果：在图书馆中实施成效测评》一书中的术语定义为蓝本，撮其要而列举如下：

活动（Activities） 由图书馆提供给终端用户的项目或服务（例如辅导，演讲，讲故事）。专门的工作（例如招聘和培训志愿者，发布一个讲座系列）叫做任务。

回答："图书馆做什么"的问题

候选成效（Candidate Outcomes） 是必须经过验证的潜在成效。通常是通过图书馆员工的头脑风暴法和假设推想的结果，候选成效必须由参与者和其他人来检验，在其被接受称为正确的项目测评方法之前。（参见：选择成效来测评）

社区目标（Community Goals） 关系到社区的需求并独立于图书馆范围之外；图书馆项目通常是满足社区目标的一个更大行动中的一部分。（例如，在小学生中加强他们的入学预备，在青少年中减少青少年的不良行为，增强孤独老人的社交）。这里的社区，既包括学术环境的大学校园，也包括公共图书馆所服务的镇、城市或地区，是一个广义的概念。回答："社区根据一个确切的社区需要希望达到什么？"的问题。

目标（Goals） 在评估中，有两种类型的目标。两者都是根据一个证明的需要而开发的，在适用范围和长度上更广。在传统评估中，目标反映着图书馆的任务。在成效评估中，目标反映着期望对目标用户产生的最终影响，通常关联到更大的社区目标和图书馆任务的表述。为项目提供一个范围。回答："图书馆希望为用户达到什么目标？"的问题。

中间成效（Immediate outcomes） 参见："中间成效（Interim outcomes）"

指标（Indicators） 表明成效取得的可测量的特征或改变。证明在知识、技能、态度或行为上有改变的行为，期望改变的量是指标的一部分。（例如，在一年内提高一个阅读水平；独立利用数据库的能力；样本市民考察的成功完成）。估计参与者的成功。回答："我们将怎样知道参与者经历了图书馆设想的成效？"和"我们测评什么？"的问题。

初始成效（Initial Outcomes） 参见"中间成效（Interim Outcomes）"。

投入（Imput） 用以计划和提供项目或服务的资源（例如资金，员工，志愿者，设备，馆藏，社区伙伴）。也是项目的制约条件，如法律、规章、资金拨款要求。回答："为提供项目/服务，我们必须做什么？"的问题。

中间成效（Interim outcomes） 事件的一系列原始改变。项目、事件过程中的里程碑，对于达到成功的成效是必须的。在此关键点上，项目员工必须决定是否继续现有的活动或是更改它们以达成预期的成效。（例如，在家庭文化项目中的预期成效是增加家庭成员在家中的阅读量，那么参加图书馆的故事会活动可能就是必要的。因此第一次到场签名的参加者数量可能就是该项目的一个里程碑。）通常读者满意度就是一个之间成效，因为为了让用户反复利用一项服务，就有必要让读者对服务满意。有时候也叫做初始成效、短期成效。回答："该项目/服务带给用户什么短期益处？"和"如果用户要达到长期成效，他/她必须做什么？"的问题。

逻辑模型（Logic Model） 参见"成效测评策划"。

测评（Measurement） 根据标准利用指标来确认成效。数据收集方法包括面谈访问，前测试和后测试，专业观察，自我管理调查。

需要（Needs） 目前状况和远景目标之间的差距。

目的（Objective） 也叫做成效测评声明。指标对特定成效的简要声明。该声明的表达式通常写作：%和#的特定参加者 + 将 + 指标动词 + 指标的数量 + 时间范围。例如："75%（112）位项目参加者将花费双倍于以前的时间为孩子进行阅读，在 6 个月长的项目实施期间。"

成效测评策划(Outcome Measurement Plan)　图书馆目标的声明;描述项目将期待影响谁;投入多少;提供的服务或计划);产出多少;成效如何;指标;标的;以及整个项目的数据收集策划。有时候也称为"逻辑模型"。

成效测评声明(Outcome Measurement Statement)　"目的(Objective)"的同义词

成效(Outcomes)　对终端用户的益处或是影响,证明项目或服务的效果。通常是在知识、技能、态度、行为、或条件上的改变。回答:"我们的项目究竟给参与者带来什么重要作用?"的问题。

产出(Outputs)　由图书馆投入和活动产生的产品或服务的集合。成功活动的数量,或是服务送达的证据。客观上量化的测量(例如图书流通的数量,花在家庭作业援助上的小时数,或者,在一个作家读书会上的参加人数)。回答:"图书馆做了多少?"的问题。

短期成效(Short-term Outcomes)　参见"中间成效"

标的(Targets)　项目成功的量化标准。期望将取得成效的参与者的数量和比例。例如:85%的参与者(100)将报告对社区有更为陌生的感觉,在项目实施六个月后;20%的出席者(10)在参加简历撰写专题会后,报告获得了招聘面谈。有些成效只有定性而没有定量的标的。标的是为了精确计量图书馆项目的成功。回答:"我们如何知道项目是成功的?"的问题。

任务(Tasks)　员工或自愿者必须做才能提供成功项目或服务的特定工作(例如招聘和培训自愿者,或者发布讲座系列)。需要提供关键步骤或管理服务。

二、成效评估的基本原理

前面我们已经知道,图书馆成效评估,是以图书馆用户为中心来计划和评估图书馆项目或服务的一种方法,这些项目或服务用以提供解决特定用户需求并设计达到改变用户的目的。所谓成效,即对终端用户的影响;而影响,是对行为、态度、技能、知识或条件(状态/地位)的改变。

1. 成效评估与传统评估的关系

图书馆成效评估把成效加入到两种传统的评估——投入和产出的基础之上,用来评价图书馆服务的真实质量和效果。这三种评估类型各有其侧重和特点,分述如下:

◆投入评估:

- 回答"我们利用了哪些资产来提供一项活动?"
- 资源是否对某项计划有所贡献,或被某项计划所利用
- 馆藏,材料,家具设备和水电等设施
- 人员和自愿者时间,以及专家,社区合作者
- 需要评估的结果和其他背景信息
- 设备,计算机,在线访问
- 还有,计划的限制,如法律、规范、资金要求

◆ 产出评估:

- 回答"多少?",即"图书馆做了多少?"(范围程度 extensiveness)
- 是对产品数量的测评(例如,服务或产品的数量),或是对服务送达的证明(例如,参加的人数)
- 是投入(资源)和活动(项目或服务)的结果

- 是从图书馆员工角度来测评的
- 是中立的观察者的客观量化结果

◆ 成效评估：

- 回答“怎么样？”和“我们的计划对参与者产生了什么重要影响？”（效果 effectiveness）
- 是测评对终端用户的影响或益处，通常报告为在技能、知识、态度、行为或条件方面的改变程度
- 是投入（资源）和活动（项目或服务）的结果
- 是从参与者/顾客角度来衡量的
- 通常由参与者或其他人感觉量化的（例如自我报告或逸事趣闻证明）
- 可以通过专业评估来测量的（例如，测试）
- 是产出的成功故事
- 是关联产出测评的最佳利用
- 使得计划的预期结果清晰明了
- 表达了因与果的设想，而不是具体的科学证据
- 至少部分源自通过项目或服务的结果

2. 成效评估的本质特性：以用户为导向的评估

国际图书馆统计标准与绩效标准的颁布，推动了国际图书馆界对图书馆质量评估的标准化，大多数图书馆对它们的投入（资源）和产出（活动）进行了系统化测评。换言之，即大多数评估都是以图书馆自身为导向的，并统计的是图书馆员工在做什么。例如，图书馆有多少图书在流通？图书馆员工回复了多少参考咨询问题？员工参加了多少个项目？这些都是重要的问题；图书馆应该继续统计它们所做的工作。这些信息有助于图书馆评估其内部的工作过程及其效率。图书馆自身感知的价值通常关系到其所作努力的质量和数量的评估。

成效评估是另外的一种方式来评价图书馆的服务和项目，是一种有着很不同的视角的方法。它颠覆性地改变了图书馆与用户的关系，即，把“用户在图书馆的生活中”，变成了“图书馆在用户的生活中”。因为成效评估完全是以用户为导向的，评估的是图书馆带给用户的影响和变化。例如，我们项目或服务的结果让读者改变了什么？我们的项目是如何影响我们用户的生活？图书馆通过跟踪其服务和项目对用户的影响而评估图书馆服务的质量和效果。

我们有许多精彩的奇闻逸事，说的是图书馆服务对用户生活的影响。例如，一个经常来图书馆的用户，偶然过访来告诉我们他找到了一份新的工作，因为他听了我们举办的简历写作研讨会，懂得了如何撰写一份有吸引力的简历。或者是，一位母亲报告说，她的孩子在学校表现更好了，因为她在参加了图书馆举办的文化课程之后能够帮助孩子们的家庭作业了。这种类型的人为影响，或是成效，都是在成效评估中预先策划并在其后再进行评估的。换言之，成效评估帮助我们量化我们用户的成功故事以证明与影响质量相关的图书馆价值。不像奇闻逸事一样只能偶尔分享得到而且常常使我们惊奇，成效评估是预先策划的并反映了我们对一个项目或服务的期望。图 3 -7 展示了成效评估与传统的投入、产出评估的不同视角。

3. 成效评估的价值

实施成效评估，能够起到什么作用呢？因为它能推动图书馆服务的水平和质量的提升，在图书馆的运营与管理中有着不可替代的价值，概述如下：

- 有用的策划工具

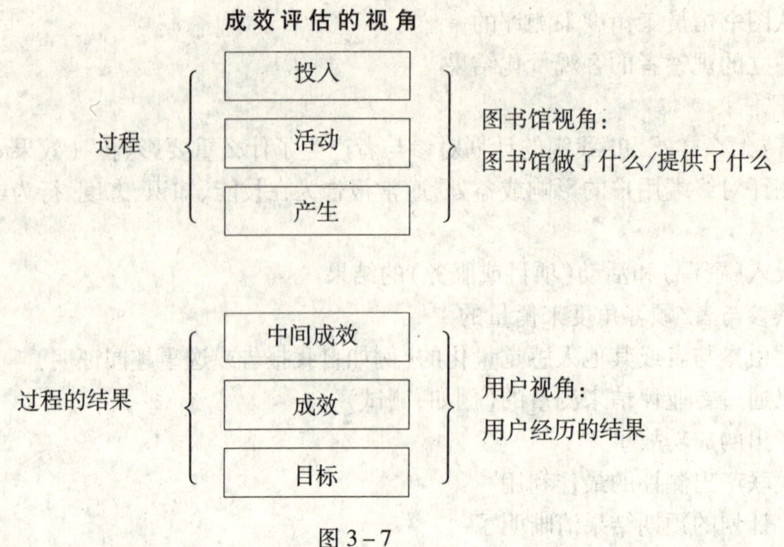

图 3-7

• 用户的要求需要评估

• 阐明项目或服务的目的

• 使得员工和利益相关人关注目标,通过强调“怎么样”而不是强调过程

• 激发对问题的讨论

• 有助于保持跟踪实施,确认里程碑

• 证明什么时候项目变革是需要的;如果中间成效没有达到,中间过程的调整就必须进行

• 调动员工的活力,通过证明,是真实的人,影响着他们工作的程序,并通过评估强调共同的目的和目标

• 洞察图书馆服务是为什么和怎么样被利用的;从用户角度出发看图书馆服务的新观点

• 有助于筹集资金和基金申请写作,通过提供服务结果的统计数据

• 提供实际的证据,证明图书馆正在做的,就是图书馆计划要做的

• 量化传闻逸事或有关成功的故事

• 确认项目或服务的有效性

• 证明图书馆对解决社区问题的贡献

• 证明图书馆的义务和责任

第三节　图书馆成效评估的实施步骤和方法

一、成效评估的流程

为了进行成效测评,图书馆必须在开展新项目或服务之前,先定义社区需求和图书馆目标。然后,必须在设计一个项目或服务之前,选定它期望用户能取得的符合现实的成效,以及确定产生改变的指标。在新项目或服务进行的中间和之后,要收集数据来观察项目是否达到了计划的影响。换言之,评估揭示了图书馆是否取得了期望的成效——通常报告为在技能、知识、态度、行为或条件方面的改变程度。图书馆要为其设定一个成功的标的或标准,来决定项目是否对尽可能多的人产生影响;如果标的没有达到,项目需要用某种方法进行改进。

成效测评遵循一定的流程，简示如图 3－8：

成效评估流程图

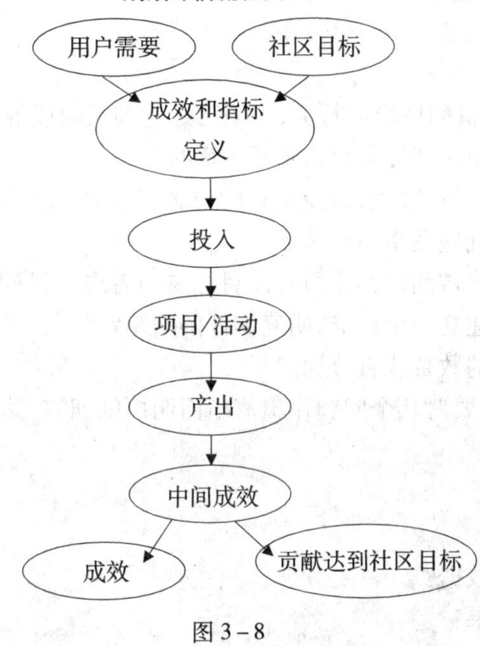

图 3－8

二、成效评估策划的设计

在进行成效评估之前，我们首先要对成效评估作一个策划，如何设计这个策划呢？首先我们要对成效如何被测评有一个基本的了解，才能知道如何设计和策划。我们通过一个成果如何被测评的简单样本表(如下表)，来分析构成成效测评的基本要素：

表 3－1　成效如何被测评样本表

投入	活动和服务	产出	成效*	指标	数据来源	应用到	数据间隔	目标
馆藏 员工 设备 资金	策划 开展活动	项目数 用户数 其他	表明项目设计要影响或改变什么行为、技能等		网页统计 #点击	目标人群	测试要素	写成文字的声明

成效测评样本表要素解析：

- 投入—— 什么资源将投入并被项目消耗掉？
- 活动和服务——哪些任务将帮助你管理本项目？你将为接受者提供什么支持？
- 产出—— 你将统计什么？
- 成效—— 你的项目将使得参与者在技能、态度、知识、行为、地位，或生活条件方面产生哪些改变或得到哪些改进？你期望人们如何从你的项目中受益？什么是你的项目预期的结果？
- 成效如何确定？

- 谁是你的影响人？
- 你的项目的目的是什么？
- 什么是目标参与者？

- 成效如何测定？
  - 指标—— 可测量的情形或行为，表明已经达到某项成效；成就、变化或收获的可观察到的证据；你所见或所了解的。
  - 数据来源——工具，文献，以及信息的位置，那些能够证明在你的目标参与者身上到底发生了什么。
  - 应用到——谁将被测评？是所有的目标参与者或是目标人群分组？
  - 数据间隔——建立一个标准，明确测评的频率？
  - 目标——期望的数量或百分比。

通过以上分析，我们就要对几个问题作出清晰而明白的回答，然后就可以确定一个具体项目的成效评估的计划了：

- 我们要评估什么？
- 我们想知道什么？
- 我们从谁那里收集数据？
- 谁会看到评估的结果？
- 数据将如何利用？
- 数据收集的频次如何？

三、成效评估实施的具体步骤和方法

成效评估实施的具体步骤可繁可简，可选的方法也多种多样，主要包括下列七大步骤：

第一步：首先判定一个项目或服务是否适合开展成效评估；

第二步：选择待测评的成效；

第三步：选择用以进行成效测评的指标和标的；

第四步：撰写成效测评的目标或声明；

第五步：设计数据收集的计划；

第六步：选择数据收集的方法；

第七步：实施成效测评。

下面就其主要步骤和方法进行介绍：

第一步：首先判定一个项目或服务是否适合开展成效评估

如何判断一个项目适合开展成效评估，首先就要判断该项目/服务是否符合成效评估的下列特性：

- 可设计的，根据一组明确定义的用户组的需要；
- 目的是影响人，而不是生产或传递一个产品；
- 关注效果（结果），而不是效率（过程）；
- 设计为用户参加不止一次而是一段连续的时间，以便能够跟踪过程；
- 为更大的社区目标和图书馆任务作贡献。

简言之，即意图根据某一需要来改变某一特定人群的行为、态度、技能、知识或条件。

然后，我们可以通过利用以下工作表单的指导来进行实际操作，从而作出判定。

工作表单：项目成效评估的适宜性

如何判断一个项目适合开展成效评估

指导：

1. 写下项目的名称及简要描述；

2. 召集一组人来讨论项目；

3. 讨论下列问题并决定问题的回答是“是”或“不是”，在每一个项目前的方框中划√；

4. 当完成所有的问卷部分，为每一部分总计回答“是”的数量，并在小计线栏记录下你自己的回答；

5. 完成所有四个部分后，记录下每一个部分的小计，并填在表格最后的计分表中；

6. 如果有超过 15 个回答是“是”，则您的项目是适合成效评估的。如果不是，则需要选择另外的项目。

项目名称及简述：____

____

项目的目的及设计

是	不是	
		1. 项目是根据某一确定的需要而开发的吗?
		2. 本项目能够对需要产生重要影响(非全部)吗?
		3. 对终端用户的影响是本项目的主要目的吗?
		4. 本项目更关心的是影响而不是产出吗?
		5. 项目是更关心公共服务而不是图书馆内部的运作?
		6. 项目专注于效果而不是效率吗?
		7. 项目更专注于用户的受益而不是用户满意?
		8. 项目(或用户参与其中)在开始到结束时，是否有明显的区别?
		小计

用户

是	不是	
		9. 用户是否有清晰的定义?
		10. 用户能坚持参加以便您能跟踪他们的进展?
		11. 用户将愿意参加评价吗?
		小计

影响

是	不是	
		12. 期望的影响是可以测评的吗?
		13. 影响将在几年之内发生吗(以便于能够被观察得到)?
		小计

管理,员工和利益相关者

是	不是	
		14. 管理者和员工会举办一个服务启用或用户培训吗?
		15. 项目的稳定性足以支持这种努力吗?
		16. 图书馆领导层是否承诺提供资源进行成效测评并将根据结果而采取行动?
		17. 项目的利益相关者是否支持?
		18. 待评估的成效将会提供有用的反馈从而改进项目吗?
		19. 待评估的成效通过证明其效果,将提升对图书馆或利益相关者的责任吗?
		小计

总分

是	不是	分部
		项目的目的及设计
		用户
		影响
		管理,员工和利益相关者
		总计

准备人:________________________ 日期:________________

第二步:选择待测评的成效

选择待测评的成效要依照以下步骤来逐步完成:

◆ 首先确定预计的参与者

◆ 收集有关项目的积极或(和)消极成效的想法,通过以下各种途径和方法:

√ 候选成效与员工头脑风暴法。

询问“从本项目或服务中谁将受益并怎样受益”,然后,询问“在最好的情况下,对这些参与者还能带来哪些额外的收益”。注意:和员工的谈话并不能就此产生所有的成效,并且这仅仅是最简单容易的第一步。

√ 面谈访问或召开“焦点组”会议,邀请过去和目前的参与者。

询问:“如果本项目真正能有助于您,您会怎样更好些?”,或是“作为参与本项目的结果,您期望有哪些改变?”

√ 访谈员工和志愿者,他们曾在您的图书馆或其他地方直接面向您预期的参与者工作过。

询问:“如果项目成功的话,我们可以预见到参与者的哪些改变?”

√ 访谈各机构代表，这些人可能会是下一步骤的前期参与者。

询问：“为了取得项目的成功，参与者需要了解什么，或者能够做什么？”

√ 评审机构或项目记录，来发现什么成效没有正式被留意过。

询问员工和其他人有关他们听到的奇闻逸事和证明人。

√ 询问有关未预料到的消极成效，因此可以避免它们再出现（例如，为了获得奖励而在暑假阅读纪录上作假）。

◆ 如果您已经有了项目想法，通过头脑风暴法的一连串影响和益处的“如果—那么”检测它。如果项目确实做得到这样和这样，我们能够假定参与者也能这样和这样改变。例如，提议的图书馆项目是协助孩子的家庭作业，则通过这些步骤进行思考：

√ 如果学生已经获得了家庭作业的协助，那么，他们将在学校的功课做得更好。如果他们在学校变得更好了，那么，他们将取得更好的成绩等级并更加有规律地上学。

√ 如果他们取得的等级并更加有规律地上学，那么，他们更可能顺利毕业。如果他们毕业，那么，他们更可能地获得就业。

◆ 如果您尚未有一个项目，但是想去开发一个来满足一个既定的目标，则“如果—那么”链将有利于从预期的结果返回到潜在的服务。如果您的社区目标是让年轻人获得更高的就业率，采用同样的例子，考虑：

√ 如果我们想让年轻人有更多的就业率，那么，他们必须准备获得高中学校教育。如果我们想让年轻人从高中顺利毕业，那么，我们需要他们更有规律地上学和取得更高的等级。

√ 如果我们想让他们在学校表现更好，那么，我们需要为他们的家庭作业提供援助。

◆ 确信“如果”和“那么”是彼此关联的，而且是现实的。

◆ 选择对参与者有价值的成效，通过项目是可以达到的，并且关系到图书馆的优先序列。

◆ 记住，有些中间成效可能是对产出的确定。例如，参加项目的人数，或者对某一服务的满意，也许会是一个产出或是一个中间成效，这取决于具体情况。

◆ 中间成效越多，项目对其成就的影响就越多。成效越是长期的，项目对其成就的直接影响就越少，并且其他因素干扰的可能性就越大。

◆ 应该牢记的是，项目成效必须有一个合适的范围。为了明确一个成效对项目是否具有合理性，询问：“我们的项目能够单独对此成效产生重大的影响吗？”当然，图书馆不能把参与者生活的改变完全归功或咎取自图书馆自身。

◆以下情况会使成效测评将会更困难：如果项目或服务只与用户个人发生一次或是短期的接触；如果不可能持续；如果目标防止了一些消极的东西（而不是产生某些积极的东西）；或者，如果成效是非物化的（例如创造力）。

◆ 如果这是图书馆第一次尝试作成效测评，那么从以下开始：

√ 为每一项服务或项目制定一个成效；

√ 为准备收集的指标数据确定成效；

√ 短期的成效；

√ 选用给利益相关者易于理解和报告的成效；

√ 选用那些检验但想提高改进的领域；

◆ 成效示例的词组：

知道，理解，获得，得到，增强，扩展，提高，减少，下降最后,比照下列成效排序表,来确定待测评的成效及其序列等级。

表 3-2　成效排序表(备注:增加了边框)

最高	地位/总体状况
↑时间,努力和结果	行为
	生活技能
	打算改变行为方式
	知识
	社区联系/社会联系
	态度/价值观
	认识/感觉
	对服务满意
	图书馆技能
	参与者/服务利用
容易	对服务的意识/接触

第三步:选择用以进行成效测评的指标和标的

指标就是一项行为,该行为确实证明了变化的产生,或者是暗示着发生了变化。指标是一个统计,总计了用户在某项成效上取得的成就。

指标的选择要遵循以下标准:

• 为每一个成效选用 1 至 3 个指标

• 专门化和明确

• 可测评

• 可观察的和客观的

• 可确证

• 可靠的

• 重要性

• 考虑其所诉说的故事

那么,可用作指标的动词有:做,利用,发现,撰写,列出,解释,标记,完成,报告,解决,证明。

设置标的:

我们如何知道项目达到了我们的期待?什么是我们项目成功的标准?需参照以下标准:

• 量化

• 现实的并基于经历(底线数据)

• 有效的

• 第一年或第一轮循环,收集的数据能够用来为下一年或后一轮循环设置一个标的。同时,利用“改进”或“获得”而无需量化限制。

• 合理的

指标和标的的示例:

在一个有关找工作的信息项目中,一项被期待的成效或许是参与者了解新的工作和职业的选择。指标将包括一个行为(或变化)和两个标准:

• 参与者能够列出更多的工作选择(这是指标的行为)

• 参与者在参加完本项目后，能够比以前列出多于两个以上的合适的工作或职业机会（这是为参与者设定的标准）

• 40%的参与者（25个）至少列出了多于两个以上的职业选择（这是为项目设定的标准，并称为标的。）

第四步：撰写成效测评的目标或声明

成效测评的目标或声明，其实就是有关成效指标的声明。因此撰写时要参照以下标准：

• 指标或成效是针对用户的，不是项目本身的，因此参与者应该是声明语句的主语；

• 为每一个指标写出中间成效和最终成效；

• 指标是成就的物化证明，是可观察到的行为而且可测评；

• 指标应该包括一个变化的数量（例如，是平时每周阅读时间的两倍），和一个标的（例如，50%（100）参与者将证明该指标），这是项目成功的量化标准；

• 为声明确立一个时间框架，可以采用终止日期（例如，到2007年6月30日止）或一个时间跨度（例如，在3月到6月），或是从开始时计算的一个时间长度（例如，开始后的6个星期）；

因此，声明撰写的公式为：时间 + # %的特定参与者 + 将 + 指标 + 动词 + 指标的数量。

示例：到学年末，90%（180）的项目参与者将收藏2个网站并能够发现和打开它们。

第五步：设计数据收集的计划

设计时要考虑的最基本问题：

• 什么方法能够最好地指向指标？因为指标显示行为的改变——你需要找到最直接的方式来清楚地观察和正确地计算指标。

• 何种时间表将给予你最重要的信息？每月？每年？由于成效测评比较的是变化，因此一定要有前期和后期的测试。

同时考虑五个问题：

• 数据收集应该不受服务传递的影响。

• 参与者在数据收集活动中（例如，面谈访问，或问卷调查）必须是自愿的并且不被要求要接受服务。

• 参与者的个人隐私或秘密必须得到尊重。

• 数据收集活动的益处必须要多于花在项目和参与者上的成本。

• 为了最小化偏见，服务提供者应该不作为测评者。

在数据收集之后，我们还要注意四个关键问题：

• 数据从个人处收集，但是结果总是要汇总并作为一个整体的组来报告。评估的目的是要测评服务，而不是为个人的进步排序。

• 图书馆项目的成效评估不是科学研究。我们既没有科学地进行用户抽样，也没有给予跟踪一个控制组，因此，我们仅能够对我们的结果做一些有限的声明。

• 结果不应该与其他项目的结果作比较，除非项目和评估本身是一起设计和管理的。

• 成效反映了图书馆对目标的贡献，但是成效不能只传达给图书馆。

第六步：选择数据收集的方法

成效评估，有六种最通用的数据收集的方法，即：

√ 评审已经存在的纪录

√ 调查

√ 面谈访问

√ 自我报告

√ 观察

√ 测试

那么,这六种方法,各自的特点和具体适用的情况又如何呢?试简要分析如下:

◆ 数据收集方法一:评审已经存在的纪录

• 已经存在的纪录包括内部(你自己项目或机构的)和外部(有其他人保持的)的,例如学校的或雇佣的纪录

• 内部项目跟踪机制,例如纪录、报告或日志可以被采纳,如果它们得到了连续的维护并及时地进行了更新,而且信息容易从系统中被提取

• 存在的正式(外部)纪录是以一种有益于本项目的方式在跟踪指标吗?如果是,纪录可靠吗(例如,对个人的跟踪是否相似)?

• 项目可能与外面的机构或组织合作去获取这些正式纪录吗?

• 仅利用外部纪录来收集你确实需要的信息

• 这些纪录是否被广泛地认为具有客观性或是可信?注意一些纪录(例如,项目日志和参加者签到簿)也许并没有被连续保存,也不直接与成就相关。

◆ 数据收集方法二:调查或问卷调查

• 适合当需要收集来自于参与者角度的信息时

• 注意由参与者报告的信息有可能是不精确的

• 更加系统化,而不是传奇式的自我报告(尽管开发终端的调查问题也是自我报告)

• 能够自我管理(参与者能够自己完成填表),或者可以口头提问(由某人纪录下回答)

• 易于从统计学上分析结果

• 注意语言的使用。不要采用附加了价值观的术语或是过于个性化的语言

• 参与者能够理解调查的问题吗?要考虑年龄、教育水平和文化背景

• 参与者能够正确回答这些问题吗?要考虑意识、知识和语言技能

• 问题具有文化意义吗?

• 试验测试调查表,确信其易于理解并产生你所需要的信息

◆ 数据收集方法三:面谈访问

• 适合当你需要来自于参与者角度的信息时

• 必须跟踪预期定义的问题并正确纪录回答

• 与口头调查相似,但要允许接续的问题

• 与自我报告相似,但要更系统化

• 可以用来配合问卷调查

• 是劳动密集型的,因为必须有人亲自询问参与者问题——不管是通过电话还是面谈

• 当被访谈时参与者是否会感到舒适?

• 当需要时是否备有翻译?

• 试验测试访谈的问题,确信其易于理解并且访问者理解何时并如何询问接下来的问题

◆ 数据收集方法四:自我报告

• 是否有客观的信息能够用来评价指标？
• 参与者是否会对自我报告感到舒适？如果有人不舒适又怎么办？
• 报告将会被接受是因为具有客观性和准确的吗？
◆数据收集方法五 ：观察
• 最合适：当行为变化是清楚地可观察到的情形，例如，一项技能或状况
• 无需问问题，指标就能被测评吗？
• 本指标能够最精确地被一个受过训练的观察者测评得到吗？
• 如果是，你有人力资源来观察这些活动和行为吗？或者，你能够培训自愿者吗？
• 当采用观察法时注意保护参与者的隐私
◆数据收集方法六 ：认可或物理上标准化的测试
• 最适合：当指标与知识或技能相关时
• 最适合：当在那种情况下具有典型性时
• 你将采用一个已经存在的测试，或者你将开创一个新的测试方法？
• 参与者对测试是否会感到舒适？
• 测试是否会被广泛地接受为是可信的？
• 易于从统计学上分析结果
• 试验测试工具，确信其易于理解并提取你所需要的信息

如何确定采用哪种数据收集方法，还要记住以下一些因素来进行分析和抉择：
• 需要收集哪种类型的信息？
• 信息如何被标准化？
• 信息必须如何有效（精确）？
• 信息必须如何可靠（具有连贯性）？
• 该信息是否已经在别处有效？如果是，谁可能已经获得了该信息的许多或是全部的情况？
• 是否已经有一个有效的工具（例如，一个测试或调查表）？如果是，该工具可否做些修改用到本项目中？

因此，任何时候都要采用最直接的方法。对于知识或技能，数据的收集方法可以采用测试或观察；对于态度的改变，可以采用自我报告或是面谈访问；对于行为，可以采用纪录或测试。

第七步：实施成效测评

把上述所有步骤策划成一个可执行的、有时间安排的行动计划（如下表），然后实施，最后对收集的数据进行合计和分析，用作决策参考和报告。

工作表单:行 动 计 划

指南:

1. 在横线上写下成效和指标。
2. 在空格处列出任务,人员,截止日期。
3. 完成每一个指标的行动计划

成效:____

指标:____

A. 任务	B. 负责人	C. 监督人	D. 截止日期

总之,在实施成效评估中,请遵循以下指南:

√ 指定一名成效测评协调员来设计和监视评估过程。注意:研究显示员工应该将 10% 的时间花费在任何一种评估上。

√ 从社区目标、图书馆的一个目标、用户的一个或多个需要开始,并且设计的一系列图书馆项目或服务要满足这些需要并达到这些目标。

√ 轮流考虑这些图书馆项目或服务的每一项。考虑:它是否旨在改变个体的生活?它是否更加把关注焦点放在人的影响上,而不是图书馆内部营运上?利用“工作表单:项目成效评估的适宜性”来确定评估的适宜性，如果是，则该项目或服务可能适合成效评估。

√ 从一个更大的服务人群中考虑确定潜在的项目参与者。在考虑成效之前，就必须知道正在策划的服务是特别针对哪些服务人群的，谁的生活将受到该服务的影响。

√ 是否有不止一个潜在用户组？我们能够影响人们多少次，而不是我们直接服务多少次？（例如，一个原本为学龄前儿童设计的项目，可能也会影响其父母）

√ 把潜在参与者和其他人员都包括进策划中来。（参见：“步骤二：选择待测评的成效”）

√ 确定项目的投入和产出。考虑资源、局限性及其产出。

√ 决定要测评的项目成效。哪些影响是有理由期待施加的？是否有待测评的中间成效？

√ 选择指标。指标是否可观察并可测量？记住：这些指标必须包括两个标准：一是为参与者的成功设定的标准，另一个是为项目成功设定的标准。

√ 制定一个数据收集计划（方法和时间表）。

√ 先试验指标和数据收集方法。这是非常关键的一个步骤。监视过程，考虑时间和员工，并且缓和减轻测评的难度。作成一览表并分析结果，有必要时修改数据收集计划。

√ 撰写成效测评计划：目标，投入，活动，产出，成效，指标，标的，以及数据收集计划。参见步骤七。

√ 制定一份行动计划书，简要阐明：需要做什么，什么时候做，以及由谁来做？

√ 给员工充足的时间来庆贺他们的成功！

四、图书馆实施成效评估的案例

1. 成效评估策划书的撰写

撰写一份简明扼要的成效评估策划书，是实施成效评估的关键。以下提供了策划书撰写的两个范本。

成效评估策划书

（评估一项已有的项目）

项目名称及简要描述：______________________________

____

____

1. 包括的用户有：______________________________

____

____

2. 期待解决的用户需要：______________________________

____

____

3. 为了满足该需要，图书馆正在提供这些项目活动：______________________________

4. 为了提供这些项目活动,图书馆利用了下列资源(投入):

5. 项目活动正在产生下列产品(产出):

6. 用户在项目循环中将声明下列中间成效:

7. 该用户行为/行动将证明我们取得了预期的成效(指标):

8. 期待的指标值(用户成功的标准):

9. 期待的用户数量和百分比,这些用户将为指标提供证明(项目成功的标准或标的):

10. 到何时/在此期间(时间段范围):

11. 数据收集方法:

12. 参与者(抽样或是全部? 抽样是如何选择的?):

13. 根据该时间表收集数据：

____

____

14. 中间成效的目的(# % 和#的特定参加者 + 将 + 指标动词 + 指标的数量 + 时间范围)：

____

____

15. 在项目的最后或项目结束之后，用户将证明这些知识、技能、态度、行为或状况上的变化(长期成效)：

____

____

16. 该行为或行动显示取得了长期成效(指标)：

____

____

17. 期待的指标数量(参与者成功的标准)：

____

____

18. 期待的特定用户数量和百分比，这些用户将为指标提供证明(项目标的的标准)：

____

____

19. 到何时/在此期间(时间段范围)：

____

____

20. 数据收集方法：

____

____

21. 参与者(抽样或是全部？抽样是如何选择的?)：

____

____

22. 根据该时间表收集的数据：

____

23. 长期成效的目的(#%和#的特定参加者 + 将 + 指标动词 + 参与者成功的标准 + 时间范围):

准备人:______ 日期:______

成效评估策划书

(设计和评估一项新的项目)

项目名称及简要描述:

1. 潜在的用户是:

2. 期待解决的特定用户需要:

3. 图书馆旨在为用户的知识、技能、态度、行为或状况施加哪些改变(长期成效)。这些成效将在项目的最后或项目结束之后得到声明:

4. 该行为或行动将告诉我们:用户已经取得的成效(指标):

5. 为了满足需要并达到预期的成效,我们将提供这些项目活动:

6. 为了提供这些项目活动，我们将利用下列投入：

7. 在项目循环期间，我们将实现下列产出：

8. 在项目循环期间用户将声明下列中间成效：

9. 该行为/行动将告诉我们取得了预期的成效（指标）：

10. 期待的指标数量（参与者成功的标准）：

11. 期待的特定用户数量和百分比，这些用户将为指标提供证明（项目标的成功的标准）：

12. 到何时/在此期间（时间段范围）：

13. 数据收集方法：

14. 参与者（抽样或是全部？抽样是如何选择的？）：

15. 根据该时间表收集数据：

16. 中间成效的目的(#% 和#的特定参加者 + 将 + 指标动词 + 参与者成功的标准 + 时间范围)：

17. 考虑长期成效(在问题 3 中确定的)和指标(#4)，我们期待的指标数量(参与者成功的标准)：

18. 期待的特定用户数量和百分比，这些用户将为指标提供证明(项目标的成功的标准)：

19. 到何时/在此期间(时间段范围)：

20. 数据收集方法：

21. 参与者(抽样或是全部？抽样是如何选择的?)：

22. 根据该时间表收集的数据：

23. 长期成效的目的(#% 和#的特定参加者 + 将 + 指标动词 + 参与者成功的标准 + 时间范围)：

准备人：______________________ 日期：______________

案例　公共图书馆的一个识字项目

社区目的:在要进入小学的孩子中间加强入学前的准备。

项目目的:帮助父母促进入学前孩子的识字开发。

投入:年轻的图书馆服务馆员,有文学素养的员工,有文学素养的志愿者,与学校图书馆馆员合作,供父母使用的材料,会议空间,图书,玩偶,及其他故事材料。

活动:父母课堂,学龄前故事会,父母和孩子的阅读讨论会,图书分发。

产出:设计、印制100份传单,并在6个儿童日托中心分发。举办10次父母课堂,每一次有12位成年人参加。举办15次学龄前儿童故事会,每次邀请10个小孩。

中间成效:父母们参加每一次父母课堂并定期出席。

成效:父母在家庭中对孩子开展早期识字开发。

指标1(成效评估):9位父母(75%)参加了为他们的学龄前儿童准备的父母课堂,去的次数是没有参加父母课堂之前的两倍。

指标2(成效评估):10位父母(83%)带着他们的学龄前孩子去图书馆参加课程学习,次数是以前的两倍。

2. 如何为图书馆服务设计影响/成效评估的指标及选用数据收集方法

案例1　信息素质:

- 指标1:培训后技能/综合能力得到提高。

  数据收集方法:调查,测试

- 指标2:参加图书馆教学课次数与学生保持率的相关性。

  数据收集方法:调查

案例2　地方图书馆的重要性:

- 指标1:重要性评估。

  数据收集方法:调查

- 指标2:地方图书馆馆藏内出版物被引用的百分比。

  数据收集方法:手工统计/调查

案例3　学术或职业成功

- 指标1:图书馆服务利用与成功的相关性。

  数据收集方法:利用统计/成功数据

- 指标2:图书馆服务利用数量/出版物引用的相关性。

  数据收集方法:利用统计/引用索引

案例4　社会接纳度

- 指标1:通过图书馆服务获得的技能/综合能力。

  数据收集方法:调查,测试

- 指标2:在图书馆推广活动之后会利用图书馆服务的某一类潜在用户的百分比(用户类型可以按种族、年龄、就业率等区分)。

  数据收集方法:用户结构数据,调查

案例5　图书馆服务的经济价值

- 指标1:时间节约的评估。

  数据收集方法:调查

- 指标 2:愿意支付费用。

  数据收集方法:调查

3. 如何利用成效评估,评估图书馆新服务

(1)与图书馆成效相关的概念

成效是图书馆利用作为影响个人用户的结果。

影响不是服务的质量,而是个人的“质量”,是利用图书馆服务的结果。

文化机构的成效或影响:知识,信息素质,学术或职业成功,社会接纳度,个人福利。

图书馆服务的成效或影响:技能和综合能力的变化,态度和行为的变化,图书馆客户结构的变化,较高的社会接纳度,在研究、学习或职业生涯中较高的成功度。

图书馆服务对它所属机构成效的影响:图书馆几乎支持所有大学影响的各方面。

大学的成效:扩大和保留学生,扩大和保持优秀,有效的教学(高毕业率,在考试中获得较高等级,较高的就业率),有效的研究(较高的科研成功和出版物的利用率和名声),教师和研究团体的社会知名度,较大量的专门支助资金,奖项和名誉。

(2)利用成效测评评估新服务的目的:

首先是有责任有义务:

- 提供必要的专项资金:收集正面积极影响的证据
- 基于结果的预算
- 为改变调整投资

其次是资源的管理:

- 为新服务筹集资金
- 导入新服务增加较高的工作量
- 对新服务不断提高要求
- 重新配置必要的资源

再次是图书馆角色的提升:利用新服务后得到的收益,与相关各方进行沟通

(3)可以采用成效评估测评的图书馆新服务(包括替代或补充传统服务)

- 电子服务(示例):地区或国家书目数据库,门户网关,在线预约和传递,个性化服务,在线参考咨询,数字化收藏,电子出版,在线自助培训,通过图书馆的因特网访问,等。
- 新的非电子服务(示例):组团工作区,基于问题的学习研究组

(4)测评新服务影响的方法:

- 利用统计来评价影响
  - 电子媒介:利用的频率、地点、形式(登陆、检索、下载)、利用的资源范围
  - 某一服务的利用统计(如,在线传递)
  - 传统服务利用的改变
  - 远程利用的改变
  - 新用户的数量:包括从未利用过图书馆的和那些没有用传统方式利用过相同服务的用户
  - 利用电子服务的主要用户群的百分比

- 质量测评
  - 询问用户(印刷或在线调查,焦点组,面谈调查)
    - 知道哪些有关图书馆服务的知识?
    - 他们是如何利用图书馆服务的(利用的频率、地点)?
    - 他们是否发现这些服务是有用的?
    - 他们在利用图书馆服务中有哪些问题?
    - 他们是否发现培训课程的作用?
    - 他们是否通过利用图书馆服务而提高了技能?(自我评估)
  - 询问教师(印刷或在线调查,焦点组,面谈调查)
    - 图书馆服务是否支持了教学和研究?
    - 他们是否鼓励学生利用图书馆的新服务?
    - 他们利用新服务为何目的?
  - 询问图书馆员工(印刷或在线调查,焦点组,面谈调查)
    - 用户接受特定服务的培训后技能的改变?
    - 用户对什么服务需要什么帮助?
  - 数量测评:试验,观察,数据挖掘
    - 试验:能够评估用户技能,在对某项服务开展培训前后
    - 绩效监测/数据挖掘:能否记载下检索的变化
    - “神秘的百宝箱”:能否报告失败或是成功,以及他们感知技能的提高
    - 分析用户编辑的文献和目录:是否有变化发生在已利用的资源、引用的正确性、被引电子资源的数量上?

测评问题备注:大多数试验方法是耗费时间的;由于数据保护规则数据难获取;由于数据收集方法不同项目结果不具可比性;服务对不同的用户组别有产生不同的影响和成效;很难证明用户综合能力或行为的变化就一定是利用图书馆的结果。

(5)新服务对图书馆本身的影响:

①在组织和资源配置中的变化:投资(资金,场地,员工时间),员工培训,用户培训,工作流程的变化,组织结构的变化

② 用电子服务取代传统服务:可能的提高在这些方面:传递的速度,传递的正确性,易于获取,对用户的相关度,市场的辐射力

③ 对成本的影响

(6)图书馆新服务测评的实践案例:

案例 1　学术图书馆实施区域性集成门户

调查综合能力、态度和行为的改变

采用的方法:利用统计,学院调查

统计结果	学院调查结果,显示
有一个较高比例的外部用户	通过集成检索节省了时间 改变了查找方式
大多数电子资源得到较高的利用	发现更易于获取 发现相关信息覆盖面更宽广 熟悉新的资源 采用更多的跨学科检索 把集成门户融入到教学活动中

案例2 开放学习小组研究室

调查:态度、行为,个人福利的改变

采用的方法:利用统计,读者调查

统计结果	调查结果,显示学生
到访图书馆的次数增加了	更经常到图书馆 更经常参与团队学习 能够从团队中参加过图书馆电子服务培训的成员中学到知识和技能 发现到图书馆学习更有吸引力

案例3 把期刊馆藏变为电子形式

测评态度和行为的变化

采用的方法:利用统计,教师调查

统计结果	调查结果
在线版的访问量10倍于纸质版	1998年许多大学对电子期刊仍持怀疑态度
一篇在线文章的利用比纸质便宜5.4倍	2002年,只有极少数例外的教师没有使用过电子版本的期刊
印刷本的利用率大幅下降	
远程利用增加	
直接到馆访问量下降	

案例4 实施基于询问的教育计划

采用的方法:分析学生的研究论文中的参考书目

分析的结果:对学术期刊的引用有否增加;在如下方面有没有重大不同:引用的精确性,资源的时效性,判断能力

International Standard

国际标准

ISO 2789（第四版 2006 年 9 月 15 日）

Information and Documentation— International Library Statistics

信息与文献——国际图书馆统计

标准编号 ISO 2789:2006(E)

目　录

前　言

国际标准化组织(International Organization for Standardization,简称 ISO),是一个世界范围内的国家标准实体(即 ISO 成员实体)的联盟,国际标准的准备工作通常是由国际标准化组织技术委员会(Technical Committee,简称 TC)来执行。每一个成员实体都有权利向技术委员会就其关心的、已由该技术委员会制定的某一主题提出建议。与 ISO 有联系的国际组织、政府或非政府组织都可参与到该工作中来。该组织与国际电子技术委员会(International Electrotechnical Commission,简称 IEC)在所有有关电子技术标准化方面的问题上合作非常密切。

国际标准根据 ISO/IEC 指示第 2 部分的规定起草。

技术委员会的主要任务是预备国际标准的制定。由技术委员会起草的国际标准草案将递送到各成员实体进行投票。作为国际标准的出版物要求至少获得参与投票的成员实体的 75% 的通过率。

需要注意的是本标准中有的部分涉及专利权,ISO 没有责任确定任何专利权问题。

国际标准 ISO 2789 由技术委员会第 46 分会:信息与文献委员会(ISO/TC46)其下属的第 8 分会(SC8):统计和绩效评估委员会筹备起草的。

标准第四版取代了第三版(ISO 2789:2003),新版本在技术上已经被修改,以识别和克服标准第三版在实践应用中存在的问题,并考虑了电子图书馆服务的快速发展。

导 言

本国际标准旨在为图书馆和信息服务界提供有关统计收集和报告的指导。

第3款和第6款是本国际标准的核心。第3款对构成图书馆服务的绝大多数要素进行了定义,这些定义仅仅基于统计的目的。第6款对应该如何计算这些要素给出了建议。用户需要综合考虑这两条条款,以便有一个全面的蓝图。

除了为编辑国家统计数据以作国际报道而提供图书馆统计的概要性指南的初衷外,应国际标准 ISO 11620 的特别要求,本标准指定了其数据提供的来源。

本国际标准包括了电子资源和服务的定义和统计程序。关于本国际标准正文中有关电子资源和服务的条款,阅读者需要特别牢记附件 A 中的重要解释和指导方针。

要认识到,并非所有不同类型和大小的图书馆都能够收集到本国际标准中规定的全部方法和措施。为了使本标准更加完善,一些额外的方法(仅仅可能对有些部门较重要)在附件 B 中作了阐释。目的是确保无论在何处收集特定的统计数据,它们均使用相同的定义和方法。

所有的附件均是标准的组成部分。附件 C 对国家统计数据的编辑和出版很重要,确保不同国家和同一国家不同时期的统计表具有真正可比性。

只有根据本国际标准收集图书馆的数据,才能够使得展示和宣传图书馆活动的强烈要求得到满意效果。图书馆应该尽可能多地收集本国际标准提及的各种类型的数据。

统计数据的展示和出版始终需要特别小心,但是这并不在本国际标准的考虑范围之内。

本国际标准将由一个工作组维护,该工作组将监控本国际标准的发展,并在必要的时候整合其他的统计方法。

信息与文献——国际图书馆统计

1 范围

本国际标准为图书馆与信息服务界收集和报告统计数据而制定规则，其宗旨是

——为了提供国际报告；

——确保了不同国家间统计方法的一致性，因为这些统计方法过去经常被图书馆管理者应用，却不符合国际报告惯例；

——鼓励图书馆和信息服务的管理较好地实践对统计的应用；

——规定了国际标准 ISO 11620 所要求的数据提供。

2 标准文献的参考引用

下面提及的文献是本文件使用所必不可少的。标明日期的参考文献，仅仅应用被引用的版本；而没有标明日期的参考文献，则应引用最新的版本（包括任何增补文件）。

ISO 11620:1998，信息和文献——图书馆绩效指标

ISO 11620:1998/Amd.1:2003，信息和文献——图书馆绩效指标—补充本 1：增订图书馆绩效指标

ISO/TR 20983:2003，信息和文献——电子图书馆服务绩效指标

3 术语和定义

本文件中使用如下术语和定义。

3.1 图书馆

3.1.1 管理单位

任何独立的图书馆，或者图书馆团体，隶属于单一的主管或者管理部门

注释 1：术语"独立"一词并非指法律或者经济上的独立，这里仅指图书馆是可以识别的、能分离的单位，典型的情形是在一个更大的机构内一个独立的单位。

注释 2：具有代表性的是，该管理单位是一个包含有中心或主图书馆、分支图书馆和管理功能的组织机构。见 6.1.1 的例子。

3.1.2 分图书馆

一个更大的管理单位的一部分，具有单独的馆舍，为特定的用户群体（例如小孩，全体教员）或者限定的本地客户提供服务。

注释：研究所、系以及其他从属的图书馆均被包括在内，但是流动图书馆不包括在内。

3.1.3　中心图书馆(主图书馆)

通常指图书馆主要管理功能和馆藏与服务的重要部分所在的管理单位的一个或者几个组成部分。

注释:一个管理单位包括几个分支图书馆,并不必然包含一个中心图书馆。

3.1.4　外部服务点

为用户经常提供某一服务的远离图书馆的服务点。

注释1:这里包括某一地域内的这样一些场所:图书资料的储藏是为了给某一受到限制的用户群提供非正式的流通服务,但是不提供其他的图书馆服务。例如老人之家、社区中心、为医院病人提供的馆藏资料等,流动图书馆不包括在内。

注释2:流动图书馆停留的地方不能够算作外部服务点。

注释3:图书馆以外的、由一台简单的PC连接的场所(比如在一个学生的家里)不能够当作外部服务点。

3.1.5　图书馆

是一个组织机构或者某一组织机构的一部分,其主要目的是建设和维护其收藏以及促进这些信息资源与设施设备的使用,以满足其用户的信息、研究、教育、文化或者娱乐的需求。

注释1:这是对一个图书馆的基本要求,不排除相对于其主目的之外的偶然性的任何其他资源和服务。

注释2:在这里,一个图书馆有多种功能(例如:学校图书馆和公共图书馆),通常,它或者确定其主要功能,或者在极端情形下划分其功能并报告相应的数据。

3.1.6　高等教育机构图书馆

主要职能是为大学或者其他高等教育及高等教育水平以上(包括第三水平)的教育机构的学生、学术和专业人员提供服务的图书馆。

注释:它也可能为普通大众服务。

3.1.7　流动图书馆

流动图书馆,作为去固定图书馆的一种替代方式,是利用运输工具并配备有设备而为用户直接提供文献和服务的图书馆,有时它是公共图书馆的一个部门。

注释:改编自ISO 5127:2001,定义3.2.16。

3.1.8　国家图书馆

负责为所在国家获取和保存所有相关文献复本的图书馆,它可能承担一个法定的保存图书馆功能。

注释1:改编自ISO 5127:2001,定义3.2.02。

注释2:一个国家图书馆正常情况下也会承担全部或者部分如下功能:

——编制国家的参考书目;

——拥有并更新大量的、具有代表性的外国文学收藏(包括该国的文件档案);

——是国家参考书目信息中心;

——编辑联合目录;

——监督其他图书馆的管理和/或促进合作;

——协调研究和发展服务。

注释3:"国家图书馆"的定义允许一个国家有一个以上的国家图书馆。

3.1.9　公共图书馆

为某一地方或者地区的社区内所有人口提供服务的普通图书馆,常常由公共基金提供部分或者全部运作资金。

注释1:改编自ISO 5127:2001,定义3.2.15。

注释 2:公共图书馆可能的服务对象是普通大众或者某一特定用户群体,比如小孩,视力损伤的人,医院的病人或者服刑人员。其基本服务是免费的或者提供补贴费用。本定义包括公共图书馆组织为学校提供的服务,以及一个地区组织在区域内提供给公共图书馆的服务。

3.1.10 学校图书馆

附属于高等教育水平以下的各类学校,其主要功能是为校内的学生和老师提供服务的图书馆。

注释 1:学校图书馆也可能为普通大众服务。

注释 2:包括所有高等教育水平以下的所有教育机构(这些机构可能被称之为"学院"、"继续教育学院""职业学院")的图书馆和资源收藏。

3.1.11 专业图书馆

涵盖某一学科、特定的知识领域或者是某一特殊地区权益的独立图书馆。

注释 1:术语专业图书馆包括主要为特殊用户类别服务的图书馆、或者主要是收藏某一特殊文献形式的图书馆,或者由某组织机构设立的为其工作相关领域服务的图书馆。

注释 2:专业图书馆的统计通常单独收集和呈示给这些在 3.1.11.1 至 3.1.11.7 中定义的领域内的机构(因资助机构而异)。

3.1.11.1 政府图书馆

为任何政府服务机构、部门、办事处或者议会服务的图书馆,包括国际的、国家的和地方政府机构组织。

3.1.11.2 健康服务图书馆(医学图书馆)

无论是私人还是公共部门、为医院或者其他任何地方的健康服务专业人员提供服务的图书馆。

注释:医药公司图书馆通常归于 3.1.11.4 款目。

3.1.11.3 行业的学术研究机构和行业协会图书馆

由专业的或者贸易协会、学术团体、贸易联盟和其他类似机构主办的图书馆,其主要目的是为从事某一特定贸易或行业的成员和从业者提供服务。

3.1.11.4 工商图书馆

任何工业企业或者商业公司内部的图书馆,由其上级机构主办,以满足本单位职工的信息需要。

注释:工商图书馆包括信息和管理咨询业、制造业和服务业主办的图书馆,以及商业法律事务所图书馆。

3.1.11.5 媒体图书馆

为包括报社、出版社、广播、电影和电视等媒体和出版商及组织机构提供服务的图书馆。

3.1.11.6 区域图书馆

为某一特定地区服务的大图书馆,它们的主要功能不履行公共图书馆、学校图书馆或者学术图书馆的职能,也不是国家图书馆网络的一部分。

3.1.11.7 其他专业图书馆

任何难以归入上类的图书馆,例如:志愿者组织、博物馆、宗教机构等内部的图书馆。

3.1.12 保存图书馆(存储图书馆)

其主要功能是用以存储来自其他管理单位的利用率低的文献资料的图书馆。

注释 1:保存图书馆或存储图书馆是另一图书馆一部分或由另一图书馆管理的(如国家或地区图书馆),不包括在内。

注释 2:图书馆如其馆藏仍保留了要存储的那些图书馆的财产的,不包括在内。其馆藏和馆藏利用计入其专有图书馆。

3.2 馆藏

3.2.1 摘要和索引数据库

文献参考分析和呈现的集合,在一个连续的基础上,期刊和/或其他文献,通常与某一共同的学科或者是地理区域相关。

注释:这里包括电子文献参考和索引工具,当其以印刷形式出现时,将被算作连续出版物。主要由全文组成的数据库不包括在内。

3.2.2 使用权利

获取或使用图书馆馆藏的权利。

注释:对于电子馆藏而言,这意味着图书馆需要依据法律、许可授权或者其他契约和/或合作协议,为其用户提供或永久或即时的安全使用权利。

3.2.3 增加的采访

统计报告期间新增的文献资料或名目。

注释:增加的收藏可以通过例如购买、许可授权、依法保存、数字化、捐赠或者交换而获得。

3.2.4 视听资料

以声音和(或)图片为主,并且需要借助特殊的设备才能够看见和(或)听见的文献资料。

注释 1:改编自 ISO 5127:2001,定义 2.1.19。

注释 2:其中,语音资料包括:唱片、录像带、盒式磁带、语音压缩磁盘、光碟(DVD)、数码语音记录文件等;影视资料包括:幻灯片、透明幻影,以及视听混合型资料,如:电影、录像等。微缩资料不包括在内。

注释 3:网络视听资料的利用依据附录 A 的规定进行统计。

3.2.5 图书

非连续性的、以古抄本的页码形式印刷而成的文献资料 。

3.2.6 地图文献

可以定位于一定的时间和空间的物理事物或抽象现象的、在规模上缩小了的传统表现手法。

注释 1:改编 自 ISO 5127:2001,定义 2.2.1.28。

注释 2:包括二维和三维地图、地球仪、规划图、地形模型、触觉地图以及航空表现手法,但是不包括抄本、微缩资料、视听资料和电子形式的地图集和地图文献。

3.2.7 只读式压缩光盘(CD-ROM)

利用激光技术制作、包含有文本和/或者多媒体格式数据的、基于计算机的信息存取媒介。

注释:只读式压缩光盘根据其内容分别计入数据库、数字文档,或电子期刊中。

3.2.8 计算机文件

数据或软件程序,如:计算机游戏,语言课程和其他应用软件,提供用户外借或只在馆内使用的计算机可读光盘、磁盘或其他存储媒介

注释:改编自 ANSI/NISO Z39.7-2004。

3.2.9 内容单元

已出版的著作唯有通过计算机处理方可辨识的文本或视听单元,这些已出版的著作可能是其他已出版作品的原著或者是其简易本。

注释 1:改编自 COUNTER 实用代码中的款目,Release 2:2004。

注释 2:描述性记录不包括在内。

注释 3:相同内容单元的 PDF、Postscript、HTML 和其他格式将被计入单独的款目。

3.2.10　数据库

电子形式储存的描述性记录或者内容单元的集合(包括事实、全文、图片和声音),并带有统一的用户界面和检索与处理数据的软件。

注释 1:内容单元和记录通常根据某一特定目的并且关联某一特定的主题而收集组织成一个集合。数据库可能通过光盘、磁盘或者其他直接存取方式发行,或者作为一个计算机文件通过拨号或者通过互联网来获取。

注释 2:授权的数据库要进行单独统计,即使通过同一界面能够读取几个授权的数据库。

注释 3:由统一的界面提供通常由出版商提供的电子期刊或数字文档的,也算作是数据库。另外,单一的电子期刊或是数字文档需要各归入电子期刊或数字文档中计算。

注释 4:数据库的进一步细分见 B.2.1.7。

3.2.11　描述性记录

由计算机处理的书目或其他标准格式的单个记录,表明出处并/或描述文献在任何物理形式或是某一内容单元中。

注释 1:描述性记录的一个集合通常以一个数据库的形式发布。

注释 2:记录包括的元素有:题名、作者、主题、摘要、原始日期,等等。

3.2.12　数字文档

带有特定内容的信息单元,经由图书馆数字化或是通过采购得来的,以数字形式存在于图书馆馆藏的部分。

注释 1:其中,包括电子图书、电子专利、网络视听资料和其他的数字化文件,例如:报告、图形文档、音乐文档和预印文档等。数据库和电子期刊不包括在内。

注释 2:合并在数据库中的项目包含在 3.2.10 中。

注释 3:一个数字文档可能构成一个或者多个文件。

注释 4:一个数字文档包含一个或多个内容单元。

3.2.13　文档

记录的信息或者素材对象,在文件处理中可以作为一个单元来看待。

[ISO 5127:2001,定义 1.2.02]。

注释:文档可能因其物理形式和特征而存在差异。

3.2.14　数字多功能光盘(DVD)

具有同样大小的一种光学存储介质的压缩盘,但其拥有巨大的存储容量。

3.2.15　电子图书(eBook)

授权或者没有授权的数字化文档,其中可搜查的文本是连贯的,并且看起来与印刷书籍(专著)一样。

注释 1:无论什么情况下,电子图书的利用需要依赖专用的设备和(或)一个专用的阅读器或是浏览软件。

注释 2:电子图书可供读者借阅,或者下载到便携式设备上(电子图书阅读器),或者将电子图书的内容存入用户的 PC 中,许可保留有限的一段时间。

注释 3:电子格式的博士学位论文也包括在内。

注释 4:由图书馆自己进行数字化的文档包括在内。

3.2.16　电子收藏

图书馆馆藏中所有以电子形式存在的资源。

注释：电子收藏包括数据库、电子期刊，数字化文档和计算机文件。经由图书馆进行了编目、并纳入到其在线目录或是数据库中的免费网络资源需单独统计（见6.2.16）。

3.2.17　电子期刊

仅仅以电子形式出版或者以电子和另外一种格式出版的期刊。

注释1：包括本地拥有的期刊和已经获得使用权的、至少有一定的使用期的远程期刊。

注释2：由图书馆自己进行数字化的期刊包括在内。

注释3：开放获取的杂志被视作免费网络资源（参见3.2.18）

3.2.18　免费网络资源

没有限制获取的网络资源。

3.2.19　全文数据库

原始的文本（专著、报告、杂志论文等），印刷型的音乐、图形图像文档的数字集合。

注释1：专利和电子连续出版物不包括在内。

注释2：包含有纯文本、移动图像、声音和其他内容的混合型数据库也应该计算为全文数据库。

3.2.20　政府文件

由政府支付费用而出版的文件，或者通过法律或是国际组织机构（如联合国、欧盟和国际教科文组织UNESCO）要求出版的文件。

注释：专利见3.2.32。其他政府文件依据其格式进行统计（参见B.3.3.）。

3.2.21　绘图文献

以绘画表述为主要特征的印刷型文献。

注释：图形文件是绘画形式的而不是文字的、音乐的或者地图的形式。包括艺术印刷、艺术原创、艺术再现、照片、海报、研究印刷品、技巧绘画等，但是，抄本形式、微缩形式以及视听和电子形式的图片图形不包括在内。

3.2.22　图书馆馆藏

图书馆为其用户提供的所有文献资料。

注释1：包括本地拥有的文献资料和已经购买了永久或即时使用权的远程资源。

注释2：使用权可以是图书馆本身购买的，或者是图书馆联盟和/或通过外部资助获得的。

注释3：获得要理解为有目的地选择文献资料、确保具有使用权并纳入图书馆的在线书目或其他数据库中。馆际互借和文献传递不包括在内。

注释4：不包括对网络资源的链接，因为图书馆没有通过合法的协议、取得授权或者通过其他合约形式并且/或是合作协议来确保其具有使用权（例如合法的存储权）。经由图书馆进行了编目、并纳入到其在线目录或是数据库中的免费网络资源需分别统计（见6.2.16）。

3.2.23　手稿

手写或者打印稿的原始文献。

注释：装订成册和以其他形式为单元（片断、卷、亲笔签名等）的手稿分别统计。

3.2.24　缩微资料

使用时需要放大的影像文献。

注释1：改编自ISO 5127：2001，定义2.3.3.12。

注释2：缩影胶片和缩微胶卷包括在内。

注释3：幻灯片和其相似的文献当作视听资料计算。

3.2.25　专著

在一册中完成或者在有限的几册中完成或打算完成的印刷形式或非印刷形式的出版物。

[ISO 5127:2001,定义 2.4.02]

3.2.26　系列专著(丛书)

通过一个共同题名而与其他专著相联系的许多专著

[ISO 9707:1991]

3.2.27　多媒体文献

由不同的信息媒介——文本、图表、图片、录像、声音等组合而成,提供交互利用的数字化形式的文献。

注释:多媒体文献根据其主要特征和目的进行统计,例如,看作是一个数据库、一个电子连续出版物或者一个数字文档。

3.2.28　报纸

包含特殊人群或普通大众关注的当前事件新闻的连续出版物,其中每期按照年代顺序或者数字顺序进行排序,并且通常一周最少发行一期。

注释:电子报纸包括在内。

3.2.29　其他数据库

包含描述性的信息或者数字数据的数据库,常常用来查询特定的信息,例如:目录、百科辞典、字典、统计表、统计图和(或)科学公式集合。

3.2.30　其他数字文献

除了电子图书、网络视听资料和电子专利外的数字化文献,例如:电子格式的报告、预印刷文献、绘图或者音乐资料等。

3.2.31　其他图书馆文献

除了书籍、连续出版物、手稿、印刷型音乐资料、微缩资料、绘图资料、视听资料、图表绘图文献、本国际标准另行规定的专利之外的其他非电子形式的文献。

注释:包括透视画和其他三维资料、游戏、玩具等,盲文文献算作印刷型文献。

3.2.32　专利

政府文件,即授权发明人对其专利及相关的文献一并拥有唯一的使用权或许可权。

3.2.33　期刊

在相同题名下定期或过一段时间不定期出版的连续出版物,其中每一期进行连续编号或者标明日期。

注释 1:改编自 ISO 9707:1991,定义 2.32。

注释 2:协会的系列报告、会报、常规的会议论文和年鉴被包括在内,但是,报纸和丛书不包括在内。

注释 3:电子期刊包括在内。

3.2.34　物理单元

物理上连贯的文献单元,包括任何形式的保护物,能够相对其他文献单元而自由挪动。

注释 1:可以通过装订或者装外套的形式使其更加连贯。

注释 2:印刷型文献常常用"册"这个术语作为其物理单元。

3.2.35　印刷型音乐文献

基本内容是表述音乐的文献,常常以音符的形式出现。

注释:印刷型音乐文献可以以单页或者抄本的形式存在。

3.2.36　连续出版物

以印刷或者非印刷形式连续出版，通常有数字的或年代的编号，并打算长期继续发行而不论其周期长短的文献。

注释1：改编自ISO 5127：2001，定义2.4.06。

注释2：丛书不包括在内，而应该归入书籍类。

注释3：本国际标准中，连续出版物可以细分为报纸和期刊两大类，每一类又可以根据格式分为电子连续出版物和非电子连续出版物。

3.2.37　库存

本地拥有的某一特定类型（例如：图书和连续出版物、缩微资料、电子连续出版物）的文献或是已经获得使用权的、至少有一定的使用期的远程资源。

注释：报告期间结束时进行测算。

3.2.38　标题

位于文献首要位置、用以鉴别该文献并常常用来与其他文献相区别的词语。

[ISO 5127：2001，定义4.2.1.4.0.1]

注释：为了估算，每一个文献都用与众不同的标题进行描述，无论文献是以一个还是几个物理单元发行，也不论图书馆有多少该文献的复本数。

[ISO 11620：1998/Amd.1：2003]

3.2.39　册

印刷型文献的物理单元，它是由一定数量的书页覆以封面构成的一个整体或者一套文献中的一部分。

注释：改编自ISO 5127：2001，定义2.3.01。

3.2.40　剔除

报告期间，文献或项目从馆藏中剔除。

注释：剔除可以通过丢弃、转让，或者是在电子资源通过删除文件或者剔除许可授权的情形下实现。

3.3　图书馆利用和用户

3.3.1　活跃的借阅者

报告期间至少借阅了一份资料的注册用户。

3.3.2　活跃的用户

报告期间访问过或者使用过图书馆设备设施或接受过服务的注册用户。

注释：这里包括馆内外利用过电子图书馆服务的用户。

3.3.3　内容下载

对某一数据库、电子连续出版物或是数字文献的请求获得成功的内容单元。

3.3.4　下载

成功获得某一描述性纪录或内容单元，例如，得到了显示、打印、保存，或是电子邮件。

注释：对网络服务器日志得成功请求是一些带有特定返回的代码，如同NCSA（National Center for Supercomputing Applications）所定义的。

3.3.5　电子文献传递（借助中介的）

通过图书馆职员将文献或文献的一部分从馆藏中以电子方式传递给用户而无需通过另一个图书馆。

注释1：包括文献对服务人口成员的电子递送，传真递送的不包括在内。

注释 2:可以分为对用户收费递送和免费递送。

注释 3:不通过图书馆职员、用户从图书馆电子馆藏中下载的,不包括在内。

注释 4:本国际标准定义的借出和传递服务形式,详见表 1。

表 1　外借和传递的服务形式

<table>
<tr><td rowspan="4">传递形式</td><td colspan="3">供应者</td></tr>
<tr><td colspan="2">图书馆</td><td>资料供应者</td></tr>
<tr><td colspan="3">接受者</td></tr>
<tr><td>用户</td><td>其他图书馆</td><td>用户(通过图书馆)</td></tr>
<tr><td>原始文献</td><td>借阅</td><td>ILL</td><td>EDS</td></tr>
<tr><td>打印复本</td><td>借阅</td><td>ILL</td><td>EDS</td></tr>
<tr><td>电子格式</td><td>EDD</td><td>EDD</td><td>EDS</td></tr>
<tr><td colspan="4">ILL(Interlibrary lending):馆际互借;
EDD(Electronic document delivery[mediated]):(借助中介的)电子文献传递;
EDS(External document supply):外来文献供给。</td></tr>
</table>

3.3.6　电子服务

由本地服务器提供的或是通过网络获取的电子图书馆服务。

注释:电子图书馆服务包括在线书目、图书馆网站、电子馆藏、(借助中介的)电子文献传递、电子参考咨询服务、基于电子服务的用户培训、通过图书馆提供的因特网使用权。

3.3.7　外来文献供给

通过图书馆正在参与交易和(或)付款的非图书馆供应商,从图书馆馆藏之外(不通过馆际互借)获取的印刷型或者电子形式文献或文献的一部分。

注释 1:这与许多单独交易是否每次查看都要付费或是一定数量的交易已经预付费无关。

注释 2:本国际标准的外借和传递服务定义见表 1。

3.3.8　外部用户

不属于图书馆服务目标人群的图书馆用户。

3.3.9　信息请求

通过图书馆员工而接触到的包含一个或者多个信息资源(诸如印刷和非印刷资料、机器可读数据库、图书馆本身或者其他机构的目录)的知识或利用的信息。

注释 1:改编自 ANSI/NISO Z39.7-2004。

注释 2:信息请求也可以包括这些资源利用的推荐、说明和指导。

注释 3:一次信息请求可以同时解决几个问题。

注释 4:信息请求可以亲自上门表达,也可以通过利用电话、常规邮件、传真或电子媒介(电子邮件、图书馆网站或其他的网络交流机制)等手段来传达。

注释 5:重要的是这里不包括图书馆的指导性和行政管理要求,例如员工的岗位安排、设施安置、图书馆的开放时间,以及读者用打印机和计算机终端等设备的安置)。

注释 6:如果是为了查找已经通过书目证实了的库存,其请求也不包含在内。

3.3.10　馆内利用

用户从开放书架上拿下文献在馆内使用。

注释:馆内利用包括用户为了简要了解文献内容而在书架中浏览文献,但是不包括为了选择文献而扫视文献的标题。

3.3.11　馆际互借

从不属于同一管理单位的其他图书馆借阅文献原件或者传送文献的复印件的全部或部分

内容。

注释 1:有中介人参与的电子形式的文献传送应归于电子文献传递。

注释 2:本国际标准的外借和传递服务见表 1。

3.3.12　互联网登录

用户在图书馆内利用图书馆提供的工作站或是用户自己的个人电脑通过图书馆的网络而进行的互联网访问。

注释 1:互联网登录只有当用户在访问互联网时已经注册或者得到授权时才能够计算在内。

注释 2:通过用户的个人电脑(如手提电脑或掌上宝)在图书馆内部访问互联网的,需要计算并分开报道。

3.3.13　图书馆网站

包含有图书馆发布的网页集合的唯一互联网域,以提供对图书馆服务和资源的获取。

注释 1:网站的网页通常利用超文本链接而相互连接。

注释 2:不包括满足电子收藏定义的文献和从图书馆网站可以链接到的免费网络资源。

注释 3:不包括在图书馆范围内由其他组织机构运营的网络服务。

3.3.14　借阅

所谓借阅是指非电子形式的文献(例如图书)和以物理载体（如光盘)或者其他设备（如电子图书阅读器）储存的电子文献的直接借出和传递事务,或者将电子文献传送给一个用户在限定的时间内使用(如电子图书)。

注释 1:借阅包括用户主动续借,也包括在图书馆内的登记借阅(现场借阅),续借要分开统计。

注释 2:借阅包括图书馆工作人员为用户提供的原始文献的复印件(包括传真)和电子文献的打印件。

注释 3:包括远距离用户借阅物理文献。

注释 4:许可没有使用期限、由图书馆员工参与借助中介的文献的电子传送应该统计为电子文献传递,这包括对服务人群成员的传递。

注释 5:本国际标准关于外借和传递服务的定义见表 1。

3.3.15　在线目录(Online Catalogue)

通常指某一特定的图书馆或者图书馆体系描述其馆藏的目录数据库。

3.3.16　现场借阅

多数情况下是在闭架不外借的阅读区内以利用为前提的文献传递。

3.3.17　即席的 IT 培训

应用户的即席请求并通常是用户在利用中当场发现了问题而由图书馆员工进行的未经准备的关于信息技术利用的用户培训。

注释:改编自 ANSI/NISO Z39.7 - 2004。

3.3.18　服务人群

图书馆建立之目的即欲为其提供服务和文献资料的个体成员的集合。

注释 1:改编自 ISO 11620:1998,定义 3.18。

注释 2:对于公共图书馆而言,被服务人群往往是合法服务范围内的人群;对于高等教育机构的图书馆而言,被服务人群往往是全体教职员工和学生。

3.3.19　下载的记录

对数据库或者在线目录成功请求的描述性纪录。

3.3.20　注册用户

为了在某图书馆内或者远离图书馆时使用图书馆的馆藏和/或服务而在该图书馆注册的

个人或者组织。

注释:用户可以根据要求进行注册或者在加入某机构时自动注册。

3.3.21 被拒登录(不许进入)

由于超过同步用户数限制而导致对数据库或者在线目录的请求失败。

注释:由于密码错误导致的请求失败不包括在内。

3.3.22 续借

用户提出的文献借期的有效延长。

注释:用户无需亲自操作而通过图书馆系统产生的自动续借不包括在内。

3.3.23 预约

用户请求获得图书馆馆藏的或正在采访过程中的某一文献,但是当时该文献尚不可获取,为此采取的行为称为预约。

3.3.24 检索

特定的智能查询,典型表现是等同于对数据库或者在线目录的服务器提交一个检索式。

注释1:改编自COUNTER实用编码,Release 2,2004。

注释2:每一次检索(查询)请求提交给服务器时就会被记录下来算作一次检索(查询)。

注释3:当场重复的反复检索,两次点击,或者其他证据表明是用户无心的失误造成的检索行为,应该被排除在统计之外。

3.3.25 登录

对某一数据库或在线目录的成功请求。

注释1:一次登录即是用户活动的一次循环,通常开始于用户对某一数据库或在线目录的连接并结束于明确的(通过退出而断开与数据库的连接)或是不明确的(由于用户不活动而超时断开)在数据库中活动的终止。一般平均超时期限为30分钟。如果采用的是另外的时间期限,需要特别报告。

注释2:对图书馆网站的登录按照虚拟访问计算。

注释3:对常用入口或门户网页的请求应该被排除在统计之外。

注释4:如果可能的话,通过搜索引擎的请求应该被排除在统计之外。

3.3.26 登录时间

一次登录所花费的时间。

注释:这通常是指从登录到明确或不明确退出数据库或在线目录之间的时间长度。

3.3.27 用户

图书馆服务的接受者。

[ISO 11620:1998,定义3.24]

注释:接受者可以是个人也可以是一个组织机构,包括图书馆本身。

3.3.28 用户培训

培训项目的设立有特定的课程计划,其主要目的是让用户获得利用图书馆及其服务的特定学习成果。

注释1:用户培训可以是一次图书馆参观、图书馆教学,或者是一次基于网络的用户服务。

注释2:课时长短无关紧要。

3.3.29 虚拟访问

图书馆外的用户对图书馆网站的请求,而不论其浏览的网页或元素的数量。

注释1:一个网站访问者,或许是一个独特而确定的网上浏览者项目,或是一个从图书馆网站访问过网页的确定的IP地址。

注释 2:两次连续的请求时间间隔通常不超过超时时限 30 分钟,如果它们被统计为同一次虚拟访问的话。超过 30 分钟时间间隔的访问看作是一次新的访问。

注释 3:网络服务器提供的服务统计在另外一个站点被报告时,应该不计在图书馆网站的统计数据中。

3.3.30 到馆访问

以用户(个体)进入图书馆建筑内为前提的访问。

3.4 获取和设备

3.4.1 获取

接触和使用服务或设备的能力。

3.4.2 网络

通常指通过计算机服务器而彼此连接的几个工作站,并且工作站之间可以共享信息资源和服务。

3.4.3 开放时间

常规的一周中图书馆给用户提供主要服务(例如参考和借阅服务、阅读室)的小时数。

3.4.4 公共可用的工作站

图书馆拥有的联网的或独立的计算机工作站,包括放置在图书馆建筑外面的以及部分或全部由捐助者购买和/或维护的工作站。

注释:改编自 ANSI/NISO Z39.7-2004。

3.4.5 座位

无论是否有其他设备,图书馆提供给用户阅读和学习的座位。

注释:包括图书馆单独研究室、会议和学习室、视听室和儿童部的座位,但是大厅内的座位、为参加特别活动的观众而设立的演讲报告厅等之内的座位不包括在内。用户可以坐下的地板空间和类似的非正式座位的场所也不包括在内。

3.4.6 空间

分配给图书馆用以行使其职能的所有区域。

注释:图书馆空间用平方米来表达。

3.5 支出

3.5.1 资产支出

采购或者增加固定资产的支出。

注释:包括馆舍建筑场所费,新馆舍建设费,扩建费,新扩建馆舍的家具费、设备费,计算机系统(硬件和软件)费用等。如果有,地方和国家销售/购买税(如增值税、VAT)要包括在内。许可支出计入公开可获取的出版费用中(3.5.2)。

3.5.2 公开可获取的出版费用

由作者支付的在某些公开可获取的资源尤其是杂志上发表作品的费用。

3.5.3 运营经费(日常经费)

图书馆维持正常运转的支出。

注释:花在员工及经常被耗费和更新的资源上的费用(见 ISO 11620)。包括员工薪酬、租赁费、采购和授权费、装订费、计算机网络费用(运营和维护)、通讯费、馆舍维护费、现有家具和设施的维修或更换费用等,也可称为流动资金或再流动资金。如果有,地方和国家销售/购买税(如增值税,VAT)要包括在内。

3.5.4 专项拨款

为特定项目提供全额或部分资金、但不具备再流动资金特性的拨款。

3.6 图书馆员工

3.6.1 图书馆雇员

为图书馆工作而获取报酬的人。

3.6.2 职业教育

学生或受训者接受的有关图书馆事业和/或信息科学，或相关领域的正式培训，培训由图书馆、大多数情况下由图书馆学校或类似教育机构举办。

注释：培训资格的水平在不同国家各有所不同。

3.6.3 专业人员

接受过图书馆事业和/或信息科学培训并且其职责需要专业教育的图书馆雇员。

注释：培训可以通过正式教育获得，也可以通过在严格督导下由图书馆提供的具专业特性的业余培训课程来获得。

3.6.4 学科馆员

接受过除图书馆和信息学以外其他专业学科培训的图书馆雇员。

注释：培训可以通过正式教育获得，也可以通过在严格督导下由诸如会计、计算机、人事管理、图书装帧等专业部门提供的具专业特性的业余培训课程来获得。

3.6.5 其他职员

图书馆雇员中没有正式的图书馆学/信息科学或其他相关专业资格证书的所有其他人员。

注释：在这类人当中，保安和内勤人员，如清洁工、搬运工和导引员可以单独统计。

3.6.6 志愿者

为图书馆任务而工作但是无需支付薪酬的人员。

注释：志愿者可以接受微薄的补偿和津贴。

4 统计的用途、益处和局限性

4.1 背景

4.1.1 本国际标准定义和描述的统计数据可以用来评价和比较图书馆和信息服务。为了方便使用而采用“图书馆”一词，总的来说它应该涵盖信息服务。

4.1.2 图书馆统计由个体图书馆采集，并且应该总结为地区级、国家级和国际范围内所有图书馆或不同类型图书馆所用。个体图书馆利用统计往往是为了制定战略性计划、作决策和资金预算，而国家级层次上的统计则是需要总结和制定政策。

4.1.3 图书馆统计的目的可以概括如下：

——比照标准和相似组织机构的数据，监控运营结果；

——监控趋势随时间变化的情况和革新的结果；

——提供制订计划、作决策、提高服务质量的基础，并对其结果进行反馈；

——证实用户从图书馆获得的服务的价值，包括对未来用户的潜在价值；

——告知国家或地方机构行使其支持、资金拨款和监控作用；

——向政治人物和外部观众宣扬图书馆的作用。

4.1.4 尽管在学院图书馆、公共图书馆、学校图书馆和专业图书馆之间，以及在封闭获取、开放获取和远程获取之间，统计形式会有所变化，但是其目的是一致的。一般而言，这些统计的价值指向特定的问题和成就，并且量化其重要性，而不是为了提供特殊的回答或者解释。尽管统计本质上是历史的，仅能够在事件发生后提供信息，但是，未来的计划需要建立在可靠的统计基础上。

4.2 图书馆实践的发展

4.2.1 传统的图书馆统计注重图书馆的投入、拥有和经费，最近，已经扩展至注重产出、利用和可用性、成果和影响。

4.2.2 传统图书馆统计的收集跨越一个完整的报告周期，这无法满足图书馆的所有服务，诸如馆内利用或参考咨询问题等。因此，当那些数据不能够通过自动系统收集，或者跨越一个报告周期的数据收集太耗费时间，本国际标准允许采用取样方法。为了计算出一个可靠的取样范围，应该参考统计程序手册。

4.2.3 最近几年，对图书馆服务的质量和效果以及资源利用的效率进行评估和比较的开发，取得了重要进展。为此，图书馆界已经开发了一整套绩效指标。本国际标准规定了国际标准 ISO 11620 中绩效指标所需要的数据提供。

4.2.4 自从本国际标准首次出版以来，电子信息和设备以及远程利用图书馆服务得到了广泛发展。本国际标准定义了对所有电子图书馆服务及其利用的统计。在本国际标准的正文部分，为电子馆藏、电子文献传递、参考服务和培训课程阐述了数据收集程序。电子服务利用的统计描述成各种用户行为，诸如检索、下载，或虚拟访问等，都列在附件 A 中，提供了有关必需的收集程序的大多数挑战和更为实用的细节。

4.3 图书馆统计的选择

本国际标准认识到：图书馆的类型多种多样，所处背景环境不一样，服务于不同的用户群并具有一系列自身独特的特征（如结构、资金和管理等）。并非本国际标准中所列的全部统计数据都适用所有类型的图书馆，而且，还有很多其他的统计数据适用于个别图书馆。

本国际标准指出了哪些数据适用于国家级层次上不同类型的图书馆。有些数据是供选择使用的。这些在附件 B 中描述的数据（该附件中推荐了更为具体的统计类别），已经在国家级层次上由一些国家进行了收集。

5 统计数据的报告

5.1 概述

本国际标准所指的统计需要定期进行，比如每年一次。提供的信息要与定义第 3 款表达一致，并且，除非有其他的声明，应该符合本国际标准。每一个统计项目和活动应该是相互排斥的，也就是说，不归入一个以上的统计类别中（例如：图书或者电子文献；馆际互借、电子文献传递或外部文献供给)。

5.2 数据涉及的时间周期

跨越的时间周期应该清晰陈述。通常是一年。数据涉及的周期应该涵盖所提及的特定时段,而不是两次连续调查之间的间隔期。其中,所要求的总数,例如员工或者库存文献的总数,除特别声明外,往往是指报告周期结束时的数据。

5.3 取样估算的数据

统计是由取样调查推算出来而不是全部计数时,应该说明统计取样的方法。要注意取样的代表性,考虑到取样时间、地点和取样方法的选择,并且不要有偏见。还需要了解的是,即使取样具有很好的代表性,评估的程序也可能发生一些错误,这主要取决于取样的大小。可能的话,公布的数据中最好列出误差的范围。

6 统计数据的收集

6.1 图书馆

6.1.1 统计管理单位和图书馆数量

每一个图书馆都应该根据其主要功能而归入在 3.1 定义的类别中。

每一个实体都应提供如下统计:管理单位的总数及其中心图书馆/主图书馆、分馆和(或)移动图书馆的数量。下面举例说明。

例:某一公共图书馆除了中心图书馆外,还有 5 个分馆和 2 个移动图书馆,它由如下几部分构成:

——管理单位: 1
——中心/主图书馆: 1
——分馆: 5
——移动图书馆: 2
——图书馆总数: 8

6.1.2 图书馆类型的统计

6.1.2.1 国家图书馆

统计以下各项:

a) 管理单位数量;

b) 图书馆数量:

——中心/主图书馆数量

——分馆数量

——移动图书馆数量

c) 外部服务点数量;

d) (报告期间开始阶段的)国家人口。

6.1.2.2 高等教育机构图书馆

统计以下各项：

a）管理单位数量；

b）图书馆数量：

——中心/主图书馆数量

——分馆数量

——移动图书馆数量

c）外部服务点数量；

d）能使用服务的学生（大学生和研究生）和教职员工总人数，包括全职或兼职的；

e）能使用服务的等同全职（FTE，full-time equivalent）的学生（大学生和研究生）和教职员工总数。

6.1.2.3　专业图书馆

统计以下各项：

a）管理单位数量，报告时按照类型，推荐进行如下分类：

——政府（包括办事处和国际组织）

——健康服务/医学

——专业的或者学术机构和学会

——工商业

——媒体

——地区

——其他（包括志愿组织）

b）以上各领域图书馆的数量。

6.1.2.4　公共图书馆

统计以下各项：

a）管理单位的数量，报告时按照服务人群的大小，推荐进行如下分类：

——小于3000

——3001至5000

——5001至10000

——10001至50000

——50001至100000

——100001至500000

——大于500000

注释：那些主要由政府权威部门资助的和主要由私人资助的公共图书馆之间可能存在明显差异。

b）图书馆数量：

——中心/主图书馆数量

——分馆数量

——移动图书馆数量

c）外部服务点数量；

d）在一个地方社区或者群体中接受服务的人口总数（报告期间开始时的人口）。

注释：这里通常指法定服务区域的人口。

6.1.2.5　学校图书馆

统计以下各项：

a）管理单位的数量，报告时，根据服务学生的数量，推荐进行如下分类：

——小于200

——201至500

——501至1000

——多于1000

b）以上各人数区间图书馆的数量；

c）学校图书馆服务的学生和教师总数。

6.1.2.6　保存图书馆（存储图书馆）

统计以下各项：

a）管理单位数量；

b）图书馆数量。

6.2　馆藏

6.2.1　简介

类别的进一步细分在条款6.2.2至6.2.16，参见附件B。

6.2.2　（印刷型的）图书和连续出版物

6.2.2.1　库存

需要统计以下各项：

a）全部库存的物理单元的数量；

b）开架区物理单元的数量；

c）全部库存中的种类数量。

注释1：当统计物理单元行不通时，一个替代的估算方法是库存所占的书架的长度（见6.4.7.4）。这种空间估测方法也可以用于估算物理单元的数量。

装订的期刊应该被看做一个物理单元。没有装订的期刊和报纸也应该按照其将要装订的物理单元进行统计。通常一册包括一个年度的所有发行量。页码松散的装订物应该视为一个物理单元。

注释2：如果图书馆要求，图书和连续出版物可以分别统计。

注释3：图书可以包含附属物，如CD－ROM，磁盘，幻灯片等。这些附属物不必分别统计。

6.2.2.2　增加

应该统计以下各项：

a）增加到总库存的物理单元的数量；

注释：作为替代，可以计算增加的书架长度（米数）。

b）增加的种类数量。

注释：这通常等同于新增加完整目录的纪录数。

6.2.2.3　剔除

应该计算剔除的物理单元数量。

注释：作为替代，可以计算剔除的库存所占的书架长度（米数）。

6.2.3　手稿

6.2.3.1　库存

应该统计以下各项：

a）全部手稿收藏占有的书架长度数量；

b）物理单元数量。

注释：装订成册和其他单元（片断、卷、签名册等）可以分别统计。

6.2.3.2　增加

应该统计以下各项：

a）增加的手稿收藏占有的书架长度数量；

b）增加的物理单元数量。

6.2.3.3　剔除

应该统计剔除的物理单元数量。

6.2.4　微缩资料

6.2.4.1　库存

应该统计物理单元的数量。

统计微缩胶片单张和卷的数量。

6.2.4.2　增加

应该统计增加的物理单元数量。

6.2.4.3　剔除

应该统计剔除的物理单元数量。

6.2.5　地图文献

6.2.5.1　库存

应该统计物理单元的数量。

6.2.5.2　增加

应该统计增加的物理单元数量。

6.2.5.3　剔除

应该统计剔除的物理单元数量。

6.2.6　印刷型音乐文献

6.2.6.1　库存

应该统计以下各项：

a）全部库存的物理单元的数量；

b）正常状况下置于开架区的物理单元的数量；

c）全部库存中的种类数量。

装订在一起的音乐收藏应该当作物理单元来统计。没有装订的音乐资料应该将其视为装订后的物理单元进行统计。可以的话，有独立包装的箱盒或者文件夹的，也需要统计。

例如：成套的室内音乐和管弦乐分部通常按套统计，而不是单独统计。

6.2.6.2　增加

应该统计以下各项：

a）增加的物理单元的数量；

b）增加的种类数量。

注释:这通常等同于新增加完整目录的纪录数。

6.2.6.3　剔除

应该统计剔除的物理单元的数量。

6.2.7　视听资料

6.2.7.1　库存

应该统计馆藏中的视听资料数量:

——模拟载体上的(物理单元);

——数字载体上的(物理单元);

——网络的或者安装在单机上的(种数)。

根据类型可以进一步细分:

——声音的:乐曲;

——声音的:有声读物;

——可视的;

——视听混合的。

如果难以细分,那么应该提供总体数量,而不分其类型。

注释:物理单元常常是指 CD 包、盒式录音带或者录像盒。

6.2.7.2　增加

统计增加的视听资料的数量:

——模拟载体上的(物理单元);

——数字载体上的(物理单元);

——网络的或者安装在单机上的(种数)。

根据类型可以进一步细分:

——声音的:乐曲;

——声音的:有声读物;

——可视的;

——视听混合的。

如果难以细分,那么应该提供总体数量,而不分其类型。

6.2.7.3　剔除

统计剔除的视听资料的数量:

——模拟载体上的(物理单元);

——数字载体上的(物理单元);

——网络的或者安装在单机上的(种数)。

6.2.8　绘图文献

6.2.8.1　库存

应该统计物理单元的数量。

6.2.8.2　增加

应该统计增加的物理单元数量。

6.2.8.3　剔除

应该统计剔除的物理单元数量。

6.2.9　专利

6.2.9.1　库存

统计图书馆馆藏中专利的数量：

——印刷或者缩微形式的专利；

——电子形式的专利。

6.2.9.2　增加

统计图书馆增加的专利的数量：

——印刷或者缩微形式；

——电子形式。

6.2.9.3　剔除

统计图书馆馆藏中剔除的专利的数量：

——印刷或者缩微形式；

——电子形式。

6.2.10　其他图书馆文献

6.2.10.1　库存

应该统计物理单元的数量。

当事物常常以成套、成盒的或者张数的形式保存、出版和使用时，计数的物理单元就按照已经处理的形态统计，例如，一盒或者一盘票、一页或者一本邮票、一本相片等等。这常常要与分类计量相符合。单独分类的项目应该计为单独的单元。

6.2.10.2　增加

应该统计增加的物理单元的数量。

6.2.10.3　剔除

应该统计剔除的物理单元数量。

6.2.11　电子图书

6.2.11.1　库存

应该统计电子收藏中电子图书种类的数量。

注释：种数可能会高于订购数量，因为同一本电子图书中可能包括几种图书，而且电子图书的采访途径可以通过购买、捐赠或是法定的保存权利来获得。

6.2.11.2　增加

应该统计以下各项：

a）通过购买而增加的电子图书（种数）；

b）通过图书馆进行数字化而增加的电子图书（种数）。

6.2.11.3　剔除

统计剔除的电子图书（种数）。

6.2.12　计算机文献

6.2.12.1　库存

应该统计物理载体（计算机磁盘、磁带和其他储存介质）的数量。

6.2.12.2　增加

统计增加的物理载体的数量。

6.2.12.3 剔除

统计剔除的物理载体的数量。

6.2.13 其他数字文献

6.2.13.1 库存

统计图书馆馆藏中其他数字文献的数量：

——在物理载体上(物理单元)；

——在网络或者单机工作站上安装的(种类)。

注释：物理载体通常可以借阅或在图书馆的单机工作站上使用。

6.2.13.2 增加

统计增加的其他数字文档的数量：

——在物理载体上的(物理单元)；

——在网络或者单机工作站上安装的(种类)。

6.2.13.3 剔除

统计剔除的其他数字文档数量：

——在物理载体上的(物理单元)；

——在网络或者单机工作站上安装的(种类)。

6.2.14 数据库

6.2.14.1 库存

统计图书馆馆藏中数据库数量：

——在物理载体上的(物理单元)；

——在网络或者单机工作站上安装的(种类)；

——在其他服务器上图书馆已经购买了使用权的(种数)。

注释：作为参考文献数据库而购买并已付款的图书馆目录库，也在这里统计。

6.2.13.2 增加

统计增加的数据库数量；

——在物理载体上的(物理单元)；

——在网络或者单机工作站上安装的(种类)；

——在其他服务器上图书馆已经购买了使用权的(种数)。

注释：如果可能，增加到(并且已修改)本地拥有的数据库中的描述性纪录或内容单元也可以报告。

6.2.14.3 剔除

统计剔除的数据库数量：

——在物理载体上(物理单元)；

——在网络或者单机工作站上安装的(种类)；

——在其他服务器上图书馆已经购买了使用权的(种数)。

6.2.15 已收到的现刊现报(在报告截止时，包括印刷型、缩微型和电子型等所有格式)

6.2.15.1 印刷型或缩微型

应该统计如下各项：

a) 订购的现刊数量；

b）现刊的种数；

c）订购的现报数量；

d）现报的种数。

定期发布的报告和定期举办的会议论文集在此归入期刊中。丛书、其他不定期举办的会议报告和论文集分别归入图书和连续出版物(6.2.2)或者缩微资料(6.2.4)中。

注释:包括电子格式的报刊所附加的印刷许可权。

6.2.15.2 电子连续出版物

应该统计如下各项:

a）现刊的种数；

b）现报的种数。

注释1:包括本地拥有的种数和购买的远程使用权的种数。

注释2:包括印刷型报刊另外准许使用的电子版的种数。

注释3:包括图书馆联盟协议合约期附加授权使用或通用授权使用的种数。

注释4:包括那些只在某一时限才允许使用的杂志。这些杂志可以单独统计。

注释5:网络免费资源中的电子杂志,已经由图书馆编目并加入到在线目录或数据库中,需要统计并单独报道。(参见6.2.16。)

6.2.15.3 所有连续出版物

应该统计如下各项:

a）订购的现刊数量(包括所有格式)；

b）现刊的种数(包括所有格式)；

c）订购的现报数量(包括所有格式)；

d）现报的种数(包括所有格式)。

注释:重复订购数量可以依据a)和b)以及c)和d)之间的不同分开计算。

6.2.16 免费网络资源

图书馆链接的独特免费网络资源的数量(如数字文献、数据库、开放获取的杂志,等等),这些资源已经由图书馆编目并加入到在线目录或数据库中,但是图书馆并没有购买其使用权。

6.3 图书馆利用和用户

6.3.1 概述

电子图书馆服务的利用不包括电子文献传递(参见6.3.11.3),电子参考咨询服务(见6.3.8)和用户培训(见6.3.11.7)要和附件A规定的一致。

6.3.2 用户

应该统计如下各项:

a）注册用户数量(到报告截止时)；

b）新注册用户数量(在报告期间)；

c）活跃的借阅者数量；

d）活跃的用户数量。

注释1:如果在本单位注册后就自动在图书馆注册,那么注册用户就等于服务目标人群数。

注释2:活跃的用户数可以由两条途径获得:一是直接在进出口处计数;二是通过对服务人群抽样调查,或是通过对用户进行抽样,来确定要加入到上述c)中的比例。

注释3:也见B.2.2.1。

6.3.3 借阅(不包括馆际互借)

借阅依据以下类别进行统计:

a)允许用户借离图书馆的借阅数量(普通外借),包括:

——初始外借数量(不包括现场借阅);

——用户主动续借的数量;

——电子图书数量(使用在线电子图书阅读器);

——电子图书数量(仅仅将内容传递给用户)。

图书馆工作人员为读者提供的取代原始文献的复印文献(包括传真)以及电子文献的打印件应该分开计算。

注释1:短期借阅包括在内。

注释2:邮寄借给远方用户的也应该计算在内。

注释3:也见B.2.2.2。

b)现场借阅数量。

6.3.4 借阅的物理单元数量

统计某天普通外借和现场借阅的物理单元数量。

注释:可以用来统计在能够代表全年平均活动水平的某一特定时间的借阅量。

6.3.5 馆内利用

统计读者从开架外借区书架上取下在馆内利用的物理单元数量,包括在架浏览。可以采用下列方法中的任何一种进行统计:

——再上架时计数;

——观察研究;

——用户问卷调查表(研究前分发);

——采用图书识别技术,像无线频率识别(Radio frequence identification, RFID)。

应该报告使用方法。

年总量应该建立在抽样统计基础上。抽样应该在正常的一周或多周内进行,并进行合计(也见4.2.2)。

如果可能,现场借阅应该剔除(以免与6.3.3重复统计)。

6.3.6 馆内利用的物理单元数量

统计在特定的某一天内馆内利用的物理单元数量。

注释:可以用来统计在能够代表全年平均活动水平的某一特定时间的馆内利用量。

用某些统计方法计算的结果可能包括在图书馆内利用的普通借阅和现场借阅。应该扣除这部分以免同6.3.4重复计数。

6.3.7 保存本

统计用户利用的事务数量。

6.3.8 信息请求

统计信息请求的数量(也见B.2.2.3)。

统计通过电子媒介(通过电子邮件、图书馆网站或其他网络通信机制)传递给图书馆的信息请求数量。

重要的是,图书馆要排除指导性的或行政管理上的咨询请求数量(见3.3.9)。

年总量应该建立在抽样统计基础上。抽样应该在正常的一周或多周内进行,并进行合计(也见4.2.2)。

6.3.9 复制

6.3.9.1 图书馆的影印复制和微缩复制

统计图书馆为用户制作的代替原始文献的复制品数量(不包括在图书馆的自助复印机上复制的文献资料以及为馆际互借而准备的复制资料):

a) 影印复制的页数;

b) 微缩复制的物理单元数量;

c) 打印的文献页数。

注释:以电子形式复制的,在电子文献传递条款计算(见6.3.11.3)。

6.3.9.2 用户自助影印复制(非电子资源)

应该统计如下各项:

a) 用户在自助复制机上复制的资料页数(通常从机器上的计数器上获得);

b) 用户在图书馆的自助扫描仪上扫描的页数。

6.3.10 国内馆际互借

6.3.10.1 接收到其他图书馆发出的馆际互借请求

应该统计如下各项:

a) 接收到其他图书馆发出的请求总数;

b) 采用如下形式满足馆际互借请求的数量:

——提供的借阅数量(原始文献);

——代替原始文献以打印形式复制的文献数量。

如果难以细分,那么应该提供总体数量,而不分其类型。

6.3.10.2 向其他图书馆发出的馆际互借请求

应该统计如下各项:

a) 向其他图书馆发出的馆际互借请求总数;

b) 通过如下方式收到的馆际互借请求回复数量:

——收到的借阅文献数量(原始文献);

——代替原始文献以打印形式复制的文献数量。

如果难以细分,那么应该提供总体数量,而不分其类型。

6.3.11 国际间的馆际互借

6.3.11.1 接收到其他国家发出的馆际互借请求

应该统计如下各项:

a)接收到其他国家发出的借阅请求总数;

b) 通过如下方式满足馆际互借请求的数量:

——提供的借阅数量(原始文献);

——代替原始文献以打印形式复制的文献数量。

如果难以细分,那么应该提供总体数量,而不分其类型。

6.3.11.2 向其他国家发出的馆际互借请求

应该统计以下各项：

a）向其他国家发出的馆际互借请求的总数；

b）通过如下方式收到的满足馆际间借阅请求数量：

——收到的借阅文献数量（原始文献）；

——代替原始文献以打印形式复制的文献数量。

如果难以细分，那么应该提供总体数量，而不分其类型。

6.3.11.3　电子文献传递（借助中介的）

统计图书馆以电子形式传递的文献数量，包括：

——收费的；

——不收费的。

注释1：统计可以进一步细分为直接传送给终端用户和通过其他图书馆传递的数量。

注释2：用户浏览图书馆电子资源而直接下载的，不算作电子文献传递，而是依据附件A进行统计。

6.3.11.4　外来文献供给

统计以印刷或数字形式、自非图书馆供应商处获得的文献数量（也不是通过馆际互借获得），这种文献可能是交换得来或付款购买的，包括：

——印刷型的；

——电子型的。

6.3.11.5　图书馆组织的活动

应该统计如下各项：

a）展览的次数；

b）活动的次数（包括虚拟活动），活动应典型的包含有文学的、文化的或教育的意义。

注释：也见B.2.2.5。

6.3.11.6　到馆访问

统计一年度用户（个体）到图书馆访问的次数。可以通过下列方法之一来计算其进入或者退出的次数：

——十字转门计数；

——电子计数器；

——人工计数。

以上任何一种方法，尤其是人工计数，可以用于一次或多次抽样时间段，然后累计得出一个年度的估算值。应该报告所采用的方法。必要的地方，统计应该剔除图书馆员工进出图书馆的次数。

6.3.11.7　用户教育和培训

应该统计如下各项：

a）图书馆培训用户的总时数，培训内容包括图书馆馆藏、服务和设施的利用教育，或者是信息资源利用；

b）用户培训课程参加的人数；

c）图书馆举行的有关电子服务和信息技术的用户培训小时数；

d）参加电子服务用户培训课程的人数；

e）用户获得图书馆基于网络的培训服务的小时数。

注释 1:c)是 a)的一个细分;d)是 b)的一个细分。

注释 2:也见 B.2.2.4。

6.4 获取和设备

6.4.1 开放时间

统计正常一周内图书馆主要服务对读者开放的小时数:

a) 在中心/或主图书馆;

b) 在分图书馆(平均值)。

6.4.2 开放天数

统计报告期间主要服务对用户开放的天数:

a) 中心/主图书馆;

b) 分图书馆(平均值)。

6.4.3 座位

统计报告截止时图书馆提供给用户的可用座位数。

统计用户能够将其计算机与图书馆网络相连的座位数。

6.4.4 公共可用的工作站

应该统计如下各项:

a) 图书馆提供给用户有效使用的计算机工作站数量:

——联网的工作站数量

——能够与互联网相连的工作站数量。

b) 公用的打印机数量;

c) 公用的扫描仪数量;

d) 公用的电子图书阅读器数量;

e) 仅对工作人员开放的计算机工作站数量。

注释 1:图书馆计算机工作站总数等于 a)和 e) 之和。a)的每个工作站可以细分到几个类目中。

注释 2:用户能够将其计算机与图书馆网络相连的座位数在 6.4.3 中统计。

6.4.5 编目记录

应该统计如下各项:

—— 报告截止时编目记录的总数;

——已进行自动化系统编目的百分比;

——每年度增加的编目记录数量。

6.4.6 影印复印机

统计图书馆为用户提供的、不需借助中介的自助影印复印机数量。

6.4.7 空间

6.4.7.1 图书馆净可用面积

净可用面积以平方米表示。

净可用面积包括读者使用空间和阅览区、资料上架和存放区、员工工作区、客户服务区、公共服务台、展览区、设备区、通道以及其他所有用于图书馆资源存放和服务的区域。不包括门厅、大厅、交通区、休息室、门卫或物品保管服务区、卫生间、员工娱乐室、咖啡室、电梯、楼梯、建筑走廊，以及供热或制冷设备占据的空间等。

注释：应该分别给出图书馆主馆和各分馆的数据。

6.4.7.2　按功能划分的净可用空间

在6.4.7.1中定义的净可用面积可以分为如下几个主要功能区：

a）读者服务区，包括阅读区、学习区、信息传递区、计算机终端和其他任何为用户服务的区域，以及属于读者服务区组成之一的开放可获取的保存区域；

b）图书馆运作区，包括图书资料接收区、装订区、采访区、编目区、计算机自动化管理区；

c）图书资料存放区，包括所有主要用于资料存放的地方，无论是否对外开放；

d）事务区，等等。包括研讨和会议室、演讲室和正式展览区等。

以上各项面积总和应该与6.4.7.1中报告的面积相等。

6.4.7.3　图书馆建筑总面积

图书馆建筑总面积以平方米计算。

这是指图书馆建筑或建筑群的总面积，包括在6.4.7.1中特别排除在外的那些面积。

注释：用于咖啡室和员工娱乐室的面积应该单独报告。

6.4.7.4　书架数

应该统计如下各项：

a）全部馆藏所占的书架的线性总长度（米）；

b）开放获取区域书架的线性总长度（米）。

6.5　支出（报告期间）

6.5.1　图书馆运营支出（普通支出）

6.5.1.1　用于图书馆员工的费用支出

应该统计如下各项：

a）花在工资、津贴和其他福利，以及相关费用上的总开支；

注释：应该分别为专业员工、高素质专家员工、其他员工和学生助手给出数据。

b）员工培训费用。

注释：员工自己支付的培训费用不计在内。

6.5.1.2　用于采购的费用支出

根据资源类型统计有益于用户而增加为馆藏的所有项目的总支出：

a）印刷型书籍；

b）印刷型连续出版物；

c）非电子视听资料；

d）其他非电子文献；

e）数据库；

f）电子连续出版物；

g）数字文献（不包括电子图书）；

h）电子图书；

i）计算机文件。

注释1：子项a）至d）可以合并为一个总子项“印刷型及其他物质载体资料”。

注释2:子项e)至i)可以合并为一个总子项“电子馆藏”。该总子项可以进一步细分为实际购买的数字资源的支出和购买数字资源许可使用权的支出。

注释3:该支出包括增值税、销售和服务税或其他地税。这不可避免地会影响国际间的比较。

注释4:如果数据库或电子连续出版物是由图书馆联盟的财务中心提供全额或部分资金购买的,在此只需要统计本图书馆自己所支付的费用。

注释5:如果图书馆对免费的电子资源购买或订购了其印刷型文献,则只需统计其购买印刷型文献的费用。如果必须购买额外的电子资源使用权,则只需统计在e)、f)或g)子项中的支出。

6.5.1.3　用于外部文献供给和馆际互借的费用支出

统计不是通过图书馆供应商而是通过图书馆作为中介而开展的文献传递的费用支出,以及馆际互借的费用支出。

应该单独统计图书馆支付的借阅费用。

6.5.1.4　用于馆藏维护的费用支出

应该统计如下各项:

a) 馆外合同商装订、保护和修复文献的费用;

b) 馆外合同商对文献载体进行转化(如缩微、复制)的费用。

c) 馆外合同商对文献进行数字化的费用。

古籍珍本馆藏的维护费用应该单独统计。

6.5.1.5　基本维持费用

统计租赁、维持和服务费用(包括供热、照明、供水和污物处理费等)。

6.5.1.6　用于自动化的费用支出

统计计算机、网络(运营和维护)、软件许可以及电子通信等费用的支出。

6.5.1.7　用于开放获取的出版费用

统计图书馆为机构或个人作者支付的开放获取的出版费用。

6.5.1.8　各项杂费

统计所有其他各类费用,包括花在书目记录、复制、邮寄、服务宣传、文具、保险、运输、通信、咨询和设备上的费用,如果借了款,还包括支付的借款利息。

6.5.2　图书馆资产的费用支出

应该统计如下各项:

a) 花在购买或新增图书馆建筑新址、新馆修建和馆舍扩建上的费用支出;

b) 花在计算机系统上的费用支出(含硬件和软件);

c) 包含图书馆家具和设备在内的所有其他资产费用。

图书馆新建或扩建时采购的书籍和其他资料的费用通常应该计在资产费用支出内,不能计作采购费用。

6.5.3　收入和资金

应该统计如下各项:

a) 图书馆归属的机构或上级主管部门的拨款;

b) 其他公共来源资金;

c) 公司或私人来源资金(包括捐赠);

d) 特殊基金;

e）图书馆自身的收入，例如由图书馆运营所产生的收入，以及可以由图书馆支配的各种收费、罚款、征订费和捐赠等收入。

6.6 图书馆员工（报告截止时）

6.6.1 概述

统计图书馆雇员时，需要利用等同全职（full time equivalent，简称FTE）概念把非全职员工的数量按照等同全职工进行折算。

例如：如果雇佣3个人为馆员：一个为1/4工作日的，一个为1/2工作日的，一个为全职的，那么，这3个人的等同全职数（FTE）应该是0.25+0.5+1.0=1.75个馆员。

6.6.2 全部员工

6.6.2.1 概述

应该统计以下各项：

a）图书馆雇佣的总人头数；

b）雇员数（等同全职数，FTE）；

c）子项b）中，由图书馆所属机构或上级主管部门以外的资源提供资金支持的员工总数（等同全职）。

注释：不包括志愿者。

6.6.2.2 专业员工

统计专业员工数量（等同全职）。

6.6.2.3 学科馆员

统计高素质专家型员工数（等同全职）。

6.6.2.4 其他员工

统计其他员工数（等同全职）。

6.6.2.5 学生助理

学生助理通常按小时来雇佣。全年所雇佣学生助理的总时数应该转换成等同于全职的人数。

6.6.3 志愿者

统计不付酬劳（无报酬）的志愿者人数（等同全职）。

6.6.4 员工培训

应该统计如下各项：

a）员工接受常规培训的小时数（报告期间）；

b）接受常规培训的员工人数（报告期间）。

注释：培训可以包括馆内和馆外培训。

6.6.5 专业教育

应该统计如下各项：

a）接受由图书馆举办的有关图书馆学和/或信息科学或相关领域的正规培训的学生/受训者人数（报告期间）。

注释：学生/受训者可以在整个报告期间或仅仅在短期课程中接受教育。

b）所有学生/受训者的教育时间按月来统计。

例如：如果有 3 个人在整个一年当中都在接受培训教育，和另 3 个人只是接受了一个月的教育，那么专业教育的总月份数应该是 39 个月。

6.6.6　定位在服务区/工作区的员工

在 6.6.2 中统计的员工总数可以定位到系列图书馆主要服务中：

a）用户服务：包括借阅、参考咨询、馆际互借、用户教育、影印复制、上架和检索等职能（改编自 ISO 11620：1998/Amd 1：2003）；

b）加工处理：包括采访、许可权购买谈判、编目、图书的技术处理、装订；

c）电子服务：包括计划、维护、提供和开发 IT 服务和从技术上开发和提高图书馆基于网络的服务（ISO/TR 20983：2003）；

d）管理：包括管理、计划和指导、预算控制、人事管理、统计；

e）所有其他服务。

服务区雇佣的图书馆员工数量是通过累计所有全职或临时人员在该服务领域所花费的时间来计算的，包括以项目服务为主的员工。有以下几种可能的方法：

——统计直接定岗在某一服务区的全职人员职位数量。估算出该服务区雇员为其他服务所花费的平均时间，并从总数中减去这部分时间。估算出其他服务区雇员为刚刚提及的服务所花费的平均时间，并把该时间加入到全职人员职位总数中。

——选择一个抽样时间段（通常是一周或两周），在这个时间段里该项服务只是按照平均工作量在开展工作。记录下员工时间（通过工作日志），同时包括其他部门人员为该项服务所花费的时间。把抽样统计累计为报告期间的等同于全职的人员数。

附　件 A

（标准）

评估电子图书馆服务利用

A.1　概述

本附件为图书馆和信息服务制定了有关收集和报告电子图书馆服务利用统计的准则。围绕该主题采用附件的形式，是因为附件允许对方法和问题有更多的细节描述 。

今天，图书馆在提供传统服务的同时也在日益扩充电子服务。随着新的信息资源形式和新的信息提供和传递方式的出现，图书馆的馆藏和服务发生了根本性改变，并且电子图书馆服务的利用有了重大增长。

尽管在信息世界还将发生更大的变革，图书馆不能够只是等待这一进程的巩固，而是需要尝试评估和报告其在该领域的活动以便于展示全方位的图书馆服务和成果。本附件的产生有赖于过去的几年内全世界的项目成果，这些成果开发和测试了电子图书馆服务评估和报告的方法。

绝大多数传统统计可以由图书馆自身进行，而电子服务的统计数据，特别是电子服务的利用，在某种程度上需要从不同的途径进行收集，其中一些途径并不是图书馆自身能够直接掌控的（例如经销商和供应商，计算机中心和图书馆联盟都会涉及）。最重要的问题是图书馆要就评价其服务的统计数据取得一致认识，并与经销商和信息资源的供应方（例如图书馆联盟，国家级图书馆），以及图书馆自动化系统的供应商就此数据进行协商。

本国际标准要定义如下各项：

——电子图书馆服务的各种形式；

——电子信息资源的各种形式；

——电子服务利用的各种形式。

本国际标准的正文文本涵盖了对电子信息资源、电子文献传递、电子参考咨询服务，以及有关电子服务和信息技术的用户培训等款目的定义及数据收集。

本附件为电子服务的利用提供统计方法，描述了用户利用行为如检索、下载或虚拟访问等，由于它们的收集仍旧具有很大的挑战，因而需要更多实际的收集程序的细节。

A.2　电子馆藏的评估

A.2.1　概述

与传统资源相比,电子资源常常既没有物理形态也没有界限,这将会影响对其收藏和利用的评估。

A.2.2　本地和远程资源

考虑电子馆藏的两个关键问题是要对馆藏范围(跨度)和某一实体的内容单元(通常描述为一份文献)进行定义。归根结底,图书馆的电子馆藏可以分为两大类别:

a) 图书馆直接拥有的(例如数字化内容、网页、图片);

b) 图书馆被授权可以远程访问利用的(例如数据库、电子杂志、电子图书)。

然而,这些区别不是互相排斥的。有些图书馆被授权使用(例如电子图书),而且这些图书馆实际上也购买了相同的资源。因此,相同的资源可能是一个图书馆不直接拥有而授权使用的资源 ,但对其他图书馆而言,这一资源却是该馆实际拥有的。图书馆怎样提供对这些资源的使用是极为重要的,因为作为图书馆拥有的资源,图书馆将直接获得有关该资源的利用数据。无论如何,被授权使用了资源的图书馆,总归需要从该资源拥有者 (如供应商)那里得到利用数据。

一个决定图书馆馆藏的更明显的差别是:资源是图书馆提供的,还是资源是图书馆链接的。有许多免费的资源,图书馆可以通过其网站或是在线目录链接到这些资源而让用户去利用。这些资源的利用报告只可能有选择地提出建议。

A.2.3　内容单元

电子资源的内容单元是用户获取的最基本信息单元。对内容单元的确认是电子馆藏的一个挑战,因为一些资源提供全文、图片或视听文件,但图片却放在图片库中,视听文件放在视听数据库里,或者是几种文件类型的组合(例如文本、图片、视听或动画片)。另一个复杂的因素是有些内容单元没有预先定义在某一类特定的资源中。数据库是能够被配置来组合并类分信息的,从而使每一个检索指令可能指向一个新的对象(文件)。例如:动态服务器网页(Active Server Page,简称 ASP)技术使得每一次请求能够从许多数据库入口中生成一个网页。这些在生成网页之前不能被算作内容单元。最后,电子资源的内容在各种格式中会随着时间的推移发生变化。用以确定内容单元的统一资源定位器(Uniform resource identifiers,简称 URI),或是其他元数据形式,变得更为流传并支持文献的清晰识别。因此,图书馆将有必要为每一个电子资源确定合适的内容单元,以便于知道什么才能算作对该资源的一次利用。

随着时间的推移,图书馆会期望电子资源和这些资源提供的内容单元得到不断发展。

由于摘要、索引、全文以及其他类型的数据库开始融合到复杂的数据库产品中,区分它们变得日益困难。因此,细分只是建议在附件 B 中作为可选择的评估。将来,电子连续出版物和全文数据库之间的许多不同之处也可能消失,因而,其确切的数量统计,或是一个确切的定义:什么单元才算作一个内容单元,将变得困难。图书馆需要评价其电子馆藏资源并确保达成一致认识:什么才构成用以评估利用的一个内容单元。

A.3　利用评估

A.3.1　概述

更为广泛地描述,有三种重要资源构成了一个图书馆电子资源:

a) 图书馆在线目录,该目录帮助用户寻找各种资源内容;

b) 图书馆网站,在网站上放置着庞大的各类型资源(例如数字化内容、电子图书、文本),或是链接到非图书馆资料上;

c) 图书馆授权使用的资源,包括电子杂志、数据库、电子图书、和其他内容。

在这些资源中的每一个,图书馆可以有多种多样的应用,以提供附加的服务与资源给用户。例如,数字参考咨询服务经常利用专门软件为用户提供数字咨询服务。图书馆网站日益成为一个图书馆电子馆藏的门户,因此,大多数用户是通过网站或门户来开始利用图书馆电子馆藏的。

A.3.2 网页日志文件

所有这些资源的利用是作为事务纪录的,并因此可以从日志文件中获取,日志文件可能是系统专有的(例如对在线目录,供应商,或是独特的数字参考软件),或是标准的,例如由 Web 服务器产生的通用日志格式(common log format,简称 CLF)或可扩展日志格式(extended log format,简称 ELF)。那些利用专门系统作为电子馆藏组成部分的图书馆将需要:

了解日志文件的结构以及特别是系统的运行;

知道怎样查寻日志文件,日志通常是通过一个专门的脚本/分析系统来产生;

知道和了解专门系统报告的利用数据元素的定义。

Web 服务器利用通用日志格式(CLF)或可扩展日志格式(ELF)中的任何一种,会把网站利用数据写入标准的 ASCII(American Standard Code for Information Interchange)格式的日志文件中。所有的主服务器都采用相同的日志文件格式,从而使得通用的分析技术能够通过 Web 日志分析软件,应用在所有 Web 服务器。典型的 Web 日志文件记录了 7 个基本元素,包括请求的 IP 地址(为每一台联入互联网的计算机而给予的唯一的互联网协议号码)、认证信息、时间标记、转换成功状态,以及转换量。采用 Web 日志分析软件使得图书馆能够分析各种方式对网站的利用,如虚拟访问(登录网站)、网页获取(用户获取的网页)和内容单元(文献,图片,或其他内容形式)。每一个软件程序分析日志文件不相同,并且为所进行的各类型分析采用不同的术语,因此,对图书馆而言,重要的是知道它们的分析软件程序是怎样运行的,并采用了哪些定义。

A.3.3 检索系统

在图书馆有一种新增的趋势——即采用联合检索系统或门户。这些项目使得用户可以从一个单一的检索界面来搜索图书馆的全部电子馆藏。联合检索系统在促进与获取图书馆电子馆藏方面是一个重大发展。然而,这些系统也将影响本标准中关键统计的利用数量,尤其是登录和检索/查询。另外,大多数联合系统也提供日志文件来报告联合系统的利用。这些日志文件最通常是专用的,并不必要与本标准或其他供应商产品采用相同的术语。因此,由于有了其他日志文件,图书馆将需要了解联合系统日志中所采用的结构、位置和定义。

A.3.4 评价的挑战

还有另外的因素影响图书馆评价其电子馆藏利用的能力。可选的关键因素包括认证、超高速缓存,以及代理服务器。为了不影响电子馆藏的可用性,图书馆很少进行个人认证。但是,由服务人群成员对图书馆的利用,只有在一些认证信息被记录的情况下才能被确定。为了评估起见,如果 IP 地址属于图书馆或单位/法定服务区域,那么一次请求最终被认定为是由图书馆服务人群成员发出的。获取付费的电子图书馆服务(例如,采购的或授权使用的数据库、连续出版物等)通常要先认证确定在 IP 地址列表或域内。因此就需要假设所有成功的请求将是由图书馆服务人群成员发出的。对免费服务的请求（如在线目录和图书馆网站），无论如何，不可能进行全部确认。当获取来源于机构内部时（通过IP地址确认），就假设是由服务人群成员发出的，而远程利用（例如利用家中的计算机）则往往是匿名的。而且，利用同一个代理服务器的个人IP地址将不能够被识别，因为只有代理服务器的IP地址将被记录在日志文件中。最后，有些服务器在本地高速缓存或存储来源于其他资源的内容，用户能够激活本地缓存的文件在他们的浏览器中来保存先前获取过的文献的复件。在代理服务器环境中，对一个文献的重复请求可以在超高速缓存/代理中得到支持，而不是通过文件服务器，因此缩短了转换的时间。由于这些请求不会到达文件服务器，就没有统计入口会被记录在日志文件中，并且统计的请求数量将低估于实际利用的总量。个人浏览器高速缓存装置因此会增加更多的复杂性，然而，一些专业的Web分析工具（许多开发用来评价Web广告）能够诱使计算机忽略存储的复件，并取而代之的是重新请求文献。

评估图书馆电子馆藏的利用，受许多环境因素的影响。其中关键性因素之一是图书馆为其各种各样的电子馆藏服务和资源已采用和实施的信息技术架构。图书馆需要了解的是：图书馆如何运行其在线目录、网站和获取授权资源，对图书馆能够收集到的利用统计，这些利用统计看起来像什么以及利用统计意味着什么，有直接的影响。例如，如果图书馆想获得个人登录授权使用资源的IP地址信息，图书馆又不能够通过一个代理服务器获得这些资源，因为该资源的经销商仅能够报告代理服务器IP地址发出的登录。

尽管涉及电子馆藏利用数据还有许多问题，重要的是由经销商提供数据，但这方面正大有进步。由于有了标准计划例如本附件以及国家信息标准组织（National Information Standards Organization，简称NISO）、国际图书馆协会联盟（International Coalition of Library Consortia，简称ICOLC）和COUNTER项目的标准计划，经销商数据在定义、利用报告及数据文件格式报告方面正变得日益标准化。这些都是授权使用资源数据走向标准化的重大步骤。

A.4 电子服务

A.4.1 概述

目前图书馆提供的电子服务在3.3.6中定义：

——在线目录；

——图书馆网站；

——电子馆藏；

——电子文献传递（借助中介的）；

——电子参考服务；

——电子服务用户培训；

——通过图书馆提供的互联网登录。

其中，以下服务和设施在本国际标准的正文中定义：

a）在物理载体上的电子馆藏；

b）电子文献传递；

c）提供电子服务利用的设备；

d）用户/员工的电子服务培训；

e)电子参考服务。

必需的设备(见6.4.4)和用户电子服务利用培训(6.3.11.7)不能看做是电子图书馆服务提供本身的部分内容,而是必要的环境。电子服务的总览在图表 A.1 中表述。

电子信息请求被当作是信息咨询的一种附加沟通手段。因此,电子参考咨询的相关数据与其他信息请求一起收集(见6.3.8)。

在物理载体上的电子资源或是被借出,或是在单机工作站上提供馆内利用。因此,它们的利用情况包括在借出数量中(见6.3.3)或馆内利用的条款中(见6.3.5)。

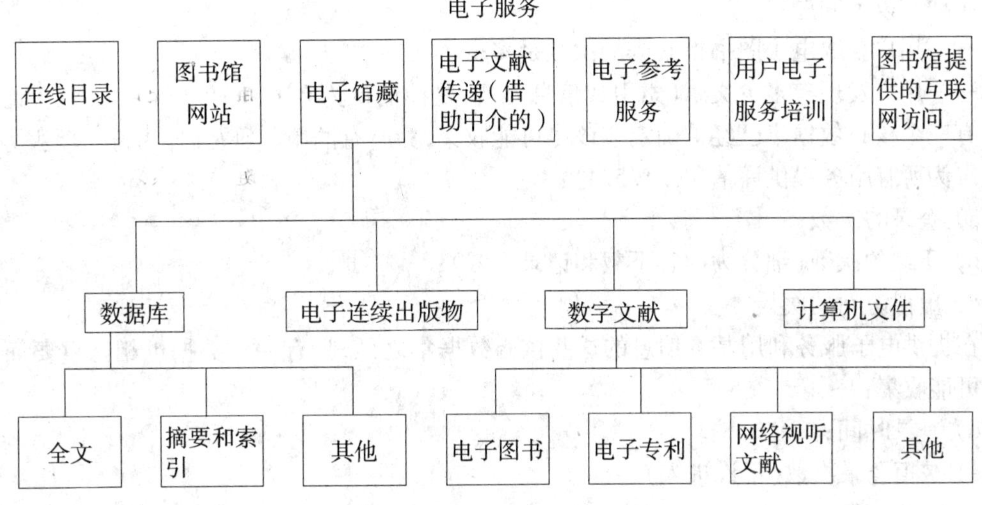

图表 A.1 电子服务总览

统计通过中介开展的电子文献传递的程序见条款6,包括所有的外借和借助中介的文献传递活动(见3.3.5和6.3.11.3)。只有非借助中介的电子数据获取包括在本附件中。

图表 A.1 的图解没有显示用户获得不同服务的方式,不过,展示了条款3 中的定义间的相互联系。点线指向 B.2.1.7 中给出的可选数据库种类。

A.4.2 电子馆藏

最重要的电子服务是包括下列内容的电子馆藏(见3.2.16):

——数字文献;

——数据库;

——电子连续出版物;

——计算机文件。

它们的定义和用来存储和采访的数据收集程序分别见条款3 和条款6。

数字文献,如在3.2.12 中定义,包括电子图书、电子专利、网络视听文献以及其他数字文献。

专利在3.2.32 中被定义为“一类特殊的文献”,并且包括所有的形式(印刷、微缩、电子)。尽管如此,电子专利的利用应该包括在这里,和所有其他数字文献一起统计。

所有的电子服务都表述在图表 A.1 中。

A.5 电子服务利用

A.5.1 简介

最近几年,图书馆、研究机构和出版社已经测试了成套的数据组,这些数据能够用于评估一些或者全部电子图书馆服务的利用数量和不同的利用方式。评估已经发展到当基于同样的定义和同样的数据收集方法时具有可靠性的阶段。

主要有以下问题:

——用户获取电子图书馆服务的次数是多少?

——用户发现有多少文献(索引或信息元素)是他们认为有关联的?

有三个核心数据集已经被确定应该尽可能收集,为所有的服务、单独地为每一项服务以及合起来为所有服务提供评估(见 A.5.4):

a) 登录的次数;

b) 下载的次数(细分为内容下载和记录下载);

c) 虚拟访问的次数。

在提供电子服务利用基本信息的这些核心数据集之外,另有一些数据也相当重要而且应该尽可能收集:

d) 登录时间;

e) 被拒登录次数(不许进入);

f) 检索次数;

g) 互联网访问次数。

所有的数据指向图书馆利用,包括图书馆馆藏、图书馆网站、在线目录和经由图书馆提供的互联网访问的利用,而不包括用户通过图书馆内的互联网获取的公开免费的文献。

A5.2 数据集

A5.2.1 虚拟访问的次数

一次虚拟访问的定义是:读者从图书馆外部对图书馆网站的一次请求,而不论其浏览的网页数或内容单元的数量。一个网站的访问者既可以是到访过图书馆网站上网页的一个独特而确定的网页浏览器程序,也可以是一个固定的 IP 地址(见 3.3.29)。

注释 1:虚拟访问可以比照传统的到馆访问。

注释 2:统计虚拟的方法见 A.5.3。

A.5.2.2 检索次数

一次检索的定义是:对某一特定知识的一次查询。通常情况下,每一次检索都在查询请求递交给服务器的时候做了记录(见 3.3.24)。

注释:错误输入的检索字符串不能算作独特知识的查询。但是在实际工作中,图书馆将很难从不成功的有意检索中区分出这些无意识的检索。

A.5.2.3 登录次数

一次登录的定义是:对某个数据库或在线目录的一次成功请求。它是用户活动的一次循环,通常开始于用户对某一数据库或在线目录的连接并结束于明确的(通过退出而断开与数据库的连接)或是不明确的(由于用户不活动而超时断开)在数据库中活动的终止 (见 3.3.

25)。

而服务是许多个体数据库的集合，进一步的信息应该提供馆藏拥有的各个数据库。

注释1:在有些情况下，例如，图书馆内部使用在线目录，几个用户可能一个接一个地使用同一个工作站，登录就不可能区分开。在大多数系统中，用户在某一特定的时间内如果没有活动，登录就会被自动切断，从而避免引发问题。一般将超时时限设定为30分钟。如果使用另外的超时时限标准，就应该加以报告。

注释2:浏览器或代理服务器的高速缓存可能会减少日志文件中注册请求的数量。

A.5.2.4　被拒登录的次数(不许进入)

一次被拒登录定义为:由于超过同步用户数限制而使得对数据库或者在线目录的一次请求失败(见3.3.21)。由于密码错误导致的请求失败不包括在内。

该数据集显示:同步用户数限制对用户需求的满足程度的距离有多远。

注释:超过同步用户数量限制而登录的次数，不总是能够从其他被拒中区分，例如，漏输密码或因输入错误密码的登录。

A.5.2.5　登录时间

登录时间的定义是:从登录到明确或不明确退出数据库或在线目录之间的时间长度。(见3.3.26)

该统计给出了某项服务利用程度的额外信息。

注释:检索时间取决于许多变数。这些变数包括操作的简易性(手册、在线帮助功能和自动解释菜单)，用户经验以及自动退出设置等。因此，长时间链接并非总是表明用户对该服务的兴趣。

A.5.2.6　内容下载数量

一次内容下载的定义是:从某一数据库、电子连续出版物或是数字文献对一个内容单元的请求获得成功(见3.3.3)。

从图书馆馆藏中下载的内容单元表明用户已经找到了他们认为的相关条目。

注释:浏览器或代理服务器的高速缓存可能会减少日志文件中注册请求的数量。

A.5.2.7　记录下载数量

一条下载记录的定义是:对数据库或者在线目录获得成功请求的一次描述性纪录(见3.3.19)。

从数据库或者在线目录下载的记录表明用户已经找到了他们认为相关的文献信息或者其他信息。

A.5.2.8　互联网登录次数

一次互联网登录的定义是:用户在图书馆内利用图书馆提供的工作站或是用户自己的个人电脑通过图书馆的网络而进行的互联网访问(见3.3.12)。

该数据集表明图书馆在多大的程度上通过自己的工作站或网络接点为它的用户提供互联网访问。

注释1:通过网络接点的互联网登录需要单独统计。

注释2:互联网登录数量只有当用户在访问互联网时已经注册或者得到授权时才能够计算在内。如果这些数据不能获取，计数可以通过用户调查来估算。

A.5.3　评估虚拟访问

A.5.3.1　概述

一次虚拟访问是由同一个人及相同的网站访问者发出的、对数据文件的一系列请求。在系列请求中，如果两次相连的请求被算作是同一次虚拟访问的话，两次相连的请求之间的时间间隔应该不超过超时断开时限 30 分钟。时间间隔超过断开时限的,重新计为一次新的虚拟访问。

图书馆网站访问者既可以是一个独特而确定的网页浏览器程序,也可以是一个确定的 IP 地址,只要在评估期间它们访问过图书馆网站的网页。

一个访问者通常意味着一个人。但是在登录事务中,只有 IP 地址被登记。在阅读者和被网页服务器登记的 IP 地址之间,总是有至少一个浏览器和一台计算机,通常也有一台代理服务器允许用同一个 IP 地址代表许多的访问者。

有三种方法来测评虚拟访问:访问的次数,是基于访问网页浏览器还是 IP 地址,或是对主页的访问都要统计。

A.5.3.2 网页浏览器访问

一个网页浏览器访问者是指在评估期间,安装一个独特而确定的网页浏览器程序,该程序被一个实体的个人所利用并且已从图书馆网站上获取了网页。一次网页浏览器访问是从图书馆网站对数据文件的一系列请求(在连续两次请求之间的时间间隔不超过 30 分钟),而这些数据文件被送达给同一个网页浏览器访问者。

为避免防火墙和代理服务器问题的一种方法是:采用 cookies 来确认一个独特的浏览器。相对于利用 IP 地址作为一种识别符,该技术减少了不确定性。人和浏览器之间的关系是不确定的(许多人时会使用一个公共浏览器,而一个人时会使用不同的浏览器)。

a)优点:

——虚拟访问的统计在更大程度上可相当于到馆访问,而且在关系到一个人通常如何理解一次访问时,更具正确性。

b)缺点:

① 采用同一个公共浏览器的许多人被算作一个访问者。

②采用不止一个浏览器的同一个人,被算作不止一个访问者。

③处于服务中的所有网页服务器和浏览器,应该能够处理 cookies 并被配置成可扩展的事务日志。

统计收集要求有一个分析工具来管理对 cookies 的处理。

A.5.3.3 IP 访问

一个 IP 访问者,是在评估期间一个确定的 IP 地址,该地址被一个实体的个人所使用并已经从图书馆网站上获取了网页。一次 IP 访问是从图书馆网站对数据文件的一系列请求(在连续两次请求之间的时间间隔不超过 30 分钟),而这些数据文件被送达给同一个 IP 访问者。

a)优点:

①简单,不要求对网页服务器作配置修改。

②分析采用简单的分析工具即可。

b)缺点:

①在同一个防火墙或代理服务器后面的所有人,变成了一个访问者。

②采用同样的公共浏览器的许多人,被算作了一个访问者。

③使用不止一台计算机的同一个人,被算作了不止一个访问者。

A.5.3.4 主页访问

在网页呈现时,主页是当访问图书馆基地时所展示的作为可视化单元的页面。主页可通过一个已进入页面的重定向之后再出现。

如果主页是一个单独的 HTML 页面，则统计所有的传递。如果主页包含了一个帧设置，HTML 文件应该被统计为包含了帧设置中最重要的内容。

建议采用两种不同的统计方法（无论在哪种情形下，要剔除那些送达给已知情的获取者的传递）：

——统计作为主页的 HTML 文件的传递。

当采用本统计方法时，必须考虑文件名称的所有变体（例如，包括通过软链接或硬链接定义的别名）。因为网站不是基于帧的，而且没有一个重定向的进入网页，也必须统计 URL（包括有和没有终结印记）基地的访问数量。

——统计一个透明 GIF 的传递，该透明 GIF 仅放置在主页作统计之用。

如果用透明 GIF 图像用来统计，它应该只包含在有意向的 HTML 文件中（在这种情形下：即主页中）。透明 GIF 传递的数量，就等于主页传递的数量。

有时候主页有好几种语言版本。在这种情形下，根据上述第一种方法，则必须单独为每一种语言作统计，并把各分部的结果相加。当统计透明 GIF（第二种方法）时，则有两种选择：一是为所有的语种采用相同的透明 GIF，则可直接得出传递的总数量。另一种是为每一种语言采用单独的透明 GIF，则需要把各语种的结果相加得出总数。

a）优点：

——利用简单。

b）缺点：

——没有统计到那些对图书馆网站其他网页的直接访问。

A.5.4　利用场所

为了了解电子图书馆服务在多大程度上扩大了图书馆服务的范围，并增加它们的市场渗透力，因此，了解每一项利用的出处是很重要的。以下三个场地应该给予区分：

a）在图书馆内（包括非服务人群的利用）；

b）在图书馆外，但在本单位或者主管单位内（属于服务人群）；包括服务人群从世界范围内任何一个地方对图书馆电子服务的利用；

c）在本单位或者主管单位以外的地方（服务人群）。

图书馆内的利用也可以包括外部用户（非服务人群）的利用，由此可带来精确度问题，因此，a）和 b）二者合起来不总是显示了服务人群的确切利用次数。因为很难区分是服务人群的利用还是外部用户的利用。访问系统要求每次登录进行身份认证的话，才可以获得可靠的结果。对于购买或者授权服务，通常需要控制访问权限，认证和授权系统将可能广泛引入以解决该问题。

表 A.1 列出了附件中所描述的、认为图书馆有必要且有利于收集的关于图书馆电子服务的数据。

表 A.1　图书馆电子资源利用的相关数据

数 据	源于图书馆内部（服务人群）	源于本单位内其他场所（服务人群）	源于本单位外（服务人群）
登录次数	X	X	X
登录时间	X	X	X

（续表）

数 据	源于图书馆内部（服务人群）	源于本单位内其他场所（服务人群）	源于本单位外（服务人群）
被拒绝登录次数（不许进入）	X	X	X
内容下载数量	X	X	X
记录下载数量	X	X	X
检索次数	X	X	X
虚拟访问次数		X	X
互联网登录次数	X		

A.5.5　各种不同服务的数据收集

A.5.5.1　概述

由于各种服务的利用方式和评估问题都不相同，比如在线目录、电子馆藏、网站，因而每种类型服务的数据应该单独收集，也可以为单个数据库收集数据。

A.5.5.2　在线目录

数据通常从图书馆系统就能够获得。许多在线目录提供即时预定和（或）检查所选文献的有效性功能。检索次数和记录下载次数应该在另外的登录次数中再作统计。

A.5.5.3　电子馆藏

数据既可以从图书馆自身的服务器也可从经销商或供应商处获取。统计数据的传播应包括在许可协议中。

对电子连续出版物和数字文献而言，最重要数据集将是内容的下载数量。

对数据库而言，检索次数、内容和（或）记录下载的次数应该在另外的登录次数中再作统计。

对所有基于授权许可使用的资源，尤其是数据库和电子期刊，图书馆需要了解被拒登录次数，从而控制需求的许可数量和评估市场饱和度。

如果数据可获取的话，经由图书馆编目并加入到其在线目录或数据库中的免费网络资源的利用（参见 6.2.16）应该单独统计。

A.5.5.4　图书馆网站

有关站点访问的数据可以通过日志分析软件记录下来。对网站的一次虚拟访问包括对单一网页的每一次请求，如果该网页是从图书馆网站之外链接到的。登录到一个通用的入口或是门户网页，应该排除在外。如有可能，在搜索相关词组或术语时，通过搜索引擎点击而登录到某一站点的，也应该排除在外。

A5.5.5　因特网登录

通过图书馆内的工作站或是用户自己的个人电脑通过图书馆的网络而进行的互联网访问数量，应该单独统计，而与图书馆自身的电子服务登录区分开来。因为该服务只是提供了技术手段设施，而不是馆藏信息本身。因而，收集的数据将限制在因特网登录次数而不是获取的文献数，因为，大多数免费网络资源超出了电子馆藏的范围（参见 3.2.16）。

A.6 数据调查

A.6.1 概述

A.5 中描述的数据可能没有包括所有利用的情形，而且，有的数据的有效性可能尚有疑问。因此，为了支持这些统计，获得更好的电子服务利用信息，特此建议开展另外的调查工作。

A.6.2 方法

A.6.2.1 总体调查

为了评估电子服务的市场渗透作用，可以将一份纵览性调查，或以书写形式，或以电子邮件的形式，送达给服务人群进行抽样调查。

A.6.2.2 专项调查

为了评估专项利用形式，可以进行问卷调查或面谈访问。这可以在使用电子服务或者访问图书馆后直接完成。

有如下可选形式：

a) 在用户离开工作站或图书馆时分发调查问卷表；

b) 在用户离开工作站或图书馆时进行访谈；

c) 结合电子服务的在线问卷表；

d) 放置在工作站上的用户手写日记或协议（即时记录）。

A.6.3 问题

A.6.3.1 概述

调查应该覆盖 A.6.3.2 至 A.6.3.4 中列出的问题。

A.6.3.2 两种调查

为符合人口统计的标准，可以应用 B2.2.1 的细分。

A.6.3.3 总体调查

a) 利用频率（每周或者每月利用的平均次数），包括如下各类数据：

——在线目录；

——电子馆藏；

——图书馆网站；

——因特网访问（在图书馆内进行的访问）。

b) 偏好的利用场所

——图书馆内；

——本单位（或者主管部门）内的其他地方；

——本单位（或者主管部门）外。

可以进行进一步分类并建议如此，特别是能够对电子馆藏和因特网的利用提供更为详尽的分析。

A.6.3.4 专项调查

a) 服务的利用：

——在线目录；

——电子馆藏（有命名的专门文献或数据库）；

——图书馆网站；
——因特网（在图书馆内进行的访问）。
b）利用的简易性：
——登录次数；
——被拒登录次数；
——意外退出次数；
c）输出：
——下载的内容或者记录的数量；
——下载到本地存储设备的内容数量；
——打印文献数量。

附　件 B

（标准）

推荐作进一步统计分析的类目

B.1　概述

除了第三款定义的统计类目外，可利用本附件推荐的类目作进一步的分析。应该认识到：其中许多类目可以依据本地的和（或）国家的需要进一步细分，而且这应该得到鼓励。本附件的类目推荐用于国际间的比较。

当进行进一步分类时，应该小心以确保每一项统计都使用了适宜的定义，这样才能使得下位类的总数能够合并在一起，为本国际标准正文中规定的类目提供可靠的统计。

B.2　本国际标准正文中已经定义的类目的扩展

B.2.1　馆藏和支出

B.2.1.1　简介

本国际标准的正文可以依据资源类型进行细分。此外，建议：库存、增加和支出可如在 B.2.1.2 至 B.2.1.7 中一样进行细分。

B.2.1.2　主题

建议公共图书馆和学校图书馆采用如下类目：

a）依主题划分：

——小说；

——非小说；

——参考文献。

b）依据目标群体（仅仅适用于公共图书馆）划分：

——成人；

——小孩（小于或者等于 14 岁）。

可以将主题和目标群体进行组合（例如：成人非小说类）。

对于高等教育机构的图书馆和专业图书馆，建议使用如下类目：

——普通文献，参考文献；

——神学和宗教；

——语言和文学；
——哲学、心理学、传记和历史；
——艺术、设计、表演艺术、建筑和运动；
——生物科学和化学；
——医学(包括临床的、预临床的等与医学相关内容)；
——物理科学(包括地理科学)；
——工程和技术；
——数学、计算机和信息技术；
——社会科学；
——教育；
——商业和管理；
——法律。

B.2.1.3　采访模式

通过如下方式增加物理单元的数量：
——购买和授权许可使用；
——交换；
——捐赠；
——合法的缴送保存权。

B.2.1.4　借阅馆藏

能够有效流通的物理单元数量。

B.2.1.5　产品出品的国家

增加的物理单元数量和(或)采访支出数量：
——本国出品的；
——所有其他国家出品的。

B.2.1.6　文献的语言

增加的物理单元数量和(或)采访支出数量：
——本国语言；
——所有其他国家语言。

注释：尤其是公共图书馆可以将"所有其他国家语言"分成文化组群。

B.2.1.7　数据库类型

文献及其增加的数量，按其类型：
——摘要和索引；
——全文；
——其他。

如果可以选择，以上细分类可以应用于库存、增加和支出。

注释1：图书馆通过采购得到的、用作参考文献数据库的编目数据，也在摘要和索引数据库的类型中进行统计。

注释2：如果可能，应该对全文数据库的内容单元数量加以报告。

B.2.2　图书馆利用和用户

B.2.2.1　用户类型

B.2.2.1.1　用户数量和利用情况依据用户类型而有所不同。

公共图书馆可以依据如下用户群加以分类：

a）个人用户：

——小孩（小于或等于14岁）；

——成人；

——成人（大于65岁）。

b）团体用户；

c）图书馆员工；

d）其他目标群体，例如在家中享受服务的用户。

注释1：可以依据性别、职业和机构类型进一步细分。

注释2：其他图书馆需另行统计。

注释3：外部用户可以单独统计。

B.2.2.1.2　高等教育机构的图书馆可以进行如下细分：

1）大学生（全职/业余）；

2）研究生（全职/业余）；

3）教职员工或者研究人员；

4）图书馆员工；

5）专业用户（个人/团体）；

6）其他外部用户。

注释1：1）、2）和3）可以依据学院或者系进一步细分。

注释2：其他图书馆需另行统计。

对于学校图书馆，可以分为如下类目：

——学生；

——教职员工；

——其他用户。

B.2.2.2　其他借阅类目

为了分析借阅情况，可以采用B.2.1中为库存、增加及其开支所规定的类目。

也可以统计如下类目：

a）短期借阅数量（少于3天，并包含在6.3.3中的借阅）；

b）本馆定期递送给一些组织机构、为其会员而储备的文献物理单元数量（由于超出了3.3.14中的定义，故不在6.3.3中作借阅统计）；不在本馆库存的借阅量，由注册登记外借的该组织机构来统计，例如已经接受本馆库存的组织机构。

c）借阅给成人的数量；

d）借阅给小孩的数量。

B.2.2.3　信息请求

请求可以进行如下细分：

——检索专业文献（在图书馆或在目录、数据库和书目中）；

——有关某一特定主题的资源或者阅读的建议；

——参考咨询(由图书馆员进行的,对特定事实、数据等的查找);

——增值的信息服务(典型情况下有收费并超过了一定的时间限制)。

当一个请求同时涉及几个方面时,应该确定一个主要方面。

注释:图书馆可以考虑对那些指导性的和行政管理的询问进行额外和单独统计(见3.3.9)。

B.2.2.4 用户入馆教育和培训

除了在6.3.11.7中统计的正式用户培训外,可以统计即席的IT培训。当作此统计时,重要的是要严格区分包括了信息技术利用的参考咨询活动与即席的IT培训。

B.2.2.5 参加活动

根据活动的类型统计总的参加活动次数:

——展览;

——其他活动,典型情况下指带有文学、文化或教育意义的活动。

并根据用户类型统计:

——小孩

——成人。

B.2.3 获取和设备

由如下子集增加的目录记录数(参见6.4.5):

——复制的目录(从其他资源处复制或购买的记录);

——原始的目录;

——回溯目录;

——主题目录。

B.3 补充类目(在本国际标准正文中没有包含的)

B.3.1 简介

馆藏和服务的其他方面也可以统计,用来反映图书馆的特殊类型、任务和(或)收藏。

B.3.2 博士毕业论文

种类及其增加的数量,按文献格式统计(适合于高等教育机构的图书馆):

——打印形式;

——微缩形式;

——电子形式。

B.3.3 政府文献

文献及其增加的数量,按文献格式统计:

——打印形式;

——微缩形式;

——电子形式。

B.3.4 古籍珍本馆藏

典型情况下,统计其物理单元及其增加的数量,按如下类别:

a) 珍本古籍(1800年以前出版的);

b) 古版书(1500年前印的);

c）手稿：

——西方的

——东方的

——碎片和单卷

——签名册

——音乐手稿和签名册

——有关个人、机构和组织的档案和记录（收藏包括手稿、书信、备忘录、照片以及其他资料，包括遗赠给图书馆的，或是他人代表图书馆而购买捐赠的，或是图书馆自己购买的）

也可以采用其他类目。

B.3.5　索引

为目录服务和数据库所作的索引记录数量（特别适合于专业图书馆和/或高等教育机构图书馆）。

附　件 C

（标准）

总　计

本附件涉及国家级统计和其他合计统计的编辑。

数据的完整性必须始终是根本目标。当实际的数据统计表不可避免存在不完善时，必须采用估算来补充实际的统计表，这样才能提供整体情况的最佳表达。该过程常常被称为“总计”，可以通过如下例子很好地加以阐释。

[案例 1]如果 15 个大学图书馆中只有 12 个提供了数据，该数据需要“总计”，才能代表所有的 15 所图书馆。这可以通过如下方法之一进行：

a) 最好是，考虑缺失的图书馆用户群体的大小。

例如：如果缺失数据的大学有 20 000 个学生而提供数据的大学有 110 000 个学生，倍增因素为 130/110，或者增加 20/110 = 18%。

注释：除了用户数量外，其他变量也可以作为权重。

b) a)中的计算可以单独为各图书馆在不同类别中进行总计（典型情况是依据图书馆大小），然后将这些结果累计为同一部门的数据。

c) 也可以用往年的数据来代替某个体机构的结果。

例如：某一个或者多个单位 2004 年数据缺失，但是 2003 统计表的数据表明该（这些）单位的支出为 300 000，并且所有提供数据的单位这些年来的平均增长为 4%，这样可以估计该（这些）缺失单位 2004 年的支出为 300 000 × 1.04 = 312 000。这样就变成了有效数据来为整体部门提供一个估算。

d) 近似地，通过采用倍增因素 15/12，或是增加 3/12 = 25% 来总计。该方法只在方法 a)、b)和 c)不可行时才采用。

e) 缺失的变量可以由其他变量的数据估算得出。例如员工成本（缺失），可以由员工数量（提供了的）乘以其他单位员工的平均成本来估算得出。

f) 只要合适，可以综合应用以上方法。

只有在缺失的数据是来自于具有广泛代表性的图书馆中时，才能使用以上程序。当缺失的数据集中在非典型性的图书馆时，提议采用专门程序。（例如，像非典型性图书馆，可以是专门为研究生提供服务的大学图书馆，或者是相对来说只有少量印刷资料馆藏的电影图书馆。）

估算程度应该备注在发布的统计资料中指出，以解释采用的程序。原始的（不完整的）数据也可以发表。

参考文献

1 ISO 5127:2001, Information and documentation — Vocabulary(信息和文献 - 词汇)

2 ISO 9707:1991, Information and documentation — Statistic on the production and distribution of books, newspapers, periodicals and electronic publications(信息和文献— 图书、报纸、连续出版物和电子出版物的生产和分布统计

3 ANSI/NISO Z39.7 - 2004, Information Services and Use: Metric & statistics for Libraries and information providers - Data Dictionary (信息服务与利用:图书馆和信息提供者的度量和统计—数据字典)

4 BERTOT, JOHN, C., McCLURE, CHARLES, R., RYAN, JOE. Statistic and performance measures for public library networked services. Chicago, American Library Association, 2001(公共图书馆网络服务的统计和绩效评估. 芝加哥, 美国图书馆协会, 2001)

5 HANRATTY, CATHERINE, SUMSION, JOHN. International comparison of public library statistics(公共图书馆统计学的国际比较). Loughborough, Library and Information Statistics Unit, 1998

6 International Coalition of Library Consortia: Guidelines for statistical measures of usage of web-based indexed, abstracted, and full text resources, December 2001, URL: http://www.library.yale.edu/consortia/webstats.html (图书馆协会国际联盟:网上索引、摘要和全文资源利用的统计评估指南,2001 年 12 月,URL: http://www.library.yale.edu/consortia/webstats.html)

7 COUNTER. Counting Online Usage of Networked Electronic Resources: COUNTER code of practice: Release 2, 2004. URL: http://www.projectcounter.org/cop2.html
(网络电子资源在线利用统计: COUNTER 实用编码: 版本 2, 2004. URL: http://www.projectcounter.org/cop2.html)

International Standard

国际标准

ISO 11620 （合并 1998 年、2003 年版）

Information and Documentation—Library Performance Indicators

信息与文献——图书馆绩效指标

目　录

前　言

国际标准化组织(International Organization for Standardization,简称 ISO),是一个世界范围内的国家标准实体(即 ISO 成员实体)的联盟,国际标准的准备工作通常是由国际标准化组织技术委员会(Technical Committee,简称 TC)来执行。每一个成员实体都有权利向技术委员会就其关心的、已由该技术委员会制定的某一主题提出建议。与 ISO 有联系的国际组织、政府或非政府组织都可参与到该工作中来。ISO 与国际电子技术委员会(International Electrotechnical Commission,简称 IEC)在所有有关电子技术标准化方面的问题上合作非常密切。

由技术委员会起草的国际标准草案将递送到各成员实体进行投票。作为国际标准的出版物要求至少获得参与投票的成员实体的 75% 的通过率。

国际标准 ISO 11620 是由技术委员会第 46 分会:信息与文献委员会(ISO/TC46)下属的第 8 分会(SC8):统计和绩效评估委员会筹备起草的。

附件 A 和附件 B 共同组成该国际标准的完整部分。附件 C 仅仅只是一些参考信息。

导　言

本国际标准关注所有类型的图书馆评估。

本国际标准的主要宗旨是支持绩效指标在图书馆中得到应用,并传播如何进行绩效测评的知识。

国际图书馆学界已经认可了图书馆绩效指标国际标准的开发。通过制定该国际标准,将促进绩效指标的应用,并使得无论是发展中国家还是发达国家的图书馆,能够从与正式策划程序和数据收集过程相关的知识和技能中受益。

本国际标准规定了每一个图书馆绩效指标的要求,制定了一套适用于所有类型图书馆的指标体系,同时也指导那些未曾使用过这些指标的图书馆如何实施绩效指标。

图书馆服务质量关系到更为广泛的质量管理和质量保证的主题。本国际标准认可并支持 ISO 9004 - 2。

本国际标准提供了绩效指标的标准化规范术语和简要定义。同时,本国际标准还包括对指标的简要说明,以及对所需数据进行收集和分析的简要说明。附件 C 列举的出版物中,提供了有关方法论和分析的详细信息。

本国际标准的每一个指标都有一个唯一的名称。这个名称有时会在对其进行诠释时有所不同。这些差异形成文字,记录在指标的说明中。

包含在本国际标准中的绩效指标,或是被广泛应用,或是在文献中得到充分地证明。对指标的某些说明,并入了指标在其他地方被描述的更改之中:这些反映了实践的经验或者是推广的需要。基于投入和资源的各种比率,在文献中得到了充分的证明,并为在本国际标准中定义的图书馆绩效指标提供了背景环境。

图书馆的某些活动和服务,由于其在本国际标准的开发过程中,整体上还没有被测试和被充分证明的指标,这些通常包括信息服务、用户培训和电子服务(最近的出版物列举在附录 C 第 26 条中),图书馆和信息学界应建立机制并优先开发这些相应的指标。本国际标准将由一个工作组进行维护,该工作组将监视其发展,并编撰录入那些经过测试已被确认的附加指标。

信息与文献——图书馆绩效指标

1 适用范围

本国际标准适用于所有国家所有类型的图书馆。每一个单独的绩效指标其应用的局限性,列举在每一个指标说明细则的适用范围条款中(见附件 B)。

指标可用来对比同一图书馆在不同时期的绩效。指标也可以比较不同的图书馆,但是必须非常谨慎,要考虑图书馆用户的种种差异,对采用的指标有充分的理解,以及对数据有详细的阐释(见 5.3.5)。

本国际标准不包括那些评估图书馆对个人或社会产生影响的指标。

绩效指标并未规范图书馆的所有服务、活动及资源利用,或是由于这些指标在制定本国际标准时还未被提出并未被测试,或是由于这些指标未完成规定的标准(见 4.2)。

本国际标准不排除使用本标准中尚未规范的绩效指标(见条款 6)。

全文中,指标的名称(备注:此处省略原文中"用大写的首字母",因为原文为英文才有大小写字母,而汉语字词无大小写)印成着重词语,例如:人均到馆率为人均到馆率,以便与其下的说明文字中的名称相区别。

2 标准规范的参考引用

以下标准包括的条款,在本国际标准的文本中被参考引用的,共同构成本国际标准的条款。此版本一经出版即时生效。所有标准均可以修订,鼓励基于本国际标准而达成协议的各方,研究应用下列指定标准的最新版本。IEC 及 ISO 成员维护当前生效的国际标准的登录。

ISO 2789:-1)信息与文献 —— 国际图书馆统计。2)

---

1)正待出版。(ISO 2789:1991 的修改版)

2)ISO 2789 的主要目的是促进图书馆之间、不同国家图书馆之间的比较。它不关注绩效指标本身,也不关注如何最好地收集数据来产生这些绩效指标。该标准的新版本正在准备中。

3 定义

本国际标准,应用下列定义。

注释:

(1)只要合适,在参考引用时仍沿用原文中现存的定义。

(2)定义的术语按英语和法语的字母顺序排列。对应的英语或法语术语,必要时,均置于圆括号中以便互为参考。

3.1 可获取性:容易获得并使用某项服务或设备。

3.2　适宜性:每一给定的指标适合评估某一特定的活动。

3.3　有效性:当用户需求时,图书馆实际能提供文献资料、设备或服务的满足程度。

3.4　文献:有记载的信息,在文献加工中能作为一个单元进行处理。

注释1:改编自ISO 5127:2001,定义1.2.02。

注释2:文献有不同的物理形式和特性

3.5　效果:测量给定目标被实现的程度。

注:某一活动当它最佳化地达到了预期设想的结果,即是有效果的。

3.6　效率:测量为实现某一给定目标的资源利用的效用。

注:某一活动当它最小化地使用了各种资源或以同样的资源产生了更好的绩效,即是有效率的。

3.7　评估:评价某项服务或设施的利用和重要性,及其效果和效率的过程。

3.8　设备:为图书馆用户提供的设备、学习场所等。

注释1:不包括洗手间、咖啡屋及公用电话等设施。

注释2:设备包括影印机、网络终端、光盘阅览室、阅览座位、研究卡座。

3.9　目的:通过执行认可的政策而实现了事物期望得到的情形。

3.10　指标:用来从质和量两方面描述活动(或者事件、物体、人)的特征,从而评价此特性化活动的价值的表达方式(可以是数字、符号或口头形式)。

3.11　图书馆:以收藏文献信息来促进这些文献信息的利用,从而满足其用户的信息、研究、教育或娱乐需要为主要目标的组织或组织的一部分。[摘于ISO 2789]

注释1:这是对一个图书馆的基本要求,不排除相对于其主要目的之外的偶然性的任何其他资源和服务。

注释2:当图书馆有不止一项职能时(例如学校图书馆和公共图书馆),它要么必须决定什么是其主要职能,要么在极端情况下,必须分离其职能并相应的分别报告数据。

[ISO 2789:—1),定义3.1.5]

3.12　借阅:非电子形式的文献资料(例如图书)、在物理载体(例如CD-ROM)或其他设备上的电子文献,直接借出给用户,或是电子文献传递给用户,允许其在限定的时间段内使用。

注释1:借阅包括用户自行续借和馆内注册了的借阅(现场借阅)。续借应该单独统计。

注释2:借阅包括用以取代原始文献的复印文献(包括传真),以及图书馆员工为用户提供的电子文献的打印件。

注释3:本款目还包括以物理形式提供给远程用户的文献。

注释4:有中介参与的文献资料的电子递送,如果其允许无限期使用的话,算作电子文献传递。这包括对服务人群成员的递送。

[ISO 2789:—2),定义3.3.11]

3.13　任务:由权威部门批准的、构成组织的目标的声明,及其在服务和产品开发中的各种选择。

3.14　目标:为达到组织的目的而举行的某一活动的特定目标。

3.15　绩效:图书馆提供服务的效果和提供服务过程中资源配置及利用的效率。

3.16　绩效指标:用于描述图书馆绩效的数字或文字形式的表达方式。

注释:包括简单计算和数值之间的比率。

3.17　服务人群:图书馆建立之宗旨即是为了向其提供服务及文献资料的个体人群。

3.18　质量:是指某一实体能够满足规定需要或隐含需要的特性之总和。

(见ISO 8402 附件C)

3.19 日常经费:花在员工及经常被耗费和更新的资源上的费用。

注释1:不包括资产经费,如大的资本项目,建新馆舍,扩建或改造现有建筑物和购置电脑设备的费用。

注释2:日常经费的计算方法在不同的机构、权威部门和国家各不相同,也没有必要规定只采用一种方法。必须根据在不同背景中所采用方法的正常的实际情形进行计算。这也意味着只有在遵循相同原则的情况下,比较才有效。

日常经费通常包括:工资和薪水(包括员工利益、社会成本等);馆藏建设的费用、管理成本、馆舍和馆藏的维护维修等,馆舍和设备的租赁成本或折旧成本,以及其他运作费用(暖气、采光、用电等)。

增值税、消费和服务税或其他地方税通常都包括在其中,除非指标用于作国际性的对比。

3.20 可靠性:衡量某措施重复地、持续地产生同样结果的程度。

3.21 资源:图书馆的资产,包括员工、文献资料、设备、场地等。

3.22 目标人群:实际的和潜在的用户群体,符合某个体图书馆特定服务的对象,或作为特定文献的主要使用者。

3.23 题名:位于文献首要位置、用以鉴别该文献并常常用来与其他文献相区别的词语。

[ISO 5127:2001,定义 4.2.1.4.01]

注释:为了估算,每一个文献都用与众不同的标题进行描述,无论文献是以一个还是几个物理单元发行,也不论图书馆有多少该文献的复本数。

3.24 用户:图书馆服务的接受者。

注释:接受者既可以是个人,也可以是一个机构。

3.25 确证性:某指标评价它预期评估事物的准确程度。

3.26 图书馆馆藏:图书馆为其用户提供的所有文献资料。

注释1:包括本地拥有的文献资料和已经购买了永久或即时使用权的远程资源。

注释2:使用权可以是图书馆本身购买的,或者是图书馆联盟并/或通过外部资助获得的。

注释3:获得要理解为有目的地选择文献资料、确保具有使用权并纳入图书馆的在线书目或其他数据库中。馆际互借和文献传递不包括在内。

注释4:不包括对网络资源的链接,因为图书馆没有通过合法的协议、取得授权或者通过其他合约形式并且/或是合作协议来确保其具有使用权(例如合法的存储权)。经由图书馆进行了编目、并纳入到其在线目录或是数据库中的免费网络资源需分别统计。

[ISO 2789:—4),定义 3.2.22]

4 标准及其说明细则的结构

4.1 导言

4.1.1 图书馆绩效指标的目的是行使其作为工具的职能来评估图书馆所提供的服务和开展的其他活动的质量和效果,并评估图书馆为开展这些服务和活动所配置资源的效率。

4.1.2 本国际标准中的附件B列出的一系列绩效指标,或通过在图书馆中的广泛使用得到全面验证,或通过专家和文献后附属的文件得到直接验证。有些绩效指标的说明包括了变通情形,这些变通反映着实践经验或者反映了使指标普及应用的普及化需求。

4.1.3 附件B中的所有绩效指标执行4.2中陈述的标准并根据4.3中陈述的说明原则

进行规范。附加在本国际标准修订版本中的绩效指标将执行同样的标准和遵循同样的说明原则。

4.1.4 为了覆盖其他活动和服务,或者为某一特定目的服务,将开发新的绩效指标或增加绩效指标的多选择性。这些绩效指标将根据4.2和4.3来评估和描述。(见条款6)

注:需要注意的是,指标要分别单独描述,独立于其他指标。这并不意味着指标应孤立地使用。收集数据的时候,在许多情况下,同时为两个或多个指标收集数据是可能的和实用的,如同在大多数手册中出现的那样。

4.2 标准

4.2.1 为了遵照本国际标准,单个图书馆的绩效指标必须经过全面测试、确认及(最好是)备有文字的证明。已在图书馆中被广泛采用的绩效指标,即使没有确切的被证明,也是可以接受的。

4.2.2 为了测试绩效指标,应该使用以下标准:

a)内涵丰富。指标必须内涵丰富才能作为工具来测评图书馆某项活动,鉴定成果,确定工作中的各种问题和缺点,从而采取有效措施来补救。它也应为决策提供信息,如目标的确立、预算的分配、服务和活动的优化等。

b)可靠性。绩效指标必须是可靠的,亦即在同样的条件下重复使用时能持续产生同样的结果。

注:事实是指标需反映出数据的潜在多变性,例如季节性变化或借阅活动的起伏波动,其本身并不意味着指标不可靠。

c)有效性。指标必须是有效的,即它必须能够测评它预期要测评的目标。

注:事实上有些指标是间接指标或只是粗略的评价,这本身并不意味着指标的非有效性。

d)适宜性。指标必须适用于它预设的目的,即单位和规模必须适合,实施测评过程所必需的操作,应与图书馆的程序及实际布局相一致。

e)实用性。指标必须实用,即它所使用的数据能够通过图书馆根据员工时间、员工素质、运作成本及用户时间与耐心,用一系列合理的努力而有效获得。

如果指标被用来比较不同的图书馆,适宜采用第6条标准〔条款1〕。

f)可比性。单个图书馆绩效指标允许在不同的图书馆间进行比较。如果评分相同,考虑为评分的精确度留有余地的话,意味着在图书馆中被比较的服务质量或效率,处于相同的水平。(见5.3.5)

注意:

1 重要的是要确信被测评的活动是可比的。

2 该标准足以根据此绩效指标的评分来给图书馆排序,但不足以确定,例如,一个图书馆有两倍于其他图书馆的评分时,它就双倍好于其他图书馆。

4.3 说明原则

4.3.1 导言

附件B中的绩效指标是按照以下结构来阐释说明的,该原则也应被用来说明新的绩效指标或增加绩效指标的多种选择性。

4.3.2 名称

每个指标都应有唯一的描述性名称。

4.3.3 目标

每个指标应有其明确的目标,根据被评估的服务、活动或是资源利用来进行描述。

4.3.4 适用范围

范围应表述指标适用的图书馆的类型。

范围可以表述指标是否适用于图书馆间的比较以及与之相关的局限性。

范围可以包括指标应用中的其他局限性。

注:范围的表述可能包括说明如何使用指标的资格、场合和情况。例如,范围可以表述指标是否只适用馆藏的某些部分,如外借馆藏或是参考馆藏;或者指标是否被用来评估作为整体的图书馆的服务和活动,以及用来评估图书馆服务的部分,或者用来体现主题或是服务群体的差异性。

4.3.5 指标的定义

每个指标应被唯一定义,用收集的数据和/或者建立在数据间的联系来表示。

表述中还应包括在指标定义中使用的专用术语的定义(这些专业术语没有在本国际标准中的其他地方被定义),以及包括所采用方法的说明中所用的术语。

习惯用法的固定术语无需定义。

4.3.6 方法

数据的收集与进行的计算应当简要说明。

如果某种方法需要重复进行才能确定指标的值,这就应该明确声明。

可以有两种或两种以上同等的方法,如不同的数据和计算方法用来产生同一指标。

注:例如,可以采用总计与抽样的方法,也可以采用直接测量与基于不同数据得出的估算方法。

若有多种方法,则最具普及性的应在最前说明。

补充说明应不包括通用的统计方法,如抽样程序、抽样数量、可靠时间间隔估算、统计测试等等。

若使用问卷调查,只能包括所问问题和所用的评分,不包括整份问卷表设计的详细说明。

可能的话,方法的说明应指明为准备工作、数据收集和结果分析所做的必要努力。

4.3.7 说明和影响指标的因素

解释性说明:可以包括必要的信息,来解释采用某指标的多种结果。

注:可以给定指标的总范围,以及声明告诉本国际标准的用户:是否最大化、最小化或最优化的值真实表现了最高值的情形。

解释性说明:可以包括预料到的可变性信息,如季节性的变化或一天之中的变化。

为了有助于使绩效指标的应用成为一种诊断工具,说明中也可以包括对结果产生影响的图书馆内部因素或外部因素的信息。这类信息应采取如下方式提供,即:可以预见图书馆所采取的行动能够达到期望的等级改变。

4.3.8 来源(可选的)

参考文献将补充证明指标的来源。说明应明确阐明本国际标准中的指标是否是来源文件中指标的修订版。

如果该指标的名称不同于在来源文件中的名称,原来的名称补充在参考文献后的圆括号中。

参考文献可包括能提供更多关于指标应用以及数据收集和分析的方法等详细信息的

文献。

4.3.9 相关指标(可选的)

适当时,应当声明在本国际标准之中指标间的相互关系。

5 绩效指标的用途

5.1 背景

5.1.1 本国际标准中的绩效指标可以用来有效地评估图书馆的工作。在评估过程中,图书馆服务和其他活动的质量和效果,以及图书馆资源利用的效率将比照图书馆自身的任务、目标和目的来评估。

5.1.2 绩效指标应与系统的图书馆策划和评估相联系。而且,测评过程应有规律地进行。评估结果应以这种方式来报道:它告知决策过程并证明图书馆是怎样完成其使命的。

5.1.3 作为图书馆策划和评估的工具,绩效指标有两大主要目标。第一大目标是促进管理过程的监控,另外,为参考和为在图书馆员工、基金团体以及用户群之间的对话,提供一个基础。

第二大目标就是为有着相同使命或目标的图书馆和信息服务的绩效提供对比性分析。

5.1.4 近年来,为此目的,图书馆采用了各种各样的绩效指标。有的指标被广泛运用,并因此成为一项制度化的实践。近年来,也可以看到人们试图巩固过去在该领域取得的研究成果,两者皆有助于获得业界同仁的一致认同:关于一整套绩效指标体系以及如何在图书馆日常生活中实施这些绩效指标。

注:在编辑出版手册或其他编撰物的过程中作出国家级重大贡献的,分列在附件C[3,4,6,7,18,19,20,25,27]中,其中一些被翻译并被其他国家所采纳。在国际级别上,联合国教科文组织(UNESCO)和国际图联(IFLA)做了许多重要工作,如联合国教科文组织推进了公共图书馆绩效指标的开发(附件C中第[5]条),而国际图联(IFLA)的大学图书馆和其他一般性研究图书馆分组则制定了一整套评估学术性图书馆绩效的方针指南(附件C中第[8]条)。在欧共体的支持下,出版了一份综合性的述评和编撰物(附件C中第[24]条)。这些著作及其相关著作提供了如何开发、应用和理解图书馆绩效指标的重要信息。

5.2 绩效指标的选择

5.2.1 一般来讲,本国际标准中的绩效指标看起来是图书馆最为有用的指标。本国际标准认识到,很多种不同类型的图书馆,有着不同的背景,为不同的用户群体服务,并有其独特的特征(结构、资金、管理等)。既然世界上有这样广大的多样性,那么重要的是要明白:并非所有已确定的绩效指标对所有图书馆都有用。最好把本国际标准中的绩效指标列表看成是一份能适用各种背景的图书馆的可行性绩效指标清单。

5.2.2 图书馆在与主管部门和有关权威机构,如地方和国家政府,以及用户和其他投资人进行磋商时,需要决定哪些指标最适合哪种特定情形。必须根据图书馆的任务、目的和目标来做此决定。例如,公立图书馆的评价应放在公共政策发展的环境中进行。

期望所有利益相关的各方,应在所采纳的绩效指标的适宜性上达成一致。

5.2.3 为了能发现哪些绩效指标最适合某一个特定的图书馆,收集、分析数据,并将发现纳入到管理策略之中，图书馆员工必须具备一系列技能。一些图书馆发现：在贯彻执行绩效指标之前，对员工进行培训和开发教育技能是重要和必要的。

5.2.4 为某一特定的图书馆选择绩效指标时，应考虑以下因素：

a）绩效指标是否有助于图书馆管理、基金实体及服务人群？

b）图书馆员是否知道：某一项特定的活动或某一个特定的领域，可能不会运作得像它应能够达到的那样好？

即使这只是图书馆员的直觉，但这仍会是一个很好的理由去利用绩效指标来发现是否出了问题。

c）图书馆员能在多大程度上负责去收集、分析数据从而产生绩效指标？

绩效指标的产生需要员工花费时间和资源。充足的员工时间和资源才能有效地产生出特定的绩效指标。

员工还需要掌握一系列统计程序方面的实践知识。

d）外部的权威机构是否需要有关特定的图书馆服务领域的数据报告？

如果是，就有必要决定：是否同一数据，也能用于产生图书馆绩效指标。

对图书馆关系重大的局部因素，能影响绩效指标的选择。图书馆员必须做出清醒的决定：选择的绩效指标对评价图书馆运作（关系到其自身的目的与目标）将是最有用的。

5.3 局限性

5.3.1 优化绩效指标等级

图书馆绩效指标的用户应当明白，所有的绩效指标不可能同时达到最优。例如，一个图书馆可能取得了最高的用户满意度，但却意味着一个高比例的人均用户支出。绩效指标等级，必须契合图书馆想追求的是什么，而不是简单地用优化绩效指标等级来诠释。

5.3.2 精确度

阐释结果应慎重。取样出错，测评过程中的主观因素，测评过程中缺少足够的时间或资源，都会导致精确度不够（例如，指标 B.1.1.1 和 B.2.6.1）。同样，也能暗示指标本身的不精确性（例如，B.2.1.3 和 B.2.2.5）。

注：在某些情况下，大致估计就可以了，过于追求精确度只是白费力气。

5.3.3 用户技能与图书馆绩效

就某种程度而言，用户在图书馆的各种行为会影响图书馆绩效指标。如，某个图书馆在资料的有效性方面，用户满意度可能特别的低。这可能表明几种情形，一方面是用户缺乏足够的知识去查找那个特定图书馆的资料，或者是那个图书馆没有充足的文献来满足用户需要。因此，一个较低的等级暗示着一个需要评审的范围。评审可能建议：图书馆需要作战略规划来提高用户知识与技能（与图书馆活动相关的），或者需要提高图书的有效性，通过改变外借期限或购买另外的复本。

5.3.4 关联资源与服务

当绩效差时，似乎可能证明需要增加资源来提高图书馆服务，但这不一定真实。事实上，在资源与图书馆提供的服务质量之间，可能没有如此强烈的关联。员工技能的水准，管理方法，及许多其他因素，包括增加资源，在不同的图书馆，对提高服务质量，可能产生不同的影响。

5.3.5 绩效指标数据的可比性

应用图书馆绩效指标的一个主要目的是自我诊断。它包括同一图书馆不同年份的绩效比较。第二大目的是:鼓励不同的图书馆之间作有意义的和有益的比较。绩效指标标准化和数据收集程序的标准化能有助于评估过程。无论如何,这样的比较必须尊重每一个图书馆的:

a）任务、目的和目标 ；

b）一系列绩效指标中的业绩;

c）资源;

d）用户群;

e）管理结构;

f）程序。

如果要作不同图书馆之间绩效等级的比较,必须要非常谨慎,并充分意识到这种比较的局限性〔参见4.2.2.f〕。

6 本国际标准的维护

在 ISO/TC 46/SC8 支持下设立了一个工作组,负责本国际标准的维护。新的指标须经指定的专家组审查,指标说明在投票提交国家委员会通过后,尽快作为本国际标准的补充本出版。

附 件 A

（标准）

图书馆绩效指标列表

表 A.1 列举了图书馆通常提供或进行的活动和服务，本国际标准中的绩效指标是以相关服务和活动进行分组的；指标的阐释说明，在附件 B 中提供。绩效指标的标志符号设计成具有可扩展性，不但适用活动列表而且适用指标列表，都便于以后增补。

注释：

（1）还有许多已在图书馆使用的指标未加说明。

（2）本国际标准中列举的一些活动并没有对应的指标。这反映的事实是，本国际标准在编辑之时还没有适宜的指标在普及使用或者在文献中有记载。本标准为这些活动的每一项都留有一个参考编号（如 B.2.8），以便将来插入新的说明。

表 A.1

被测评的服务、活动或其他方面	绩效指标	附件 B 中的说明
用户评价		B.1
总体		B.1.1
	用户满意度	B.1.1.1
公共服务		B.2
总体		B.2.1
	目标人群覆盖率	B.2.1.1
	用户人均成本	B.2.1.2
	人均到馆率	B.2.1.3
	到馆平均成本	B.2.1.4
文献的提供		B.2.2
	文献获取的有效性	B.2.2.1
	需求文献获取的有效性	B.2.2.2
	需求文献在馆藏中的百分比	B.2.2.3
	需求文献获取的时效性	B.2.2.4
	人均馆内利用率	B.2.2.5
	文献利用率	B.2.2.6
	未利用库存的百分比	B.2.2.7
	上架准确率	B.2.2.8
文献检索		B.2.3
	闭架文献索取的时间	B.2.3.1

（续表）

被测评的服务、活动或其他方面	绩效指标	附件 B 中的说明
	开架文献索取的时间	B.2.3.2
文献借阅		B.2.4
	外借馆藏周转率	B.2.4.1
	人均外借次数	B.2.4.2
	人均外借文献册数	B.2.4.3
	平均外借成本	B.2.4.4
	员工人均外借次数	B.2.4.5
	库存借阅率	B.2.4.6
外部资源的文献传递		B.2.5
	馆际互借速度	B.2.5.1
咨询和参考服务		B.2.6
	正确回答满足率	B.2.6.1
信息查询		B.2.7
	题名目录检索成功率	B.2.7.1
	主题目录检索成功率	B.2.7.2
用户教		B.2.8
	本国际标准中无指标	
设备		B.2.9
	设备的有效性	B.2.9.1
	设备的利用率	B.2.9.2
	座位占有率	B.2.9.3
	自动化系统的有效性	B.2.9.4
技术服务		B.3
文献采访		B.3.1
	文献采访的时间	B.3.1.1
文献加工处理		B.3.2
	文献加工处理的时间	B.3.2.1
编目		B.3.3
	每种文献编目平均成本	B.3.3.1
服务的改善		B.4
	本国际标准中无指标	
人力资源的有效性与利用		B.5
	人均开展用户服务的员工	B.5.1.1
	开展用户服务的员工在总员工中的比例	B.5.1.2

附 件 B

（标准）

绩 效 指 标 细 则

注释 1：本国际标准下列各指标的描述，其方法条款中，包含有“抽取一份有代表性（随机）样本”的短语。该短语出现的地方，应该理解为：抽取一份随机样本，以便该样本能代表服务人群。统计方法的标准文献，应该用以指导怎样去抽取样本。

注释 2：方括号中的数字指向附件 C 参考文献目录中所列条款。

B.1 用户评价

B.1.1 总体

B.1.1.1 用户满意度

B.1.1.1.1 目标

评估用户对图书馆的整体服务或图书馆各项服务的满意程度。

B.1.1.1.2 适用范围

所有图书馆。可以比较同一图书馆不同时期的状况。只有在背景、问题和程序都相同的情况下，才能比较不同的图书馆。

该指标可用于评估特定用户类别，如研究生、教师或老年用户等的满意度。

该指标能用于评估用户对图书馆任一公共服务的评价。例如：

—— 开放时间；

—— 学习设备；

—— 文献的有效性；

—— 馆际互借服务；

—— 参考咨询服务；

—— 用户培训；

—— 图书馆员工的态度；

—— 图书馆的整体服务。

个性化服务的各个方面也可以在同一次测评中进行评估。

B.1.1.1.3 指标的定义

用户对图书馆的整体服务或各项服务通常用 5 分制来评定等级。1 分为最低等级。

B.1.1.1.4 方法

设计一份简明扼要的调查问卷，列举了需要评估的特定服务或服务的方方面面，问卷中提供 1—5 分的评分等级。

用户情况可以包括在调查问卷中。不同的用户群有不同的需求，所以数据可以用于分析确定满意程度与这些变化的关系。

随机抽取一个具有代表性的用户样本，并让其填写调查表。

对每项服务或是服务的某一方面的平均用户满意度，为：

$$\frac{A}{B}$$

其中

A 是指用户对某项服务评分的总和；

B 是指回答问卷调查的用户总数。

保留一位小数点。

在调查中，每个问题的指标都分开单独计算并记录。

对每一项服务，也要计算每一个评分出现的频率，然后计算每一个评分的百分比。这体现了用户评价在所有的可能性中是如何分布的。

调查中，问题的每一个特定选项，可用来确定不满意的特定来源，以及确定各项服务的相对重要性。

注释：该方法的另一个变通是：可以对用户进行访谈。

B.1.1.1.5　说明和影响指标的因素

对于每项服务或是服务的每个方面，该指标是一个从 1 到 5 之间的、保留 1 位小数点的数字。

用户的观点是非常主观的，而且取决于调查时的个人情况。一个很重要的要素是：用户的期望值。如果他们没有享受过高质量的服务，那他们可能对低质量的服务感到满意。这就是为什么很难将两个图书馆进行比较的原因之一。

B.1.1.1.6　来源（见附件 C）

[4] PP. 118 - 122

[6] PP. 43 - 53

[8] PP. 106 - 111

B.2　公共服务

B.2.1　总体

B.2.1.1　目标人群覆盖率

B.2.1.1.1　目标

评估图书馆覆盖目标人群的成功率。

注释：目标人群可以指图书馆服务的总人群，或是总人群中的某一特定团体，或是图书馆正打算服务的其他团体。

B.2.1.1.2　适用范围

所有图书馆。

只有用相同的方法进行指标的计算，指标才可以对为相似目标人群提供服务的图书馆进行比较。

B.2.1.1.3　指标的定义

目标人群利用图书馆的百分比。

本指标中,用户,是指在过去的一年中,到访过图书馆或以其他方式利用过图书馆服务的人。登记外借的用户数量,可以用来作为目标人群中用户数量的一个评价。

本指标中,用户可以是个人,也可以是团体(组织、机构或公司)。

B.2.1.1.4 方法

a)从目标人群中随机抽出一份代表性的样本,问样本中的每一个人:在过去的一年中,是否去过图书馆,或以其他方式使用过图书馆的服务。

目标人群覆盖率,为:

$$\frac{A}{B}\times 100\%$$

其中

A 是作出肯定回答的人数;

B 是参与调查问卷的总人数。

保留最接近的整数。

b)使用计算机流通系统的记录,计算出去年借阅文献的用户(属于目标人群的)数量。

估算出用户在目标人群中的数量。

目标人群覆盖率,为:

$$\frac{A}{B}\times 100\%$$

其中

A 是目标人群中活跃的借阅者;

B 是目标人群的总人数。

保留最接近的整数。

由于不是个人的所有利用都被考虑到,用这种方法计算出的数值要比实际比例低。

B.2.1.1.5 说明和影响指标的因素

指标是一个从 0 到 100 之间的整数。通常认为,数值高比数值低要好。但是对一个专业图书馆来说,如具有特定类型目标群的图书馆,相对低的数值也可被认为是满意的。目标人群利用图书馆的比例,会受到诸多因素的影响,许多因素来自于图书馆外部。如,目标人群在人口中的构成、城市化水平、教育水平、被服务机构的特点(如教学方法、对学生的经济支持水平)、购书习惯、图书馆与用户间的距离、社会状况和经济状况等等。

指标的值,应该敏感反映出图书馆服务的提升,以及所提供服务的改进。

B.2.1.1.6 来源(见附件 C)

[5]P.35

[7]PP.41 -42

[8]PP.45 -48

[24]PP.88 -90

B.2.1.1.7 相关指标

人均到馆率、人均馆内利用率、外借馆藏周转率、文献利用率、人均外借文献册数。

B.2.1.2 用户人均成本

B.2.1.2.1 目标

评估与用户量相关的图书馆服务的成本。

B.2.1.2.2 适用范围

所有图书馆。

如果计算图书馆开支的方法相同,那么指标可以用于比较具有相同任务的图书馆。

B.2.1.2.3 指标的定义

图书馆在一个财政年度的日常总开支,除以用户数。

本指标中,用户,是指在过去的一年中,到访过图书馆或以其他方式利用过图书馆服务的人。图书馆的基本活动是外借,所以,登记外借的用户数量可以用来作为目标人群中的用户数量的一个评价。

用户可以是个人,也可以是团体(组织、机构或公司)。

B.2.1.2.4 方法

a) 从接受服务的人群中随机抽出一份代表性的样本,问样本中的每一个人:在过去的一年中,是否访问过图书馆,或以其他方式利用过图书馆的服务。

用账目数据计算出图书馆在一个财政年度的日常总开支。从预算数据中可以得出本年度的估算。

用户人均成本,为:

$$\frac{A}{\frac{B}{C} \times D}$$

其中

A 是整个财政年度的日常总开支,用相应的货币来表示;

B 是在样本中作肯定回答的人数;

C 是样本的总人数;

D 是接受服务的人群数量。

保留为所使用货币的惯例位数。

b) 使用计算机流通系统的记录,计算出去年借阅文献的人数(属于目标人群)。

用户人均成本,为:

$$\frac{A}{B}$$

其中

A 是整个财政年度的总开支,用相应的货币来表示;

B 是去年内登记借书的用户总数。

保留为所使用货币的惯例位数。

B.2.1.2.5 说明和影响指标的因素

本指标是一个没有上限的实数。

本指标可以用于评估:

—— 图书馆不同时期的成本效果;

—— 图书馆在当地社区与其他服务相比的成本效果;

—— 与同类型图书馆相比较的图书馆的成本效果。

本指标不能用来自我评价。把服务指标放到一个更为综合的环境中才有用,应将其与图书馆服务的范围、质量或更广泛地与图书馆的目标关联起来考虑。当评价与目标相反时,本指标可用于判断公共基金的开支,及有助于理解相似图书馆间的成本差异。计算的结果会受到计算方法不同的影响。在这里,这种方法只计算登记了的借书者,结果可能会高估用户人均成本,因为忽略了那些利用了图书馆其他服务却并未借书的人。

B.2.1.2.6　来源(见附件 C)

[4] PP.52 –53

B.2.1.2.7　相关指标

到馆平均成本。平均外借成本。

B.2.1.3　人均到馆率

B.2.1.3.1　目标

评估图书馆服务吸引用户的成功率。

B.2.1.3.2　适用范围

拥有确定的服务人群的所有图书馆。

只有把图书馆任务与社会经济因素的差异都考虑进来,才可能在图书馆之间进行比较。

B.2.1.3.3　指标的定义

全年来访图书馆的总次数,除以服务人群的总人数。本指标中,到馆,是指进入图书馆并想要利用图书馆所提供的某一项服务。

B.2.1.3.4　方法

a) 使用十字旋转式大门或相似的设备,来自动计算出人们进入或是离开图书馆的次数。

人均到馆率,为:

$$\frac{A}{B}$$

其中

A 是一年中来访图书馆的总次数;

B 是服务人群的总人数。

保留为最接近的整数。

b) 计算出一段或多段抽样时间内,人们进出图书馆的次数,时间的长短与时段的次数,由本指标的使用者自己选定。采用在一年当中有变化的有效信息,通过推断来估算出一年中来访图书馆的总次数。

注:公共图书馆一般用一个星期作为一个时段;学术性图书馆一般要用两个或更多几个时段,才能反映出学术活动的周期。

人均到馆率,为:

$$\frac{A}{B}$$

其中

A 是一年中来访图书馆的总次数;

B 是服务人群的总人数。

保留为最接近的整数。

B.2.1.3.5　说明和影响指标的因素

本指标是一个没有上限的实数。通常情况下,数值越高越好。

如果使用十字旋转式大门,得出的数据可能偏高,因为图书馆员工和非用户人员也被计算进去了,或者,有时候用户因种种原因不得不来回出入图书馆。

本指标较少关联到图书馆的电子或电话咨询的实际数量,或者为远程用户提供的其他类型服务,或者图书馆有一个高比例的不属于服务人群的用户群。一旦有季节性变化的实际数量,其计算应在较短的时段内进行,而在该时段内图书馆利用更有规律性。

B.2.1.3.6　来源(见附件C)

[7] PP.37-41

[24] PP.91-93

B.2.1.3.7　相关指标

到馆平均成本。

B.2.1.4　到馆平均成本

B.2.1.4.1　目标

评价与图书馆来访次数相关的图书馆服务的成本。

B.2.1.4.2　适用范围

所有图书馆。

如果计算图书馆开支的方法相同,那么,本指标可以用于比较有着相同任务的图书馆。

B.2.1.4.3　指标的定义

在一个财政年度内图书馆的日常总开支,除以到馆总次数。

本指标中,到馆,是指进入图书馆并想要利用图书馆所提供的某一项服务。

B.2.1.4.4　方法

a) 利用十字旋转式大门或相似的设备,来自动计算出人们进入或是离开图书馆的次数。用账目数据计算出图书馆在一个财政年度的日常总开支。从预算数据中,可以得出本年度的估算。

到馆平均成本,为:

$$\frac{A}{B}$$

其中

A 是整个财政年度的总开支,用相应的货币来表示;

B 是一年中来访图书馆的总次数。

保留为所使用货币的惯例位数。

b) 计算出一段或多段抽样时间内,人们进出图书馆的次数,时间的长短与时段的次数,由本指标的使用者自己选定。采用在一年当中有变化的有效信息,通过推断来估算出一年中来访图书馆的总次数。

注释:公共图书馆一般用一个星期作为一个时段;学术性图书馆一般要用两个或更多几个时段,才能反映出学术活动的周期。

到馆平均成本,为:

$$\frac{A}{B}$$

其中

A 是整个财政年度的总开支,用相应的货币来表示;

B 是一年中来访图书馆的总次数。

保留为所使用货币的惯例位数。

B.2.1.4.5　说明和影响指标的因素

本指标是一个没有上限的实数。

本指标不能用来自我评价。把服务指标放到一个更为综合的环境中才有用,应将其与图书馆服务的范围、质量或更广泛地与图书馆的目标关联起来考虑。当评价与目标相反时,本指标可用于判断公共基金的开支,及有助于理解相似图书馆间的成本差异。

计算的结果,会因计算方法的不同而不同。

通过校园网远程利用图书馆等,能极大地改变用户的行为模式。

如果使用十字旋转式大门来计算来访者,得出的数据可能偏高,因为图书馆员工和非用户人员也被计算进去了。

本指标较少关联到图书馆的电子或电话咨询的实际数量,或者为远程用户提供的其他类型服务。

一旦有季节性变化的实际数量,其计算应在较短的时段内进行,而在该时段内图书馆利用更有规律性。

B.2.1.4.6　来源(见附件 C)

[4] PP.52-53("用户人均成本"的变量)

B.2.1.4.7　相关指标

用户人均成本。人均到馆率。

B.2.2　文献的提供

B.2.2.1　文献获取的有效性

B.2.2.1.1　目标

评估当用户需要时,图书馆的馆藏文献在多大程度上对用户而言是真正有效可获取的。

B.2.2.1.2　适用范围

所有图书馆。参考馆藏和外借馆藏文献应分开测评。

也可用来评估规定的馆藏、学科领域、分馆,或是不同的时期。测评图书馆中的每一个规定的领域时,作为结果的指标可进行比较,以分辨其有效性是否明显地不同。

只有用相同的方法对指标进行计算,才能对具有相同任务的图书馆进行比较。

B.2.2.1.3　指标的定义

对用户而言,即时有效可获取的馆藏文献的百分比。

本指标中,有效,是指文献的复本陈列在图书馆并可以提供给用户,或外借或在图书馆中利用。从闭架库中检索到的复本,也可算作为有效。

被抽取去加工的复本,例如在编目、分类、装订、重排架之中的,等等,和因为被偷、错架等原因而找不到的复本,都要算作非有效性,但是这些文献要包括在馆藏文献的总数中。

本指标中,馆藏文献包括期刊或图书中的单篇文章,如果它们也被包括在馆藏文献的总数中。包括哪些,必须在每一种情况中明确声明。

B.2.2.1.4　方法

a）从图书馆馆藏文献中随机抽取一份典型样本。对样本中每一种馆藏文献,记录下其复本是否有效。如果粗略测评,则只核查图书馆的馆藏记录。如果要更为精确地测评,最好是核查实际的复本数。

文献获取的有效性,为:

$$\frac{A}{B}\times 100\%$$

其中,

A 是样本中有效的馆藏文献的数量;

B 是样本中馆藏文献的总数量。

保留为最接近的整数。

b）利用计算机流通系统的记录,记录下馆藏文献中有多少文献至少拥有一个有效的复本。在这种情形下,只要核查馆藏记录,不需要实际的复本数。

文献获取的有效性,为:

$$\frac{A}{B}\times 100\%$$

其中,

A 是有效的馆藏文献的数量;

B 是馆藏文献的总数量。

保留为最接近的整数。

对于有着显著变化(如季节性变化)的图书馆,一个更为精确的指标,可以通过测评各时段的文献获取的有效性,然后计算出平均的有效性来获得。

注意:为方便起见,可使用相同的样本。尽管由于馆藏结构可能发生变化,它会导致产生错误。但这个错误的大小,在大多数情况下,相对于所要求的精确度而言,是不重要的。

如果参考保留复本和外借复本混杂在馆藏中,最理想的是把参考保留复本不计算在内。

B.2.2.1.5　说明和影响指标的因素

该指标是一个从 0 到 100 之间的整数。它用于评估随机抽选的馆藏文献的有效性。分值越高,有效性越高。

在有些图书馆,要考虑到明显的季节性变化。考虑到在一个星期或一天内会出现的变化。

影响该指标的因素很多,最重要的是如下几点:

—— 每种文献的复本量,尤其是那些需求量大的文献。

—— 图书馆的标准借书期限,尤其是需求量大的文献的特殊借书期限和同时可借阅文献的册数。

该指标也会受到一些次要因素的影响。例如,过期的文献数量,不再需要的超大复本量,被取出用于装订或正在进行其他加工程序的文献量,以及再上架的速度等。

B.2.2.1.6　来源(见附件 C)

[3](资料的可用性)

[17] P.300

B.2.2.1.7　相关指标

文献利用率、设备的有效性、自动化系统的有效性。

B.2.2.2　需求文献获取的有效性

B.2.2.2.1　目标

评估当用户需要时，图书馆被用户需求的馆藏文献，在多大程度上是真正有效可获取的。

B.2.2.2.2　适用范围

所有图书馆。参考工具书和外借馆藏文献应分开测评。

也可用来评估规定的馆藏、学科领域、分馆，或是不同的时期。测评图书馆中的每一个规定的领域时，作为结果的指标可进行比较，以分辨其有效性是否明显的不同。

只有用相同的方法对指标进行计算，才能对具有相同任务的图书馆进行比较。

B.2.2.2.3　指标的定义

图书馆馆藏中，至少有一个用户需求的文献，即时有效可获取的百分比。

本指标中，有效，是指文献的复本陈列在图书馆并可以提供给用户，或外借或在图书馆中利用。从闭架库中检索到的复本，也可算作为有效。

被抽取去加工的复本，例如在编目、分类、装订、重排架之中的，等等，和因为被偷、错架等原因而找不到的复本，都要算作非有效性，但是这些文献要包括在馆藏文献的总数中。

本指标中，馆藏文献包括期刊或图书中的单篇文章，如果它们也被包括在馆藏文献的总数中。包括哪些，必须在每一种情况中明确声明。

B.2.2.2.4　方法

随机抽取至少被一个用户需求过的馆藏文献中的一份代表性样本。对样本中每一种馆藏文献，记录下其复本是否有效。如果粗略测评，则只核查图书馆的馆藏记录。如果要更为精确地测评，最好是核查实际的复本数。

需求文献获取的有效性，为：

$$\frac{A}{B} \times 100\%$$

其中

A 是样本中有效的被需求馆藏文献的数量；

B 是样本中被需求馆藏文献的总数。

保留为最接近的整数。

一份代表性的样本可以通过以下两种方式建立：

a)被需求的馆藏文献样本，可以通过询问代表性的用户样本，来了解他们正在查找的文献，然后去掉图书馆没有的文献。只包括特定的文献而不包括主题查询。去掉相同文献的重复数。

注：除非每一本需求的文献只被一个用户所取，否则此方法不能成为真正意义上的随机样本。就某种目的而言，即使被点名的馆藏文献全部被使用，其结果也是合适的。

b)利用实际的外借事务，不在库存的检索请求，文献流通还回和馆内文献的利用，来抽取一份代表性的样本。去掉相同文献的重复数。

注：此方法对用户而言显得不是那么唐突，但反映的只是对已购文献的需求并完成了外借事务。就某种目的而言，其结果是合适的。

对于有着显著变化（如季节性变化）的图书馆，一个更为精确的指标，可以通过测评各时段的需求文献获取的有效性，然后计算出平均的有效性来获得。

如果参考保留复本和外借复本混杂在馆藏中，最理想的是把参考保留复本不计算在内。

B.2.2.2.5 说明和影响指标的因素

该指标一个是 0 至 100 之间的整数。它评估这样一种概率，即随机抽取的被用户需求的馆藏文献的获取是否有效。分值越高，有效性越高。

在有些图书馆，要考虑到明显的季节性变化。考虑到在一个星期或一天内会出现的变化。

指标受几个因素影响，最重要的是如下几点：

—— 每种文献的复本量，尤其是那些需求量大的文献。

—— 图书馆的标准借书期限，尤其是需求量大的文献的特殊借书期限和同时可借阅文献的册数。

该指标也会受到一些次要因素的影响。例如，过期的文献数量，不再需要的超大复本量，拿出去进行装订或正在进行其他加工处理的文献量，以及再上架的速度等。

B.2.2.2.6 来源（见附 C）

[6]60—71 页（“资料可获取的有效性”）

[17]300 页

B.2.2.2.7 相关指标

文献获取的有效性。需求文献获取的时效性。需求文献在馆藏中的百分比。文献利用率。设备的有效性。自动化系统的有效性。

B.2.2.3 需求文献在馆藏中的百分比

B.2.2.3.1 目标

评估用户需求的文献在多大程度上是图书馆所拥有的。该指标用来评估图书馆馆藏是否符合用户的需求。

B.2.2.3.2 适用范围

所有图书馆。

也可用来评估规定的馆藏、学科领域、分馆，或是不同的时期。测评图书馆中的每一个规定的领域时，作为结果的指标可进行比较，以分辨其有效性是否明显的不同。

也可用来对具有相同任务的图书馆进行比较。

B.2.2.3.3 指标的定义

至少被一个用户所需求的馆藏文献的百分比。

若文献在调查之前已出版并被图书馆订购，虽然图书馆尚未收到，该文献仍计入图书馆馆藏。

本指标中，馆藏文献包括期刊或图书中的单篇文章，如果它们也被包括在馆藏文献的总数中。包括哪些，必须在每一种情况中明确声明。

B.2.2.3.4 方法。

随机抽取至少被一个用户需求的馆藏文献中的一份代表性样本，通过询问代表性的用户样本，来了解他们正在查找的文献。样本只包括特定的文献而不包括主题查询。

注：除非每一本需求的文献只被一个用户所取，否则此方法不能成为真正意义上的随机样本。就某种目的而言，即使被点名的馆藏文献全部被利用，其结果也是合适的。

为样本中的每一种文献，记录下图书馆是否拥有其复本。

需求文献在馆藏中的百分比，为：

$$\frac{A}{B} \times 100\%$$

其中

A 是被需求的且图书馆已拥有的文献数量（样本中）；

B 是样本中被需求文献的总数。

保留为最接近的总数。

B.2.2.3.5　说明和影响该指标的因素

该指标是一个 0—100 之间的整数。它评估这样一种概率，即用户所需的文献是否在图书馆的馆藏中。分值越高，表明了图书馆馆藏越能符合用户所需。

注释：分值低，不仅表示图书馆馆藏和用户所需的低适应性，也可能表明了用户对图书馆的学科覆盖范围有错误的认识。这可以通过提升图书馆的服务来改进。

预期的结果取决于图书馆的类型（例如专业图书馆或者一般性图书馆，学术图书馆或公共图书馆等）。

B.2.2.3.6　来源（见附件 C）

[8]84—89 页（包括在“有效性”中：称作“购置率”或“购置对采访的比率”）

B.2.2.3.7　相关指标

需求文献获取的有效性。需求文献获取的时效性。

B.2.2.4　需求文献获取的时效性

B.2.2.4.1　目标

评估用户需要的文献的获取，是否即时有效，或者在一段规定的时间内有效。

B.2.2.4.2　适用范围

所有图书馆。

也可用来评估规定的馆藏、学科领域、分馆，或是不同的时期。测评图书馆中的每一个规定的领域时，作为结果的指标可进行比较，以分辨其有效性是否明显地不同。

只有用相同的方法对指标进行计算，才能对具有相同任务的图书馆进行比较。

B.2.2.4.3　指标的定义

至少被一个用户所需求的文献，即时有效或者在一段规定的时间内有效的百分比。

本指标中，有效，是指文献的复本陈列在图书馆并可以提供给用户，或外借或在图书馆中利用。从闭架库中检索到的复本，也可算作为有效。

被抽取去加工的复本，例如在编目、分类、装订、重排架之中的，等等，和因为被偷、错架等原因而找不到的复本，都要算作非有效性，但是这些文献要包括在馆藏文献的总数中。

本指标中，馆藏文献不仅包括通过馆际互借而获得的文献，而且包括图书馆应用户要求而购买的文献。馆藏文献也可以包括期刊或图书中的单篇文章，如果它们也被包括在馆藏文献的总数中。包括哪些，必须在每一种情况中明确声明。

评定的时间由该指标的用户来决定，这应该采用能反映图书馆的任务和政策的方法来完成。

该指标可以用来评定在一段连续时间内（例如：立即，一周后，两周后，一月后，3 月后）需求文献可以被获取的百分比。

B.2.2.4.4　方法

随机抽取至少被一个用户需求的馆藏文献中的一份代表性样本。为样本中的每一份文献,记录下其复本是否即时有效或者在一段规定的时间内,有效。如果粗略测评,则只核查图书馆的馆藏记录。如果要更为精确地测评,最好是核查实际的复本数。

需求文献获取的时效性,为:

$$\frac{A}{B}\times 100\%$$

其中

A 是样本中可有效获取的文献数量;

B 是样本中文献的总数。

保留为最接近的整数。

一份具有代表性的样本可以用两种方法来建立:

a)被需求的馆藏文献样本,可以通过询问代表性的用户样本来了解他们正在查找的文献。只包括特定的文献而不包括主题查询。去掉相同文献的复本数。

注:除非每一本需求的文献只被一个用户所取,否则此方法不能成为真正意义上的随机样本。就某种目的而言,即使被点名的馆藏文献全部被利用,其结果也是合适的。

b)利用实际的外借事务、不在库存的检索请求、文献流通还回、文献的馆内利用、馆际互借请求和新增采访请求,来抽取一份有代表性的样本。去掉相同文献的重复数。

注:此方法对用户而言,显得不是那么唐突,但反映的只是一次外借事务或者一次特殊请求的需求。就某种目的而言,其结果是合适的。

在一段规定的时间内,文献可有效获取的数量,可以用两种不同的方法来计算:

1）监控样本中的文献,在一段规定的时间内,并记录下其复本何时变得有效。

2）利用流通系统的记录和其他相关记录,来评估图书馆拥有的馆藏文献是否在一段规定的时间内可有效获取。评估馆际互借请求的文献获取的有效性,可通过询问相关的图书馆,当他们认为其可有效获取即可认为是有效获取。

对于有着显著变化(如季节性变化)的图书馆,一个更为精确的指标,可以通过测评各时段的需求文献获取的有效性,然后计算出平均的有效性来获得。

如果参考保留复本和外借复本混杂在馆藏中,最理想是把参考保留复本不计算在内或者是分开来测评。

B.2.2.4.5　说明和影响绩效指标的因素

该指标是从一个 0 到 100 之间的整数。它评估这样的一个概率,即随机抽取的用户所需求的文献,能否在一段规定的时间内,有效获取。分值越高,有效性越高。

在有些图书馆,要考虑到明显的季节性变化。考虑到在一个星期或一天内会出现的变化。

指标受几个因素影响,最重要的是如下几点:

—— 每种文献的复本量,尤其是那些需求量大的文献。

—— 与用户需求相关的馆藏结构。

—— 图书馆的标准外借期限,尤其是需求量大的文献的特殊外借期限和同时可借阅文献的册数。

—— 馆际互借部门的工作效果。

—— 其他图书馆提供的馆际互借服务。

该指标也会受到一些次要因素的影响。例如，拿出去进行装订或正在进行其他加工处理的文献量，以及再上架的速度等。

B.2.2.4.6 来源（见附表 C）

〔5〕45 页（X 个星期内的用户需求满意率）

〔6〕71 到 76 页（所需资料的延误）

〔7〕62 到 65 页（文献的传递）

〔17〕307 页

B.2.2.4.7 相关指标

需求文献获取的有效性。文献获取的有效性。需求文献在馆藏中的百分比。文献利用率。设备的有效性。自动化系统的有效性。

B.2.2.5 人均馆内利用率

B.2.2.5.1 目标

评估在图书馆内资源利用的总量。

B.2.2.5.2 适用范围

所有图书馆。通过分析从主题途径利用文献的情形，来提供更详细的细节。也可用来评估规定的馆藏。

B.2.2.5.3 指标的定义

一年内，在图书馆中利用图书馆文献的数量，除以服务人群总数。

B.2.2.5.4 方法

抽取一个时间段作样本。在这段时期内，要求用户不要对在图书馆内利用过的文献再上架。在重新上架之前，记下使用过的文献数量。

人均馆内利用率，为：

$$\frac{\frac{A}{B} \times C}{D}$$

其中：

A 是在样本时间段内，记下的文献数量；

B 是样本时间段内，图书馆开放的天数；

C 是全年内开放的总天数；

D 是服务人群的人数。

A 中不包括外借流通的文献。

B.2.2.5.5 说明和影响指标的因素

指标是一个没有上限的实数。

一些高利用率的文献，在未上架之前，可能被不止一人所利用，因此，再上架的速度会影响到结果；另有一些文献，可能被取下架而未被利用。一些文献可能被非服务人群所利用。

计算也可能受图书馆过刊过报装订册数的相关政策影响。

馆内文献利用，受图书馆工作人员对文献再上架速度的影响，以及受待重上架文献的可检索性影响。

B.2.2.5.6　来源（见附件 C）

〔6〕55—59 页（“馆内资源利用”）

B.2.2.5.7　相关指标

人均外借量。

B.2.2.6　文献利用率

B.2.2.6.1　目标

通过估算任一时间文献被利用的比例，来评估总的馆藏利用率。

指标也可以用来评估馆藏是否能满足服务人群的需求。

B.2.2.6.2　适用范围

所有图书馆。

也可用来评估规定的馆藏、学科领域、分馆，或是不同的时期。对于图书馆中的每一个规定的领域，作为结果的指标可进行比较，以分辨其利用率是否明显的不同。

可以用来对具有相同任务的图书馆进行比较。

B.2.2.6.3　指标的定义

馆藏文献被利用的百分比率。

本指标中，“被利用”是指文献正被外借或是在图书馆中被用户所利用。

被拿出去加工的文献，例如在编目、分类、装订、重排架之中的，等等，和因为被偷、放错地方等原因而找不到的文献，都要算作未被利用，但是这些文献要包括在馆藏文献的总数中。

本指标中，馆藏文献包括期刊或图书中的单篇文章，如果它们也被包括在馆藏文献的总数中。包括哪些，必须在每一种情况中明确声明。

B.2.2.6.4　方法

a）随机抽取一份有代表性（任意）的馆藏文献的样本。对样本中的每一种文献，记录下文献是否被利用，同时通过核查文献的外借记录和在馆内的利用情况。

文献利用率，为：

$$\frac{A}{B} \times 100\%$$

其中

A 是样本中被利用的文献数量；

B 是样本中文献的总数量。

保留为最接近的整数。

b）利用计算机流通系统，计算出在特定某一天中文献外借的总数量。估算出同一天在图书馆内被利用的文献数量，例如，利用为测评 B.2.2.5“人均馆内利用率”而收集的数据，那么，

文献利用率，为：

$$\frac{A+B}{C} \times 100\%$$

其中：

A 是外借文献的数量；

B 是在图书馆内被利用的文献数量；

C 是馆藏文献的总数量。

保留为最接近的整数。

对于有着显著变化(如季节性变化)的图书馆,一个更为精确的指标,可以通过测评各时段的文献利用率,然后计算出平均的利用率来获得。

B.2.2.6.5　说明和影响指标的因素

指标是 0 到 100 之间的一个整数。它评估图书馆馆藏文献的利用率。分值越高,利用率越高。

在有些图书馆,要考虑到明显的季节性变化。考虑到在一个星期或一天内会出现的变化。

指标受几个因素影响,最重要的是如下几点:

—— 每种文献的复本量,尤其是那些需求量大的文献;

—— 与用户需求相关的馆藏结构;

—— 图书馆的标准外借期限,尤其是需求量大的文献的特殊外借期限和同时可外借文献的册数;

—— 图书馆的促进活动和促进领域中员工的技能。

该指标也会受到一些次要因素的影响。例如,过期的文献数量,不再需要的多余复本量,拿出去进行装订或正在进行其他加工处理的文献量,以及再上架的速度等。

B.2.2.6.6　来源(见附件 C)

[5]11 页(“备用外借的馆藏的百分比率”)

B.2.2.6.7　相关指标

文献获取的有效性。需求文献获取的有效性。馆藏文献的流通量。人均外借文献册数。人均外借次数。在馆内的人均利用率。设备利用率。阅览座位利用率。

B.2.2.7　未利用库存的百分比

B.2.2.7.1　目标

评估在一段规定的时间内,没有被利用的库存数量。

B.2.2.7.2　适用范围

所有图书馆。

可用来评估规定的馆藏、学科领域、分馆,或是不同的时期。对于图书馆中的每一个规定的领域,作为结果的指标可进行比较,以分辨其为被利用的百分率是否明显地不同。

B.2.2.7.3　指标的定义

在一段规定的时间内,库存中没有被利用的物理文献的百分率(保留为最接近的总数)。

本指标中,被利用,是指在规定的时间段内,某项馆藏曾被记录外借过,或被登记在馆内利用过。只有当图书馆记录下某项馆藏在持续利用中,才能计为馆内利用。

评定的时间由该指标的用户来决定,这应该采用能反映图书馆的任务和政策的方法来完成。通常,一年的期限是最小的合适值。

B.2.2.7.4　方法

a) 从图书馆拥有的馆藏中,抽取一份有代表性(随机)的样本。样本中的每一项馆藏,记录下在规定的时间段内,是否被借出,或是被登记在馆内利用。

未利用的库存百分率,为:

$$\frac{C-A-B}{C}\times 100\%$$

其中：

A 是样本中被外借过的馆藏数量；

B 是样本中被登记过在馆内被利用但未外借过的馆藏数量；

C 是样本的馆藏总数量。

保留为最接近的整数。

b）利用计算机自动化流通系统的记录，统计出在规定时间段内，被借阅的馆藏数量。那么，

未利用库存的百分率，为：

$$\frac{B-A}{B}\times 100\%$$

其中：

A 是被借阅的馆藏数量；

B 是可借阅库存的馆藏总数量。

保留为最接近的整数。

B.2.2.7.5 说明和影响指标的因素

指标是一个 0 到 100 之间的整数。它评估一份随机抽取的馆藏文献资料在规定的时间段内不被利用的可能性。分值越高，表明利用率越低。

指标受以下几个因素的影响：

—— 图书馆的使命，例如，图书馆是否具有保存存档的使命；

—— 图书馆的促进活动；

—— 图书馆的采访和剔除政策与实践。

B.2.2.7.6 来源（参见附录 C）

[20]36—39 页。

B.2.2.7.7 相关指标

外借馆藏周转率。文献利用率。

B.2.2.8 上架准确率

B.2.2.8.1 目标

评估在多大程度上，在图书馆目录中有记录的文献资料被放置在正确的位置上。

B.2.2.8.2 适用范围

所有图书馆。

可用来评估规定的馆藏、学科领域，或是图书馆分馆。对于图书馆中的每一项规定的领域，作为结果的指标可进行比较，以分辨其上架准确率是否明显地不同。

仅当考虑到存储和利用频率的不同时，才可以进行图书馆间的比较。

B.2.2.8.3 指标的定义

调查期间，在图书馆目录中有记录的文献资料，被放置在正确的位置上的百分率。

未记录在图书馆目录中的文献资料，例如，未编目就被借阅的，被抽去装订的，或是被备注已遗失的，都不应该包括在样本中。

B.2.2.8.4　方法

a）用一份上架清单来检查一份有代表性的书架样本。记录下清单中每一份文献资料是否正确上架。检查所有架上找不到的文献资料，是否在图书馆目录中有不在架记录。

上架准确率，为：

$$\frac{A}{B}\times 100\%$$

其中，

A 是正确上架的文献资料数量；

B 是样本中文献资料的总数量。（除去那些在图书馆目录中记载为不在架的文献资料。）

保留为最接近的整数。

注释：在架上找不到的文献资料，既包括那些放错了位置的，还包括那些被偷走的、而尚未在图书馆目录中被备注为已遗失的文献资料。

b）检查馆藏中一份有代表性的书架样本。记录下所有被放错了位置的文献资料，不论它们离正确位置的远近。在开放获取的区域，书架应该在开放时间之外进行检查，以便于能统计到在馆内利用的文献资料。

上架正确率，为：

$$\frac{A-B}{A}\times 100\%$$

其中，

A 是调查期间书架上文献资料的总数量；

B 是书架上放错位置的文献资料数量。

保留为最接近的整数。

注释：估算时，采用更简单一点的方法 b）就够了。

B.2.2.8.5　说明和影响指标的因素

指标是一个 0 到 100 之间的整数。分值越高，表明上架的准确率越高。

上架准确率受几个因素的影响。最重要的是：

—— 巡架的频率；

—— 再上架的速度。

指标也可指示分类体系或其他排架体系的不透明性及不易于使用，或者指示一种保障机制的需要。

对于馆藏中，部分分布在闭架库房中、部分分布在开放获取书库中的图书馆，其利用率在不同的馆藏分布中变化很大，上架准确率应该针对不同的馆藏分布单独评估，因为在开放获取书库和频繁利用中的文献资料，将更有可能错架。

B.2.2.8.6　来源（参见 C）

[20] 129—146 页（“上架的有效性”；在可行性研究的情况下，包括上架准确率）。

[30]

B.2.2.8.7　相关指标

文献获取的有效性。需求文献获取的有效性。

B.2.3　文献检索

B.2.3.1　闭架文献索取的时间

B.2.3.1.1　目标

评估检索系统是否有效率。

B.2.3.1.2　适用范围

有部分闭架文献的所有图书馆。

如果把有关的建筑、交通等本地环境考虑进去的话,图书馆的比较才有可能。

B.2.3.1.3　指标的定义

索取时间,是指从对闭架中的某一文献产生需求时开始,到用户可有效获取的这一刻所花费的时间。

B.2.3.1.4　方法

从用户需求的存放在闭架书库中的馆藏文献中,抽取一份有代表性(任意)的样本。

对每一个需求,登记下递交需求的日期和时间,以及文献准备好可提供给用户的日期和时间。用完成的时间减去开始的时间,再用最适合的小时或分钟来表示。

闭架文献索取的时间,通过按索取时间由少到多的升序来排列用户需求而建立。平均时间以排序列表正中的用户需求值来确定。如果需求数是偶数,平均时间就是排序列表中两个中间数的平均值,保留为最接近的分钟值。

样本可以用两种不同方法来建立:

a) 样本从非外借的馆藏文献中抽取。用户需求是调查人或代理人在取样期间的任意随机时间提出的,并记录下用户需求递交的时间。

b) 样本从实际的需求中抽取,此时文献已经被用户找到。本方法是假定需求日期和时间是作为正规日常工作中的一部分而被记录的。

注:不成功的需求是没有计算在内的,因为无法为一个失败需求的完成时间赋值。

B.2.3.1.5　说明和影响指标的因素

指标是一个没有上限的实数。它是用分钟或小时和分钟来表示的。

索取时间短,则比较好。索取时间可能会受高峰期需求量的影响。

B.2.3.1.6　来源(见附件 C)

[8] 90—93 页(包括在"文献传递时间"里)

[24] 112—113,条款 F94,F96,F98

B.2.3.1.7　相关指标

开放获取区域文献索取时间。馆际互借的借出速度。

B.2.3.2　开放获取区域文献索取时间

B.2.3.2.1　目标

评估图书馆所做的导引标识及上架的准确率,是否能够快捷获取文献。

B.2.3.2.2　适用范围

拥有全部或部分开架获取馆藏文献的所有图书馆。

只有当书架和目录之间的距离被考虑进去时,图书馆之间的比较才有可能。

B.2.3.2.3　指标的定义

索取时间,是指从目录查询结束,到文献在架上被找到,这之间所花费的时间。

B.2.3.2.4　方法

从存放在公开获取区域的馆藏文献中,随机抽取一份有代表性的样本。检查所有文献是否可有效获得,是否都放置在书架的正确位置上。拿出一些文献来查找,以测试用户对图书馆的熟悉程度。被测试者先在目录中查找文献,然后再从书架中找到文献的准确位置。

注意:不成功的请求是没有计算在内的,因为无法为一个失败请求的完成时间赋值。

每种文献都应记录在一个表格中,表格中设计有栏目,可记录下目录查询完成的确切时间和文献在书架中被找到的确切时间。

为每一种文献,计算出从完成目录查询到文献在架上被找到,所花费时间有多少分钟。根据每种文献所花的分钟数来对它们进行排序。

开放获取区域文献索取时间就是排序列表中正中间的分钟数。如果文献量是偶数,那么,开放获取区域文献索取时间,为:

$$\frac{A+B}{2}$$

其中,

A 和 B 是排序列表中正中间的两个数值。

保留为最接近的整数。

B.2.3.2.5　说明和影响指标的因素

指标是一个没有上限的实数。它是用分钟来表示的。

通常认为索取时间在几分钟,是比较好的。较长的索取时间,就意味着标识的效率低。索取时间可能会受到排架系统的复杂性的影响,或者受到书架与目录之间或者是与 OPAC 终端之间的距离的影响。

B.2.3.2.6　来源(见附件 C)

[8] 90－93 页(包括在“文献传递时间”里)

B.2.3.2.7　相关指标

闭架文献索取的时间。馆际互借的借出速度。

B.2.4　文献的外借

B.2.4.1　外借馆藏周转率

B.2.4.1.1　目标

评估外借馆藏总的利用率。

指标也可以用来评估馆藏是否适应服务人群的要求。

B.2.4.1.2　适用范围

有外借馆藏的所有图书馆。

可以用来评估规定的馆藏、学科领域、分馆,或者新的采购。对于图书馆中的每一项规定的领域,作为结果的指标可以进行比较,以分辩其流通量是否明显不同。

如果采用同样的时间段,还可以对具有相同任务的图书馆进行比较。

B.2.4.1.3　指标的定义

在规定时间段,通常为一年,规定的馆藏文献其外借的总量,除以其文献的总量。

B.2.4.1.4　方法

计算出在规定时间段内,记录下特定馆藏的文献外借总量。计算出其馆藏文献的总量。

外借馆藏周转率,为:

$$\frac{A}{B}$$

其中，

A 是有记录的特定馆藏的文献外借数；

B 是特定馆藏中文献的总数。

保留到一位小数点。

如果文献总量不能有效计算，那么就可以采用估算。这些估算是用外借馆藏所排列的书架长度，或者所占用书架的长度，除以每单位长度中大约估算的平均文献数量。

如果大量的参考复本混合在外借馆藏中，那么这些参考复本不应该被计算在内。

B.2.4.1.5 说明和影响指标的因素

指标是一个没有上限的实数。它的正常范围取决于图书馆的类型。指标评估的是一年里馆藏中文献外借的平均次数，但图书馆可以测算出另一时间段的流通量。数值越高，那么利用率就越高。

馆藏的流通量受几个因素的影响。最重要的几个列举如下：

—— 与用户需求相关的馆藏结构，馆藏中有大比重的过时或者不合用的文献资料时，会得出流通量较低的结果；

—— 图书馆剔除废旧文献和不再需要的多余复本的政策；

—— 大量需求的文献的复本量；

—— 在图书馆内利用与外借的比重，在图书馆内利用率高可能导致流通率低；

—— 图书馆的标准外借期限，需求文献的任何特殊外借期限，以及同时可外借文献的册数；

—— 图书馆的促进活动和促进领域中员工的技能；

—— 影响续借的轻松程度。

在这里，单个文献的数据可以从图书馆流通系统中获取，更多细节的提供，可以通过计算：

—— 在规定的期间，未被利用的库存的百分比；

—— 在规定的期间，至少被利用过一次的库存的百分比。

B.2.4.1.6 来源（见附件 C）

［4］第 38—40 页

［5］第 31 页（“流通率”）

［6］第 54—55 页（“平均每册的流通量”，作为“流通”的一个变量。第 60 页，也有“总的文献资料利用（卷册）”，作为“总的文献资料利用”的一个变量和包括在图书馆内利用）

［7］第 47 页（“流通率”，包括参考保留馆藏中的文献）

［8］第 56—61 页（“馆藏的利用”）

B.2.4.1.7 相关指标

文献的利用率。人均外借文献册数。

B.2.4.2 人均外借次数

B.2.4.2.1 目标

评估图书馆服务人群对馆藏的利用率。也可以用来评估馆藏的质量和图书馆促进馆藏利用的能力。

B.2.4.2.2　适用范围

拥有外借馆藏的所有图书馆。

可以用来评估规定的馆藏、学科领域,或者是图书馆分馆。对于图书馆内的每一个规定的领域,其结果可以进行比较。

只有考虑到图书馆任务的不同,比如社会经济因素、借出期限等,才可以用来在图书馆之间进行比较。

B.2.4.2.3　指标的定义

一年内,外借总次数,除以服务总人数。

B.2.4.2.4　方法

计算出一年内的外借总次数。

人均外借次数,为:

$$\frac{A}{B}$$

其中,

A 是一年中的外借总次数;

B 是服务的总人数。

保留一位小数点。

本指标中,图书馆为补充外借提供的复本也可包括在内。要除去馆际互借的次数。重要的是,指标被用来对图书馆进行比较时,要说明包括了哪些和排除了哪些情形。

B.2.4.2.5　说明和影响指标的因素

指标是一个没有上限的实数。

外借期限的变化,或者是同时可外借文献册数的改变,会极大地影响指标。进一步细节的提供,可通过从学科或者从外借人不同的类别,来对指标进行分析。指标也能够用来表明:哪方面的需求低,或者是不满意,并指出哪方面要提高利用。

指标对许多不能控制的变化很敏感,并只与外借相关联。尤其是,指标会受到图书馆内学习条件、文化水平、贫困程度和其他社会经济变化的影响。

指标和图书馆员工提升馆藏建设的能力有很大关系。

B.2.4.2.6　来源(见附件 C)

[7] 第 42—44 页("人均流通量")

B.2.4.2.7　相关指标

人均馆内利用率。

B.2.4.3　人均外借文献册数

B.2.4.3.1　目标

评估服务人群对馆藏的总利用率。

B.2.4.3.2　适用范围

拥有外借馆藏的所有图书馆。

可以用来评估规定的馆藏、学科领域,或者是图书馆分馆。对于图书馆内的每一个规定的领域,作为结果的指标可以进行比较,以分辨其利用率是否有明显的不同。

如果可比的活动期间被评估的话,可以用来对有相同任务的图书馆进行比较。

B.2.4.3.3　指标的定义

在一年中的规定期间内，外借文献的册数，除以服务的总人数。

注意：规定期间，可以是特定的某一天。

B.2.4.3.4　方法

计算出规定期间内外借馆藏中，登记过外借的文献数量。估算出这个规定期间内服务的总人数，最理想的是在规定期间内。

人均外借文献册数，为：

$$\frac{A}{B}$$

其中，

A 是外借文献总册数；

B 是服务的总人数。

保留到小数点后一位。

B.2.4.3.5　说明和影响指标的因素

指标是一个没有上限的实数。它的正常范围取决于图书馆的类型。指标评估的是服务人群中，个人在任一时间外借文献的平均册数。数值越高，馆藏被利用的就越多。

B.2.4.3.6　来源（参见附件 C）

[5] 第 11 页（"每 1000 人的平均外借册数"）

B.2.4.3.7　相关指标

文献利用率。馆藏的流通量。

B.2.4.4　平均外借成本

B.2.4.4.1　目标

评估图书馆与外借次数相关的服务成本。

B.2.4.4.2　适用范围

拥有外借馆藏的所有图书馆。

可以用来比较：

—— 一个特定的图书馆在一个给定的时期与另一个时期的单位外借成本；

—— 一个特定的图书馆与另一个同等类型的图书馆的单位外借成本。

B.2.4.4.3　指标的定义

在一个完整的财政年度内，图书馆日常总支出，除以同一时期的外借总次数。

日常支出通常要求在指标被采纳的前提下计算出来的。为了避免误解，指标的使用者应该明确地声明哪些是计算在内的。

当用于国际性的比较时，增值税、销售和服务税及其他地税收都不包括在日常总支出里。

B.2.4.4.4　方法

利用账目数据计算出一个财政年度内日常总支出。为了得出当年的估算，可以采用预算中的数据来代替。

平均外借成本，为：

$$\frac{A}{B}$$

其中，

A 是一个财政年度内日常总支出，用相应的货币表示；

B 是同一时期内外借总次数。

保留为所采用货币的习惯用法。

本指标中，图书馆为补充外借提供的复本也可包括在内。要除去馆际互借的次数。重要的是，指标被用来对图书馆进行比较时，要说明包括了哪些和排除了哪些情形。

B.2.4.4.5 说明和影响指标的因素

指标是一个没有上限的实数。它的正常范围取决于图书馆的类型和所使用的货币。

指标建立了文献外借次数与图书馆提供所有服务的费用之间的联系，但在正常情况下，它不能理解为对一次外借事务的平均费用的评估。尤其是在外借是主导服务的图书馆里，指标只可以用来评估服务的总体效率。

该指标不能自我使用。把服务指标放在一个更为广泛的环境中是有益的。

B.2.4.4.6 来源(参见附件 C)

[4] 第 50—51 页(“文献利用成本”，采用对流通服务实际成本的评估)

B.2.4.4.7 相关指标

用户人均成本。到馆平均成本。员工平均外借次数。

B.2.4.5 员工平均外借次数

B.2.4.5.1 目标

评估图书馆人力资源与外借次数的关系。

B.2.4.5.2 适用范围

拥有外借馆藏的所有图书馆。

只可以用来比较政策和服务完全相同的图书馆。外借政策的不同应该特别关注(例如外借期限、续借政策和不用于外借的文献资料数量)。

B.2.4.5.3 指标的定义

全年外借总次数，除以同一时期内等同全职的员工数量。

B.2.4.5.4 方法

在员工记录的基础上，计算出图书馆内等同全职的员工数量。员工全职工作一整年的，每一个计算为 1。员工专职工作时间不满一年的，每一个按照其工作时间在全年中所占比例计算(用两位小数表示)。兼职员工，比照全职工作时数及工作一整年时间，来计算出比分值(两者都用两位小数表示)。

所有由图书馆支付报酬的职位都应包括在内。

员工平均外借次数，为：

$$\frac{A}{B}$$

其中，

A 是全年外借次数；

B 是同一时期内等同全职的员工数量。

保留为最接近的整数。

本指标中，图书馆为补充外借提供的复本也可包括在内。要除去馆际互借的次数。重要的是，指标被用来对图书馆进行比较时，要说明包括了哪些和排除了哪些情形。

B.2.4.5.5　说明和影响指标的因素

指标是一个没有上限的实数。它的正常范围取决于图书馆的类型。指标与图书馆所有员工有关。在正常的情况下，它不能理解为对每单位员工处理外借事务的平均次数的估算。

尤其是在外借是主导服务的图书馆里，指标可以用来评估服务的总体效率。它也能提供一种方法，来评估对自动化生产力的影响，或者是评估服务、服务政策和人事政策的变化。

该指标不能自我使用。把服务指标放在一个更为广泛的环境中是有益的。

B.2.4.5.6　来源（见附件 C）

[22] 第 19 页（“员工对流通的比率”）

B.2.4.5.7　相关指标

平均外借成本

B.2.4.6　库存借阅率

B.2.4.6.1　目标

评估在某一特定时间点，借阅馆藏的总利用率。

B.2.4.6.2　适用范围

所有有借阅馆藏的图书馆。

可用来评估规定的馆藏、学科领域、分馆，或是不同的时期。这些项目的每一项，作为结果的指标可用来比较，以分辨其利用率是否明显地不同。

如果测评是在平均活动水平年度中有代表性的时期进行的，可用来比较具有相同使命的图书馆。

B.2.4.6.3　指标的定义

在某一特定时间点，被借阅文献的数量，与供借阅馆藏中的文献总数量的百分比，并保留为一位小数点。

B.2.4.6.4　方法

统计年度中特定的某一天内，供借阅馆藏中记录为被借阅过的文献数量。

库存借阅率，为：

$$\frac{A}{B}\times 100\%$$

其中，

A 是被借阅过的文献数量；

B 是供借阅馆藏中的文献总数量。

保留为一位小数。

B.2.4.6.5　说明和影响指标的因素

指标是 0 到 100 之间的一个实数。其常规值范围，取决于图书馆类型的不同。一个很高的比率，也许表明馆藏对用户而言，只有很低的可选择性。而一个低的比率，也许意味着文献放置在不必要的高处。指标受采访政策、剔除政策及借阅期限长短的影响。

B.2.4.6.6　来源（参见 C）

[24] 第 109 页（“文献借阅比率”）。

B.2.4.6.7　相关指标

文献利用率。外借馆藏周转率。文献获取的有效性。

B.2.5　外部资源的文献传递

B.2.5.1　馆际互借的速度

B.2.5.1.1　目标

评估图书馆是否能为用户提供有效的馆际互借服务。

B.2.5.1.2　适用范围

提供馆际互借服务的所有图书馆。只有考虑到图书馆任务的不同，图书馆之间的比较才有可能。

B.2.5.1.3　指标的定义

在规定的时间段内，图书馆内没有的、可以从外部资源获取、从而提供给用户的需求文献的比例。

B.2.5.1.4　方法

a）测评时间由指标的使用者来确定。在测评期间，对图书馆内没有的文献的所有需求，都应登记下来。创建一份日志表单，表单中有栏目揭示以下日期：

1）从用户那里得到请求；

2）开始在分馆查找文献资源，等（可选择的）；

3）决定并开始馆际互借程序（可选择的）；

4）从外部资源中预约文献（可选择的）；

5）从外部资源中接收文献；

6）通知用户（可选择的）。

注意在记录表单中记录下各自的日期。

计算出从接收用户请求到收到文献之间的天数（栏目5减去栏目1）。然后计算出在规定时期内，比如7、14、21、30、60天中收到的文献的比例。

馆际互借的速度，为：

$$\frac{A}{B} \times 100\%$$

其中，

A是规定时期内收到的文献的数量；

B是取样时期内接收到的需求数量。

保留为最接近的整数。

根据收集的数据，可以采用其他的时间跨度，例如从接收用户请求到通知用户之间花费的时间（栏目6减去栏目1）。

注意：把时间作为可以选择的措施是有益的。

b）测评时间由指标的使用者来确定。图书馆收到的所有文献，作为用户需求的结果，都应该在测评时期内登记。检查文件或者计算机文档来决定以下日期：

1）从用户那里得到请求；

2）开始在分馆查找文献资料（可选择的）；

3）决定并开始馆际互借程序（可选择的）；

4）从外部资源中预约文献（可选择的）；

5）从外部资源中接收文献；

6）通知用户（可选择的）。

计算出从接收用户请求到收到文献之间的天数（栏目 5 减去栏目 1），然后计算出在规定时期内，比如 7、14、21、30、60 天中收到的文献的比例。

馆际互借的速度，为：

$$\frac{A}{B} \times 100\%$$

其中，

A 是规定时期内收到的文献的数量；

B 是取样时期内接收到的需求数量。

保留为最接近的整数。

根据收集的数据，可以采用其他的时间跨度，例如从接收用户请求到通知用户之间花费的时间（栏目 6 减去栏目 1）。

注：把时间作为可以选择的措施是有益的。

B.2.5.1.5 说明和影响指标的因素

对于每一个规定时间段，指标是一个 0 到 100 之间的整数。

测评过程所得出的结果，应该参照图书馆的任务和目标。根据收集的数据，能够确定不同问题的范围：

—— 从接受请求到预约文献之间花费的时间。馆际互借部门有充足的资源吗？（员工数、训练、足够的文献书目资源，等等）

—— 从预约文献到收到文献之间花费的时间。图书馆如何分发处理这些需求？通过网上定购系统，电子邮件，航空邮件或者其他，等等？图书馆员工首选的互借机构也能在很大程度上影响结果。例如，图书馆可能会把他们的请求发送到回复慢一些但不需付费的图书馆。

—— 收到文献和通知用户之间花费的时间。用户如何通知？通过邮件，电子邮件，或者是电话？

—— 需求的特点。具备良好库存的研究图书馆，会从国外图书馆预定一份更高比例的文献资料，即使他们有所耽搁。查找和获取图书馆所在国家新近出版的杂志中的文章要比查找和获取国外很久以前已出版的论著容易得多。为了帮助解释这些结果，所需文献的特点应该记录在内。

员工可能会倾向于对调查中的部分需求，比对其他的需求，采用更有效率一些的方法去处理。因此，重要的是让员工完全明白为什么馆际互借过程要被测评。

提供图书馆满足需求所花的时间会有变化。一般来说，本指标会受到不同的国家互借结构的影响。

B.2.5.1.6 来源（见附件 C）

［4］第 75—76 页

［6］第 71—76 页（“需求文献资料的延迟”）

［8］第 94—98 页（“馆际互借的速度”）

［24］第 112—113，第 94，96，97，98 项

B.2.5.1.7 相关指标

闭架文献索取时间。“馆际互借的传递时间”可以设计成选择性的指标。

B.2.6　咨询和参考服务

B.2.6.1　正确回答满足率

B.2.6.1.1　目标

评估员工在多大程度上有能力提供良好的参考服务来满足主要的需求,也就是说,给咨询者提供正确的回答。

B.2.6.1.2　适用范围

所有图书馆。因为方法相当复杂,并且需要特定的专门知识,所以大多数都是在较大的公共图书馆、学术图书馆或者图书馆系统内使用。

B.2.6.1.3　指标的定义

正确回答的咨询次数,除以递交的总的咨询次数。

B.2.6.1.4　方法

在各种各样的方法里面,所谓的非干扰性试验被广为应用和描述。它包括了编辑一套具有代表性的、带有答案的系列问题。这些问题作为真实的提问,随后用来通过虚拟的用户或者是代理人,提交给从事信息服务的员工,并且这些员工根本不知道他们正在被调查。这有利于使得服务在正常情况下被评估。

为了获得有效的结果:

—— 采用的问题应该特别慎重选择;

—— 应该选择代表真实用户群的虚拟用户;并且

—— 必须对虚拟用户进行正确的指导,从而使他们能够自我控制。

注:在很多情况下,很难断定一个问题的“正确”答案。这将会影响到指标的可靠性和实用性。

正确回答满足率,为:

$$\frac{A}{B}\times 100\%$$

其中,

A 是正确回答的咨询次数;

B 是递交的总的咨询次数。

保留为最接近的整数。

B.2.6.1.5　说明和影响指标的因素

指标是 0 到 100 之间的一个整数。

应该经常记在心里的是:该指标只注重了参考服务效率的一个方面。结果可能会受到诸多因素的影响,比如,问题的选择,员工的交流技能,以及参考工作和数据库的质量、多样性和获取的有效性。

测试结果的价值可以通过如下方法得以强化:或者设计的试验让各种因素导向更差的绩效,或者设计的试验建立在失败的原因之上,也可以通过用其他形式的数据库集来组合。这会包括:员工遵循程序来阐明问题的信息(交流技能);来源的细节是否在答案中提供;如果在没有找到答案的时候,用户是否被引导去其他地方,并且员工的态度如何。

关于正确性:参考员工的工作绩效,受到是否完成教育用户如何使用参考资源的目标的影响,以及受到是否完成尽快回答用户的目标的影响。而问题的难易程度也有关联。注意有些问题会有多个可选的答案,或者答案只是给咨询者的一个选择参考。

B.2.6.1.6　来源(见附件C)

[9]

[11]

B.2.7　信息检索

B.2.7.1　题名目录检索成功率

B.2.7.1.1　目标

评估图书馆能否成功告知用户在哪里及怎样通过目录找到题名。

B.2.7.1.2　适用范围

所有图书馆。

当评价结果时,只有考虑了编目规则和目录类型的不同,图书馆之间比较才有可能。

B.2.7.1.3　指标的定义

用户查询目录中已有记录的题名,能成功找到的百分比。

B.2.7.1.4　方法

用户通过查询目录,寻找一个或多个特定的题名时,都会被要求填写一张表格,表明:

a）题名的简短目录细节;

b）他们是否在目录中找到了题名;

c）用户的身份(可选的)。

图书馆的员工要检查那些没有找到的题名,以便评判它们是否在目录里有记录。未完成编目的不完整的题名数据,要从样本中除去。

题名目录检索成功率,为:

$$\frac{A}{B} \times 100\%$$

其中,

A是用户在目录中成功找到的题名数量;

B是用户在目录中实际查询过的题名数量。

保留为最接近的整数。

B.2.7.1.5　说明和影响指标的因素

指标是0到100之间的一个整数。

成功率受用户能力水平的影响。一个低的成功率会指示用户在标签目录信息上的失败,或者指示用户界面或OPAC检索系统的失败。

可能的管理决策会是:

—— 更好的标签和/或帮助屏幕;

—— 在用户教育中强化有关目录的专门信息。

如果登记了用户的身份,该活动就可以瞄准某些目标群体。可能会有季节性的变化,例如,许多新用户到图书馆的时候。

B.2.7.1.6　来源(见附件C)

[8] 第70—72页(“已知的一款目一查询”)

[16] 第181—206页

B.2.7.1.7　相关指标

主题目录检索成功率

B.2.7.2　主题目录检索成功率

B.2.7.2.1　目标

评估图书馆能否成功满足用户在目录中进行主题查询，以及能否成功告知用户在哪里和怎样找到有关某主题的文献。

B.2.7.2.2　适用范围

拥有主题或分类目录的所有图书馆。

图书馆之间的比较，要求它们采用相同的编目著录规则和相似的目录形式（卡片、单片缩微胶片或 OPAC）。

注：提供关键词或主题检索途径的 OPAC，相当于一个主题目录。

B.2.7.2.3　指标的定义

目录中符合用户主题要求、并被用户找到的文献的百分比。

B.2.7.2.4　方法

用户在目录中查询一个特定的主题时，都会被要求填写一张表格，表明：

—— 他们所要查询主题的简短描述；

—— 他们参考的主题名称和/或代码符号；

—— 他们找到的相关文献的主题名称和/或代码符号；

—— 用户的身份（可选的）。

为了清楚地确定用户的主题，实践证明一个有益的方法是：在用户填完问卷调查后，增加一次与用户的访谈。然后，图书馆员工重复进行主题查询，查看是否所有的主题名称和/或代码符号符合被咨询的主题要求。主题名称比用户确定的主题更宽泛的，或者是更为专指的，都要被排除。只有汇聚在用户认为相关的主题名称和/或代码符号下由用户找到的文献才计算。

主题目录检索成功率，为：

$$\frac{A}{B} \times 100\%$$

其中，

A 是用户找到的与用户主题相符合的文献数；

B 是目录中确实标引了的与用户主题相符合的文献数。

保留为最接近的整数。

B.2.7.2.5　说明和影响指标的因素

指标是 0 到 100 之间的一个整数。

成功率受用户能力水平的影响。一个低的成功率，会指向用户在标签目录信息上的失败，或者指向用户界面或 OPAC 检索系统的失败。它也可能表明主题编目与用户的查询模式不能匹配。

可能的管理决策会是：

—— 更好的标签和/或帮助屏幕；

—— 在用户教育中强化有关目录的专门信息；

—— 增加“参见”条目或增加主题检索途径；

—— 如果可能的话，改变编目规则。

如果在问卷调查表中登记了用户的身份，那么特定的活动就可以针对某些目标群体。可能会有季节性的变化，例如，许多新用户到图书馆的时候。决定文献是否符合用户主题也受到员工交流技能或查询技能的影响。

B.2.7.2.6　来源（见附件 C）

［8］第 73—76 页（“主题查询”）

［16］第 181—206 页

B.2.7.2.7　相关指标

题名目录检索成功率。

B.2.8　用户教育

本国际标准中没有对应的指标。

B.2.9　设备

B.2.9.1　设备的有效性

B.2.9.1.1　目标

评估在多大程度上图书馆给用户提供的特定设备是切实有效的。

B.2.9.1.2　范围

所有图书馆。指标只有在图书馆拥有某一特定设备或一组相应设备时才采用。

测评可以在某天、某一个星期或某一年的规定时间进行，例如高峰期或者是非高峰期。当使用该指标时应对上述情况作明确的声明。

B.2.9.1.3　指标的定义

在调查时，设备有效可用的百分比。

图书馆工作人员专用的设备不包括在内。

不能正常运行的项目，关机状态（如果启动期过长或繁琐），锁死，等等状态都算作非有效，但这些设备要包括在所提供的设备总数中。

B.2.9.1.4　方法

a）在规定的时间对规定类型的设备作一个调查。计算出有效的数量。

设备的有效性，为：

$$\frac{A}{B}\times 100\%$$

其中，

A 是能有效使用的设备数；

B 是提供设备的总数。

保留为最接近的整数。

项目或设备只被一个用户使用过，不能算作具有有效性，甚至它们在调查时没有被积极地利用。

由于指标固有的可变性，一个更为精确的指标，可以通过测评各个时间的设备的有效性，然后计算出其平均的有效率来获得（用累计的有效设备的总和，除以累计提供设备的总和，乘上 100）。

B）如果只提供了一个设备，设备的有效性，可以通过记录下在各预定时间段内设备的有效性与非有效性的情况来获得。

设备的有效性，为：

$$\frac{A}{B}\times 100\%$$

其中，

A 是设备可有效使用的次数；

B 是调查观察的总次数。

保留为最接近的整数。

B.2.9.1.5　说明和影响指标的因素

指标是 0 到 100 之间的一个整数。它评估了在任一时刻或在某一特定时间内，随机抽选的某一特定类型设备的有效性。

B.2.9.1.6　来源（见附件 C）

［6］第 82—88 页

B.2.9.1.7　相关指标

设备的利用率。座位占有率。自动化系统的有效性。

B.2.9.2　设备的利用率

B.2.9.2.1　目标

评估图书馆提供的特定设备的利用率。

B.2.9.2.2　适用范围

所有图书馆。指标只有在图书馆拥有某一规定设备或一组相应设备时才采用。

测评可以在某天、某一个星期或某一年的规定时间进行，例如高峰期或者非高峰期。当使用该指标时应对上述情况作明确的声明。

B.2.9.2.3　指标的定义

在调查时，设备被利用的百分比。

图书馆工作人员专用的设备不包括在内。

不能正常运行的项目，关机状态（如果启动期过长或繁琐），锁死，等等状态都算作非有效，但这些设备要包括在所提供的设备总数中。

B.2.9.2.4　方法

a）在规定的时间，对规定类型的设备作一个调查。计算出正在使用的设备数量。

设备的利用率，为：

$$\frac{A}{B}\times 100\%$$

其中，

A 是被使用的设备数量；

B 是提供的设备总数。

保留到最接近的整数。

项目或设备只要被一个用户利用过，都算作在使用，即使它们在调查时未被积极利用。

由于指标固有的可变性，一个更为精确的指标可以通过测评各个时间段的设备的利用率，然后计算出其平均的利用率来获得（用累计的被利用的设备的总和，除以累计提供的设备的总和,乘上100)。

b) 如果只提供了一个设备,设备的利用率,可以通过记录下在各预定时间段内,设备被使用与不被使用的情况来获得。

设备的利用率,为:

$$\frac{A}{B}\times 100\%$$

其中,

A 是设备被使用的次数;

B 是调查观察的总次数。

保留到最接近的整数。

B.2.9.2.5 说明和影响指标的因素

指标是0到100之间的一个整数。它评估了在任一时刻或在某一规定的时间内,随机抽选的某一规定类型设备是否被利用。

B.2.9.2.6 来源(见附件C)

[6] 第82—88页(“设备的利用率”)

B.2.9.2.7 相关指标

设备的有效性。座位占有率。

B.2.9.3 座位占有率

B.2.9.3.1 目标

通过测算在任意给定的时间座位被利用的比例,来评估图书馆为阅览和学习而提供的座位的总利用率。

B.2.9.3.2 适用范围

有阅览或学习设施的所有图书馆。

测评可以在某天、某一个星期或某一年的规定时间进行,例如高峰期或者是非高峰期。当使用该指标时,应对上述情况作明确的声明。

B.2.9.3.3 指标的定义

调查时座位被利用的百分比。

员工专用的座位不包括在内。

B.2.9.3.4 方法

在规定时间,对用来阅览或学习的座位作一个调查,计算出正在使用的座位数量。因为设置座位的数量、类型以及其用途各有很大的不同,所以建议该指标计算下列四种单独的座位类别:

a) 在桌旁或在其他工作场所没有配备设备的座位;

b) 在桌旁或在其他工作场所配备了设备的座位(例如,OPAC终端,电脑,视听设备);

c) 非正式的座位;

d) 研讨会议室或分组研究室里的座位。

在礼堂或在其他地方,通常不是为利用图书馆的目标而设置的座位,应该除去。

座位占有率,为

$$\frac{A}{B}\times 100\%$$

其中，

A 是被利用的座位数；

B 是提供的座位总数。

保留到最接近的整数。

有证据表明正在被使用的座位，例如其上有衣服、袋子或笔记本等物品，即使用户当时并不在，都应被计算为被利用。

由于指标固有的可变性，一个更为精确的指标，可以通过测评各个随机时间段的座位占有率，然后计算出其平均的占有率来获得（用累计的被利用的座位的总和，除以累计提供的座位的总和，乘上 100）。

B.2.9.3.5　说明和影响指标的因素

指标是 0 到 100 之间的一个整数。它评估了在任一时刻或在某一规定时间内，随机抽选的规定类型的座位，是否被利用。

B.2.9.3.6　来源（见附件 C）

［6］第 82—88 页（“设备利用率”的一种特殊情形）

B.2.9.3.7　相关指标

设备的利用率。设备的有效性。

B.2.9.4　自动化系统的有效性

B.2.9.4.1　目标

评估在多大程度上图书馆的自动化系统对用户是切实有效的。

B.2.9.4.2　适用范围

拥有自动化系统的所有图书馆。

只有当图书馆都采用相同的系统运行标准（参照指标的定义）时，图书馆之间的比较才有可能。

B.2.9.4.3　指标的定义

在规定的时间段里，系统对用户是有效的，并且对某一规定的运行标准而言正在工作的时间，相比于预期的有效性时间的百分比。

该指标的使用者，必须提供规定的可接受的运行标准，包括测评方法和起始值。而该标准应以图书馆的要求为基础（用户及图书馆的员工）。

B.2.9.4.4　方法

a）方法只考虑到中央服务器或主机的有效性。

固定一个报告期。确定好预期的有效总时数，除去预期的停用时间。确定系统死机的小时数，或者，在低于规定标准之下运行的小时数，例如利用系统日志，当然又得除去预期的停用时间。

自动化系统有效性，为：

$$\frac{A-B}{A}\times 100\%$$

其中，

A 是预期正常工作的总的小时数；

B 是未预期的停用或运行低于规定标准的总的小时数。

保留到最接近的整数。

b）方法考虑了所有不能运行的用户设备（终端，工作站，打印机等）的情形。

固定一个报告期。确定好预期的有效总时数，除去预期的停用时间。确定系统死机的小时数，或者在低于规定标准之下运行的小时数，例如利用系统日志，当然又得除去预期的停用时间。当中央系统正常运行时，确定不能运行的用户设备数量，以及不能运行的时间长度。（为了实际的目的，这可以做到，通过记录用户设备被报告不能运行的那一刻，到问题被解决的那一刻之间的小时数，并减去预定的或未预定的整个系统停用的时间。）

自动化系统的有效性，为：

$$\frac{A-(B+\frac{C}{D})}{A}\times 100\%$$

其中，

A 是整个系统预定正常工作的总的小时数；

B 是中央系统未预期的停工或运行低于规定标准的总的小时数；

C 是用户设备由于不能运行，被报告不能使用的总小时数（所有被报故障的小时数都加起来）；

D 是用户设备的总数。

保留到最接近的整数。

B.2.9.4.5　说明和影响指标的因素

指标是 0 到 100 之间的一个整数。它评估在任一时间系统对用户是否完全有效。

一般情况下，方法 b）比方法 a）将得出一个更精确的指标，但从许多用途来看，方法 a）就足够了。

方法 b）对不能运行的用户设备报障的冗长或延误非常敏感，它会给出一个很高的分数。这样也会减少用方法 a）和方法 b）计算出的分值的差距。

B.2.9.4.6　来源（见附件 C）

由［23］第 633—651 页改编（特别参看第 641 页）

B.2.9.4.7　相关指标

设备的有效性。

B.3　技术服务

B.3.1　文献采访

B.3.1.1　文献采访时间

B.3.1.1.1　目标

根据速度来评估图书馆资源的供应商的有效程度。

B.3.1.1.2　适用范围

所有图书馆。本指标对专著的采访尤其有用。

可以比较供应商。

B.3.1.1.3　指标的定义

从文献订购日，至文献到馆日之间的天数。

除去馈赠文献、用于交换的文献,以及出版前预订的文献。

B.3.1.1.4　方法

a）用于拥有计算机自动化采访系统的图书馆。图书馆近期订购或收到的所有专著都可以在订购文件中查到关于：

—— 订购的日期，

—— 接收到馆的日期，

—— 供应商的名称(如果图书馆有不同的供应商)。

为每一种文献,计算出从订购到接收之间的天数。把文献按照天数来排序。

文献采访时间,就是排序列表中正中间的天数。

注:还没有收到的文献不能计算在内,因为无法为一项未完成事务的完成时间赋值。

如果文献是偶数,那么,文献采访时间,为：

$$\frac{A+B}{3}$$

其中，

A 和 B 是排序列表中正中间的两个数值。

保留到最接近的整数。

b)用于没有计算机采访系统的图书馆:随机抽取一份不同学科的专著样本。

如果图书馆采用一些供应商,确信不同的供应商都出现在样本中。

进行方法 a)的步骤。

可以通过供应商和学科来分析结果。

B.3.1.1.5　说明和影响指标的因素

指标是一个没有上限的实数。

指标可能会指示卖方工作绩效的失败(出版者和卖方)和图书馆无效的索求程序。

基于这些结果的管理决策会导致：

—— 网上定购；

—— 批准计划；

—— 改善逾期订单的索求程序；

—— 更换卖主；

—— 改善卖方工作绩效(如果他们被告知了这些结果)。

采访速度受出版者对卖主订单反馈时间的影响。对于近期采访的出版社没有的图书,要取得一份充足的样本来评估出版者对订单的反应或许比较困难。

图书馆在出版日之前进行了大多数订购,就会取得一份样本,其中旧文献、外国文献、灰色文献和相类似的文献占有过大的比重,会导致一个很高的分值。

B.3.1.1.6　来源(见附件 C)

[8] 第 77—80 页(“采访速度”)

[12]

[13]

[14]

B.3.1.1.7　相关指标

文献加工处理的时间。

B.3.2 文献加工处理

B.3.2.1 文献加工处理的时间

B.3.2.1.1 目标

就速度而言，评估不同形式的加工处理程序是否有效。

B.3.2.1.2 适用范围

所有图书馆。本指标对专著尤其有用。它可以应用于不同类型的文献或不同的学科。

只有在考虑了任务的不同之处时图书馆间才可以进行比较，而任务影响到描述编目、主题编目、装订政策的水平。在解释结果的时候，计算机自动化之间的不同和复本编目的利用应该给予特别的注意。

B.3.2.1.3 指标的定义

从文献到馆之日，到文献可供用户利用之日（一般是指上架之后）之间的天数。

B.3.2.1.4 方法

a）测评的时期由指标的使用者自己确定（例如一个月）。在这个规定时期内，收集到馆的图书数据，记录一份日志，无论是用图书馆计算机自动化系统还是用一个日志登记表，跟踪记录图书加工处理的过程。

为每一种文献记录下图书加工处理的所有步骤的确切日期：

1）收到日期，包括行政处理；

2）分编日期；

3）主题标引编目日期；

4）做装订准备的日期；

5）装订的日期；

6）上架的日期。

都应该登记下来。

为每一种文献，计算出从到馆之日起至可利用之日之间的天数。根据所用天数，对文献进行排序。

文献加工处理时间，就是排序列表中正中间的天数。

注：加工处理未完成的文献是没有计算在内的，因为无法对未完成的加工处理的完成时间赋值。

如果文献数是偶数，文献加工处理时间，为：

$$\frac{A+B}{2}$$

其中，

A 和 B 是排序列表中正中间的两个数值。

保留到最接近的整数。

不同文献资料（例如，快速处理，珍稀文献资料，馈赠和交换资料）的特殊加工处理程序应该分别进行分析。加工处理的每一步骤的时间可以用相同的方法计算。

b）测评的时期由指标的使用者自己确定（例如一个月）。在这个规定时期内，收集已经完成加工处理的图书的数据。检查记录文件或计算机文件，来确定以下数据：

1）接收日期，包括行政处理；

2）完成编目日期；

3）完成主题标引编目日期；

4）装订准备工作完成日期；

5）装订完成日期；

6）上架日期。

为每一种文献，计算出从到馆之日起至可利用之日止之间的天数。根据所用天数，对文献进行排序。文献加工处理时间，就是排序列表中正中间的天数。

如果文献数是偶数，文献加工处理时间，为：

$$\frac{A+B}{2}$$

其中，

A 和 B 是排序列表中正中间的两个数值。

保留到最接近的整数。

不同文献资料（例如，快速处理，珍稀文献资料，馈赠和交换资料）的特殊加工处理程序应该分别进行分析。加工处理的每一步骤的时间可以用相同的方法计算。

B.3.2.1.5　说明和影响指标的因素

指标是一个没有上限的整数。

当收集了加工处理的所有步骤的数据，指标可能指示：

—— 程序顺序的错误；

—— 由于储存（订货）的延误；

—— 由于超负荷的延误。

基于这些结果的管理决策可能有以下几种：

—— 流线型化加工处理过程；

—— 促进文献在更短时间内交给下一个部门；

—— 增派员工。

B.3.2.1.6　来源（见附件 C）

[8] 第 81—83 页（“图书加工处理的速度”）

B.3.2.1.7　相关指标

文献采访时间。

B.3.3　编目

B.3.3.1　每种文献的编目成本

B.3.3.1.1　目标

评估生成书目记录的特定政策的成本。

B.3.3.1.2　适用范围

所有图书馆。也可用于卡片目录或者联机目录。它可以应用于不同类型的文献。既包括全部完成和部分完成了的记录，又包括数据的引进。

除非考虑了计算机化的程度和复本编目的利用程度，否则图书馆之间的比较不能进行。

B.3.3.1.3　指标的定义

为每种文献提供一份描述，并将其合理连贯地加入目录文件中去的花费，除以已编目的文献数量。

本指标中,术语"编目",指的是对一种文献的物理特性描述。权威记录的获取,主题分析、标引和分类都包含在内。

为避免误解,指标的使用者应该明确声明哪些是计算在内的。

B.3.3.1.4　方法

测评的时期由指标的使用者自己确定。数据应该在限定的取样期间收集。

每种文献的编目成本,为:

$$\frac{(A \times B) + C}{D}$$

其中,

A 是取样期间在生成目录和权威描述、确认和检索引进的书目数据上面花费的总小时数;

B 是每小时劳动力成本(取样期间的工资和社会税,除以相关员工的正常工作时间,通常情况下被认为是出全勤);

C 是取样期间获得书目记录和相关数据的费用;

D 是取样期间已编目的文献数量。

注:在该指标的计算中,要特别除去其他费用(如建筑,运营费用等),以便于比较生成书目记录的不同方法。

B.3.3.1.5　说明和影响指标的因素

一条书目条目的花费会受许多因素的影响,例如:一个全国性的编目机构可以编出很高的水平的书目,而小的图书馆可能只有基本的数据。成本可期望反映出这些差别。

成本将根据目录质量进行评价:

—— 对用户的效果;

—— 对员工的效果(库存的控制和其他内部功能);

—— 符合交换和交流的标准。

结果也可评价,来比较同一个图书馆以前的费用,或与其他图书馆对比。如果认为成本太高,就必须对机构中的关键变因作调整:

—— 管理的效率;

—— 引进书目数据的成本;

—— 引进数据和本地生成数据的相关比例;

—— 技术方面问题,比如软件和硬件的性能;

—— 内部工作、合作和交流的书目格式的性能和相关性

B.3.3.1.6　来源(见附件 C)

由[15]改编

B.4　服务的改善

本国际标准中没有描述指标。

B.5　用户服务

B.5.1.1　人均开展用户服务的员工数

B.5.1.1.1　目标

确定对于每一位服务人群成员,图书馆直接服务于用户的雇员数。

B.5.1.1.2　适用范围

所有图书馆,但排除那些拥有大量外部用户的图书馆。

可以用来比较具有相同使命和相似用户群的图书馆,为所采纳的评估提供相同的测评方法。

B.5.1.1.3　指标的定义

直接服务于用户的等同全职的员工数量,对服务人群的比例。

员工数量要折算为全职雇员的数量。

用户服务包括下列职能:借阅服务,参考咨询服务,馆际互借,用户教育,复印,上架和查找文献。

B.5.1.1.4　方法

a) 选择一个抽样期(通常是一周或两周),在此期间,图书馆处于平均利用水平。记录下每一位员工为用户提供过直接服务的时间。估算调查期间服务的人群数量。

人均开展用户服务的员工数,为:

$$\frac{A}{B \times C \times D}$$

其中,

A 是服务用户的总时数;

B 是调查的星期数量;

C 是平均工作星期数;

D 是服务人群的数量。

b) 对于一个给定的预算期,确定直接被安排用户服务的等同于全职雇员的职位数。

采用等同于全职雇员的职位数,包括估算那些具有双重职责的员工花在用户服务上的时间比例。

在员工记录的基础上,计算出图书馆内等同全职的员工数量。员工全职工作一整年的,每一个计算为1。员工专职工作时间不满一年的,每一个按照其工作时间在全年中所占比例计算(用两位小数表示)。兼职员工,比照全职工作时数及工作一整年时间,来计算出比分值(两者都用两位小数表示)。

对于同一个给定的预算期,估算出服务人群的数量。

人均开展用户服务的员工数,为:

$$\frac{A}{B}$$

其中,

A 是直接服务于用户的等同全职的员工数量;

B 是服务人群的数量。

第二种方法对于大多数评估目的,应该是足够精确的。

B.5.1.1.5　说明和影响指标的因素

本指标只在关联到那些质量指标时才使用,这些指标诸如正确回答满足率等。

指标是一个没有上限的数。

指标受下列因素影响：

—— 图书馆的使命；

—— 促进活动；

—— 服务点数量；

—— 图书馆运营效率。

它应该用来参考考虑安排用户服务的总员工比例。

B.5.1.1.6 来源(参见附录 C)

[22] 第 19 页

B.5.1.1.7 相关指标

目标人群覆盖率。人均每员工借阅数。开展用户服务的员工在总员工中的比例。

B.5.1.2 开展用户服务的员工在总员工中的比例

B.5.1.2.1 目标

评估图书馆在与其背景相关的公共服务上付出的努力。

B.5.1.2.2 适用范围

所有图书馆。

可以用来比较具有相同使命和用户群的图书馆,为所采用的员工职位提供相同的测评方法。

B.5.1.2.3 定义

直接服务于用户的等同全职的员工数量,对图书馆等同全职的总员工数量的比例。

员工数量要折算为全职雇员的数量。

用户服务包括下列职能:借阅服务,参考咨询服务,馆际互借,用户教育,复印,上架和查找文献。

B.5.1.2.4 方法

对于一个给定的预算期,确定直接被安排用户服务的等同于全职雇员的职位数。

采用等同于全职雇员的职位数,包括估算那些具有双重职责的员工花在用户服务上的时间比例。

注释:如果图书馆没有各种活动所花时间的详细记录,该比例可以通过一项临时的专项调查来精确计算。

在员工记录的基础上,计算出图书馆内等同全职的员工数量。员工全职工作一整年的,每一个计算为 1。员工专职工作时间不满一年的,每一个按照其工作时间在全年中所占比例计算(用两位小数表示)。兼职员工,比照全职工作时数及工作一整年时间,来计算出比分值(两者都用两位小数表示)。

门卫和馆舍的维修人员要排除在外。

开展用户服务的员工在总员工中的比例,为:

$$\frac{A}{B} \times 100\%$$

其中,

A 是安排用户服务的等同于全职雇员的员工数;

B 是等同于全职雇员的图书馆员工总数。

保留为最接近的整数。

B.5.1.2.5 说明和影响指标的因素

指标是一个 0 到 100 之间的整数。

本指标只在关联到质量指标时,才采纳。

本指标受以下因素影响:

—— 图书馆的使命;
—— 用户群类型(例如成人,小孩);
—— 服务点的数量;
—— 开放时间;
—— 图书馆开放获取库存的比例;
—— 提供服务的范围和种类;
—— 是否由自动化系统和其他技术服务提供支持。

B.5.1.2.6 来源(参见附件 C)

[22] 第 19 页

B.5.1.2.7 相关指标

人均开展用户服务的员工数。目标人群覆盖率。人均每员工借阅数。

参考文献

1 ISO 2789

2 ISO 9004:2000. Quality management systems—Guidelines for performance improvements

3 DEPROSPO, E. R. , et al. Performance measures for public libraries. Chicago, Illinois: American Library Association, 1973

4 King Research Ltd.. Keys to success: performance indicators for public libraries; a manual of performance measures and indicators. London:HMSO, 1990

5 MOORE, N.. Measuring the performance of public libraries; a draft manual. Paris: UNESCO, 1989

6 VAN HOUSE, N. A. , et al.. Measuring academic library performance; a practical approach. Chicago, Illinois: Association of College and Research Libraries, American measures for public libraries. Chicago, Illinois: American Library Association, 1987

7 VAN HOUSE, N. A. , et al.. Output measures for public libraries. Chicago, Illinois: American Library Association, 1987

8 POLL, R. ,et al. Measuring quality: international guidelines for performance measurement in academic libraries. Munchen, Germany: Saur, for IFLA Section for University Libraries & Other General Research Libraries, 1996

9 CHIDERS, T. Scouting the perimeters of unobtrusive study of reference. IN: Evaluation of public services and public services personnel. University of Illinois at Urbana – Champaign: Graduate School of Library & Information Science, 1991

10 DOUGLAS, I. Reducing failures in reference service. RQ, 28(1), 1988

11 HERNON, P. , McCLURE, C. R.. Unobtrusive testing and library reference services. Norwood, New Jersey, Ablex, 1987

12 BARKER, Joseph W. Random vendor assignment in vendor performance evaluation. Library Acquisition; 1986 (10):265 – 280

13 MILLER, RUTH E. , NIEMEYER, Martha W.. Vendor performance: a study of two libraries. Library Resources and Technical Service,1986(30):60 – 68

14 O'NEILL, Ann. Evaluating the success of acquisitions departments: a literature overview. Library Acquisitions, 1992(16):209 – 219

15 DERIEZ, Rene , Giappiconi, Thierry. Analyser et comparer les couts de catalogage. Bulletin des Bibliotheques de France,1994(6)

16 LANCASTER, F. W. , BAKER, S. L. The measurement and evalution of library services. Arlington, Va. : Information Resources Press,1991

17 MANSBRIDGE, J.. Availability studies in Libraries. Library and Information Science Research,1986(8):299 – 314

18 WALTER, V. A.. Output measures for public library services to children: a manual of standardised procedures. Chicago: American Library Association, 1992

19 KUPIEC, A. W. , et al. Bibliotheques et evaluation. Paris, France: Editions du Cercle de la Librairie, 1994

20 LANCASTER, F. W. If you want to evaluate your library, 2nd revised edition. London: Library Association, 1993

21 CHILDERS, T. A. , VAN HOUSE, N. A.. What's good? Describing your library's effectiveness. Chicago: American Library Association, 1993

22 VAN HOUSE, N. A., CHILDES, T. A.. The public Library effectiveness study: the Complete report. chicago: American Library Association, 1993

23 PERRY, W. E.. Planning and implementing systems reliability. In: Tinnirello, P. C. editor. Handbook of systems management, development and support, 2nd edition. Boston: Auerbach, 1992

24 WARD, S., et al. Library performance indicators and library management tools. Luxembourg: European Commission DG XIII – E3, 1995

25 The effective academic library: a framework for evaluating the performance of UK academic libraries. Bristol: HEFCE, 1995

26 McClure, C. R., Lopate, C. L.. Assessing the networked environment: strategies and options. Washington, D. C.: Coalition for Networked Information, 1996

27 ZWEIZIG, D. L. et al. TELL ITI manual: the complete program for evalusting library performane. Chicago: American Library Association, 1996.

28 ISO 5127:2001, Information and documentation—Vocabulary

29 Kendrick, C. L.. Performance measures of shelving accuracy. Journal of academic librarianship, 1991(17):16 – 18

Technical Report
技术报告

ISO/TR 20983 （第一版 2003 年 11 月 1 日）

Information and Documentation—Performance Indicators for Electronic Library Services

信息与文献 ——电子图书馆服务绩效指标

标准编号 ISO/TR 20983:2003(E)

目 录

前 言

国际标准化组织(International Organization for Standardization,简称 ISO),是一个世界范围内的国家标准实体(即 ISO 成员实体)的联盟,国际标准的准备工作通常是由国际标准化组织技术委员会(Technical Committee,简称 TC)来执行。每一个成员实体都有权利向技术委员会就其关心的、已由该技术委员会制定的某一主题提出建议。与 ISO 有联系的国际组织、政府或非政府组织都可参与到该工作中来。ISO 与国际电子技术委员会(International Electrotechnical Commission,简称 IEC)在所有有关电子技术标准化方面的问题上合作非常密切。

国际标准根据 ISO/IEC 指示第 2 部分的规定起草。

技术委员会的主要任务是预备国际标准的制定。由技术委员会起草的国际标准草案将递送到各成员实体进行投票。作为国际标准的出版物,要求至少获得参与投票的成员实体的 75% 的通过率。

在特别情形下,当技术委员会已经收集有数据,这些数据不同于已经正式发布的国际标准所规定的(例如,艺术的现状)时候,它会通过一个简要的投票,让参与成员的大多数赞同,然后发布一份技术报告。整体上,技术报告在本质上是信息含量丰富的,并且无须重新评审,直到它所提供的数据被认为不再有效或有用。

需要注意的是本文件中有的部分涉及专利权,ISO 没有责任确定任何专利权问题。

ISO/TR 20983 由技术委员会第 46 分会:信息与文献委员会(ISO/TC46)其下属的第 8 分会(SC8):质量——统计和绩效评估委员会筹备起草。

导　言

本技术报告关注电子图书馆服务评估。

这些服务的成功提供依靠出版商、网络提供者和图书馆员们之间的密切合作。他们对绩效的各个方面的数据需求是不同的，并且收集数据的能力或许不取决于个人对那个数据的最大兴趣。例如，出版商可能是花费最多的精力来收集某一特定服务利用的数据；而图书馆馆员或许对利用该数据来开发和评价其服务最感兴趣。

本技术报告的主要目的是传播有关评估电子图书馆服务的实践知识。电子图书馆服务已经开展了30多年，在过去的10年中，技术环境已经发生了重大的改变。在ISO 11620:1998国际标准中早已承认了为电子服务开发绩效指标的需要，而且在该绩效标准发布的时候，也承认了其时尚没有任何被测试和形成文字记载的电子服务绩效指标或是被广泛采纳的指标。尽管在最近的几年里，在指标的定义、测试和文字记载上，取得了重大的进步，但是仍旧太过于仓促来决定哪些指标将成为最通用的，或是成为最广为采纳的。本技术报告按照ISO 11620的相同格式，提供了一个标准化的术语和简洁的定义，以及对指标体系选择的说明。列举在参考文献目录中的[2,3,5]，为数据收集和分析提供了更为详细的信息。

在本技术报告中列举的指标，仅有少数是服务质量的指标：有关这一领域的工作还远没有成熟到可以包揽服务质量测评。系列指标已经经过许多图书馆测试，或是由测试过的相似指标经细微改编得来。无论哪种情形，都是按照在ISO 11620中建立的标准来评判的。也就是说，每一个指标都是具有内涵丰富、可靠性、有效性、适宜性、实用性的，并且在某种情况下也可用来进行比较。

本技术报告中出现的指标是那些经过了测试的指标体系中的一个具有代表性的选择。进一步的选择将花费更长的时间去准备并发布。电子图书馆服务测量和评价的开发，将由一个工作组来监督，该工作组将建议增补指标，并进行更改或改编，一旦那些指标经过了测试和确认，再提交到这里。本技术报告将考虑推动使其成为国际标准。已经打算在合适的时候，把本技术报告的内容熔进ISO 11620将来的版本中。

信息与文献——电子图书馆服务绩效指标

1　适用范围

本技术报告适用于所有国家所有类型的图书馆。每一个单独的绩效指标，其应用的局限性列举在每一个指标说明的适用范围条款中（见附件 B）。

指标可用来对比同一图书馆在不同时期的绩效，也可以比较不同的图书馆，但是必须非常谨慎，要考虑图书馆用户的种种差异，对采用的指标有充分的理解，以及对数据有详细的阐释。

本国际标准不包括那些评估图书馆对个人或社会产生影响的指标。

2　标准文献的参考引用

下面提及的文献是本文件使用所必不可少的。标明日期的参考文献，仅仅应用被引用的版本，而没有标明日期的参考文献，则应引用最新的版本（包括任何增补文件）。

ISO 2789:2003，信息和文献——国际图书馆统计

ISO 5127:2001，信息和文献——词汇

ISO 11620:1998，信息和文献——图书馆绩效指标

ISO 11620:1998/Amd. 1:2003，信息和文献——图书馆绩效指标/补充本 1:增订图书馆绩效指标

3　定义

本技术报告，应用下列定义。（备注：由于本技术报告对下列术语的定义均引自 ISO 2789，所以在此省略）

3.1—3.18 数据库，数字文献，文献，电子馆藏，电子资源，电子服务，检索口，信息请求，图书馆馆藏，服务人群，被拒登录（不许进入），远程登录，登录，用户培训，虚拟访问，网站，工作站

4　与其他绩效指标体系的关系

4.1　网络化环境

网络化环境为服务的提供提供了一个不同的参考框架：内部与外部提供的界限变得不同了。例如，文献传递，在传统图书馆服务中，这表现为图书馆之间有物理载体的文献互借；在电子世界，文献传递是通过网络来完成的。网络可以由许多不同的外部提供者提供。专用设备必须安装在文献传递处理的两个终端，而且员工必须接受培训去使用它。文献的提供者可以是出版商，或是图书馆；终端用户可以直接与供应商交流。

而且，在图书馆所属的组织机构内，设备的提供也许不受图书馆自己的控制，然而，即使图

书馆本身不能控制那些对其服务提供起决定因素的基础设施，图书馆绩效还得接受对其服务提供的评价。

因为在电子服务运作之间的界限是不同于这些在传统图书馆服务运作之中的界限的，因此传统和电子图书馆服务的比较是困难的，如果可能的话。因为不同图书馆所采用电子图书馆服务的程度各不相同，那么图书馆之间的比较就更加困难。加之，由于用户和出版商的期望、经验和行为的变化，情形就变得更为复杂。新一代用户将更加，至少在发达国家，熟悉使用计算机和互联网的应用，并且期望电子服务是势所必然。然而，在更多时候，还有大量年老的用户不太熟悉计算机使用的概念和操作，并且需要更为细致的支持，如果他们不是处于少数群体的话。

另外，出版商采用各种各样的方式方法来处理电子出版的各种可能性。在印刷品供应方面，长期以来建立的实践，不能沿用到以电子格式创造的原始作品上。电子格式出版物的经济成本与这些用印刷格式出版的有很大的差别，而且人们还在尝试不同的费用支付模式。电子出版受欢迎的格式，也因出版物类型不同而变化，并且也可能每年都有所变化；在图书馆和出版商之间的资金安排，也会因出版物不同和年份的不同而变化。

更进一步，测评电子格式出版物利用的能力与相关的印刷格式完全不同。如果有可能，对于一个图书馆来说，去统计图书馆内印刷型文献的每一次利用，将非常昂贵：但是对图书馆来说要统计电子文献的每一次利用，不仅很有可能而且便捷。出版商就能够统计电子格式的利用，却不知印刷型文献的利用。因此，有效的绩效测评，取决于版权拥有者、出版商、代理商、图书馆馆员和用户之间的全新安排和合作。

最后一点，是与“人均”相关的指标。一些电子图书馆服务（网站、OPACs、免费信息服务）可以被任何人所获取，并不只限于服务人群。在这种情形下，人均利用率将会人为地膨胀，如果数据是自动收集的话。如果图书馆有兴趣了解服务人群远程利用其服务的比例，这些数据的收集可以通过传统的调查方法获得。

4.2 指标的分类

为电子图书馆服务定义指标时，一开始自然会从传统图书馆服务绩效指标中寻找相似性。参考 ISO 11620：1998 和其补充本 ISO 11620/Amd. 1 所列举的指标共有 34 个，都按照下表分组为许多类目。

表 1

被测评的服务、活动或其他方面	子类目
用户评价	总体
公共服务	总体
	文献的提供
	文献检索
	文献借阅
	外部资源的文献传递
	咨询和参考服务
	信息查询
	用户教育
	设备

（续表）

被测评的服务、活动或其他方面	子类目
技术服务	文献采访
	文献加工处理
	编目
服务的改善	
用户服务	员工安排

在起草这份技术报告中，对所提议的绩效指标采用与上相同的类目，只稍做修改（参见附件A）就行了。

4.3 ISO 11620与电子图书馆服务的相关性

4.3.1 能同样评估传统和电子图书馆服务的指标

一些指标对传统和电子图书馆服务都是相同的。一个最显然的例子就是用户满意度。其他的指标，只需对现存的定义和方法的说明作非常轻微的修改，以清晰表明它们对两种服务都是相关联的：例如，每种文献编目平均成本。类似地，与文献提供相关的指标组在这里，其定义和描述则需要修改为包括电子格式的文献。在网络化环境中还有其他相似性的指标（参见4.3.3），但需要更多重要的修改以适应不同的格式，以及不同的测评基础。参见表2

表2

被测评的服务、活动或其他方面	绩效指标	在ISO 11620中
用户评价：总体	用户满意度	B.1.1.1
公共服务：文献的提供	文献获取的有效性	B.2.2.1
	需求文献获取的有效性	B.2.2.2
	需求文献在馆藏中的百分比	B.2.2.3
	需求文献获取的时效性	B.2.2.4
公共服务：咨询和参考服务	正确回答满足率	B.2.6.1
公共服务：信息查询	题名目录检索成功率	B.2.7.1
	主题目录检索成功率	B.2.7.2
公共服务：设备	设备的有效性	B.2.9.1
	设备的利用率	B.2.9.2
	座位占有率	B.2.9.3
	自动化系统的有效性	B.2.9.4
技术服务：文献采访	文献采访的时间	B.3.1.1
技术服务：编目	每种文献编目平均成本	B.3.3.1
用户服务：员工安排	人均开展用户服务的员工	B.5.1.1
	开展用户服务的员工在总员工中的比例	B.5.1.2

4.3.2 只能评估传统图书馆服务的指标

在本组内的指标由于与文献的物理形式密切相关，因而它们与电子领域几无确切的对等性。见表3。

表 3

被测评的服务、活动或其他方面	绩效指标	在 ISO 11620 中
公共服务:文献的提供	人均馆内利用率	B.2.2.5
	文献利用率	B.2.2.6
	未利用库存的百分比	B.2.2.7
	上架准确率	B.2.2.8
公共服务:文献检索	闭架文献索取的时间	B.2.3.1
	开架文献索取的时间	B.2.3.2
公共服务:外部资源的文献传递	馆际互借速度	B.2.5.1
公共服务:文献加工处理	文献加工处理的时间	B.3.2.1

4.3.3 评估传统图书馆服务的指标中与电子图书馆服务评估类似的指标

在本组中,电子服务的指标,与那些传统服务指标基于同一概念的,但是测评的基础却不同。例如,人均到馆率,将被一个与服务人群虚拟访问相关的指标所取代。文献借阅的各种指标也有相似性,因为现在电子借阅是可行的。

事实是,所设想的相似性能够在未来 ISO 11620 的版本中找到,或许有必要设计复合指标来融合传统和网络化服务。例如,指标"人均到馆率"可以重新定义为包括实际到馆和虚拟访问。在本技术报告中包括有两个复合指标:虚拟访问的比率,通过电子方式递交的信息请求比率。图书馆馆员们也许希望开发其他的复合测评方法和指标,如果这有助于他们自身的情况。参见表 4。

表 4

被测评的服务、活动或其他方面	绩效指标	在 ISO 11620 中
公共服务:总体	目标人群覆盖率	B.2.1.1
	用户人均成本	B.2.1.2
	人均到馆率	B.2.1.3
	到馆平均成本	B.2.1.4
公共服务:文献借阅	外借馆藏周转率	B.2.4.1
	人均外借次数	B.2.4.2
	人均外借文献册数	B.2.4.3
	平均外借成本	B.2.4.4
	员工人均外借次数	B.2.4.5
	库存借阅率	B.2.4.6

5 绩效指标的用途

5.1 目的

本技术报告所规范的绩效指标,作为工具,用来比较图书馆服务和产出的效率、效力和质量,比照其任务和目标。它们可以用来评估下列领域:

——比较单个图书馆不同年度的绩效;

——支持管理决策,例如,重新配置资源,引进新的服务,减少或取消现有的服务;

——向图书馆资金提供者、服务人群和公众证明其绩效及其成本;

——比较指标建议的、具有相似结构和任务的不同图书馆之间的绩效;

——图书馆的绩效或是其服务的利用，历年以来是否有所改变；

——一个图书馆的绩效或利用，与其他图书馆相比，有多大的不同。

5.2 指标的选择

本技术报告中的绩效指标已经被图书馆在好几个世界性项目中所开发和测试。被选进本技术报告中的指标，是目前最有助于图书馆的，而且遵循 ISO 11620 所提及的绩效指标标准。

并非所有的指标对每一类型的图书馆或是每一个个体图书馆都是有用的。图书馆必须决定哪些指标是最适合评价其专项服务和产出的。决定要考虑到图书馆的任务、目标和目的，以及它所服务的人群。应该与图书馆主管单位和相关的权威部门以及用户达成一致认识，即：哪些指标对评估图书馆电子服务是最明智的。

绩效指标的数据收集是费时费钱的。因而决定采用某些指标，也可能取决于自动数据收集的实用性和可能性，或者取决于评估某些服务的迫切需要。这或许是当权威部门要求为某一特定服务提供数据时，或者是某一项服务明显地不能满意运营。应该确保指标的数据将用在以后的运营管理及策划过程中。

本技术报告提及的指标组成了一个有限的系列，这对主要的电子图书馆服务是可用的，并且已经经有图书馆的测试和应用。它们可能不足以测评所有类型的专项服务，而且图书馆可以开发和试验更多的专门化的指标来满足其需要。

5.3 局限性

5.3.1 测评电子图书馆服务的影响

本技术报告中的绩效指标，通过对电子图书馆服务的提供、利用、成本和市场辐射力的数量陈述，来评估图书馆的绩效。图书馆最关心其服务的影响力，以及用户是否通过利用其服务而受益的问题。这些定性化数据，应该在本技术报告提及的计量化数据基础上，另外收集。它们可以通过采用像用户满意度调查、焦点组、访谈等方法来收集。

选择用来收集定性化数据的方法，将在很大程度上取决于本地环境，例如，图书馆的目标组。评估用户满意度的通用方法在 ISO 11620 中已规范。

5.3.2 精确度

为了给本技术报告中的指标设定分值，可能需要从不同的来源处收集数据（供应商，图书馆自己的服务器，联盟的服务器，等等）。因此，数据可能处在不断变化中，或是不完整。当图书馆公布或比较分值时，这样的不一致性应该清楚声明。

影响精确度的其他原因，可能还有：

——搜索引擎会影响登录的数量；

——好几个用户，可能一个接一个地用一种方式利用同一种电子服务，那将不会被识别为不同的登录；

——很难从其他利用中区别哪些是由图书馆服务人群发出的。

图书馆应该明确定义哪些是他们自己的电子服务，尤其是他们的电子馆藏（参见：定义）。本技术报告试图在确定数据内容上提供帮助，例如，雇佣的开发和维护 IT 服务的员工（参见：指标 B.2.2.1）

评价：尽管有诸如这些可能导致不精确的因素，却不应该阻止对数据的收集，但是，应该小心对结果的阐释。

5.3.3　绩效指标数据的可比性

图书馆应用绩效指标主要是为了评估它们自身的绩效,以及比较历年的趋势和发展。第二大目的是与其他图书馆比较指标的结果。本技术报告,通过规范指标和方法,有助于评估的一致性,因此使得比较成为可能。

在比较指标的结果中,图书馆应该考虑:

——每一个图书馆的任务,目标和目的;

——服务人群的结构;

——每一个图书馆的不同服务和产出;

——图书馆设立的总体情况。

5.3.4　当前重要的指标

本国际技术报告提及的有些指标,只限定于规定的时间和目的才有着丰富的价值。只有当图书馆想分辨用电子形式提供的服务中某一个主要目的其可能性和合理性时,它们作为指标才有效。

这些指标(如B.1.2.1,B.1.4.1,B.2.2.1)测评为电子服务配置的资源总量与传统服务的比较。指标表明图书馆在电子服务和历年来开发数字图书馆方向上的投入。它们只有在达到满意的情形时,才有用。

其他绩效指标——如,电子服务的利用、成本或市场辐射力,对图书馆而言,将有着长期的重要性。

附件 A　电子图书馆服务绩效指标一览表

表 A.1 列出了电子图书馆服务和相关的活动,这些服务和活动的分组,根据的是在 ISO 11620:1998[1]中的分类。指标的说明细则由附件 B 提供。

注释:还有很多其他的指标在图书馆被测试过,但未在此列出。这里所描述的指标的基本数据要素,可以用各种方法进行组合,来计算每个图书馆自己感兴趣的另外的指标。

表 A.1

被测评的服务、活动或其他方面	绩效指标	附件 B 中的说明
公共服务		B.1
概要		B.1.1
	电子服务对服务人群的覆盖率	B.1.1.1
电子图书馆服务的提供		B.1.2
	电子馆藏建设的费用支出比率	B.1.2.1
文献检索		B.1.3
	每次登录平均下载文献数	B.1.3.1
	每次数据库登录平均成本	B.1.3.2
	每次文献下载平均成本	B.1.3.3
	登录被拒率	B.1.3.4
	远程 OPAC 登录比率	B.1.3.5
	虚拟访问的比率	B.1.3.6
咨询和参考服务		B.1.4
	通过电子方式递交的信息请求比率	B.1.4.1
用户教育		B.1.5
	人均用户参加电子服务培训课程的次数	B.1.5.1
设备		B.1.6
	人均工作站有效时间	B.1.6.1
	每公共开放工作站的平均服务人数	B.1.6.2
	工作站利用率	B.1.6.3
人力资源的利用和有效性		B..2
员工培训		B.2.1
	每员工参加正式的 IT 和相关培训课程的平均时数	B.2.1.1
员工安排		B.2.2
	提供和发展电子服务的员工比率	B.2.2.1

附件 B　电子图书馆服务绩效指标细则

B.1　公共服务

B.1.1　概要

B.1.1.1　电子服务对服务人群的覆盖率

B.1.1.1.1　目标

确立图书馆电子服务在覆盖服务人群上的成功度。

B.1.1.1.2　适用范围

所有拥有确定的服务人群的图书馆。图书馆可以各自为 OPAC、订购的数据库、电子期刊的用户等分别进行统计。

B.1.1.1.3　指标的定义

在规定的时间段内,服务人群中利用过图书馆提供的任一电子服务的人群比率。

B.1.1.1.4　方法

从服务人群中抽取一份随机样本,并询问样本中每一位用户:在这一规定时间内,是否利用过图书馆的电子服务。样本的选择应该能够代表整体的服务人群。电子服务利用的问卷,通常可以包括在图书馆利用的整体调查表中。

电子服务对服务人群的覆盖率,为:

$$\frac{A}{B} \times 100\%$$

其中,

A 是样本中在规定时间内利用过电子图书馆服务的用户数量;

B 是样本的总用户数。

保留为最接近的整数。

注释:可以采用替代的抽样和调查方法。如果图书馆希望对不同的时期作比较,那么重要的是应该在连续的时间段内采用一致的抽样和调查方法。

B.1.1.1.5　说明和影响指标的因素

指标是一个 0 到 100 的整数。通常认为高分值比低分值要好。分值一年比一年提高,则更好。

分值可能受几个因素影响,有些因素在图书馆服务控制之外。例如:服务人群的人口组成,受教育的水平,社会和经济概况,图书馆或单位提供的网络访问终端,服务人群家庭中网络访问的有效水平。它也会受收费服务费用或是电子服务访问制度的影响。

B.1.1.1.6　来源(参见参考文献目录)

[1] 改编自 Equinox PI 1

B.1.1.1.7　相关指标

目标人群覆盖率[ISO 11620:1998,B.2.1.1];人均远程登录电子服务的次数。

B.1.2 电子服务的提供

B.1.2.1 电子馆藏建设的费用支出比率

B.1.2.1.1 目标

评价在多大程度上图书馆承诺去建立一个完善的电子馆藏。

B.1.2.1.2 适用范围

所有图书馆。

可以用来评估图书馆馆藏的特定部分(例如期刊、主题领域等),或是图书馆分馆。在这些项目中的每一项,作为结果的指标可用来比较,以分辨其比率是否明显的不同。

只有考虑了主题领域、收藏政策和服务人群中社会经济因素方面的不同,图书馆间的比较才能进行。

B.1.2.1.3 指标的定义

图书馆信息提供总费用支出中,花在电子馆藏建设上的比率。

电子馆藏包括数字文献、电子连续出版物和数据库。

本指标中,电子馆藏建设的费用支出,包括图书馆的采访、购进和许可授权使用的花费。作为一项选择,图书馆或许要决定在馆藏建设成本中,包括每次浏览付费的成本和电子文献传递的成本。这应该在发布或比较数据时明确声明。

总采购费用支出应该排除软件系统的绑定费用。

花在基础设施建设上的费用,如硬件、软件或网络,以及文献的数字化等方面的费用,也不应该包括在内。

增值税、销售和服务税,或其他地方税要包括在内。它们的包括可能影响国际间的比较。

B.1.2.1.4 方法

在给定的预算期,确定图书馆在电子馆藏采访、购进和许可授权使用上的费用支出(如果愿意的话,并包括每次浏览付费的费用支出和电子文献传递的费用支出)。如果图书馆加入了图书馆团体联盟或是其他整体协议,那么只统计图书馆自己在协议中支付的份额。如果文献的电子版本采购,捆绑在印刷版本采购中,那么只应该统计为电子版本所支付的那部分额外费用。

电子馆藏建设的费用支出比率,为:

$$\frac{A}{B}\times 100\%$$

其中,

A 是电子馆藏建设的费用支出;

B 是图书馆信息提供的总费用支出。

保留为最接近的整数。

B.1.2.1.5 说明和影响指标的因素

指标是一个 0 到 100 之间的整数。

不同时期的比较,表明了在多大程度上图书馆对电子信息建设关注度的改变。然而,在印刷型和电子资源间的价格结构的不同,在很大程度上影响不同时期的比较。

指标必须比照图书馆的任务和目标来判断。馆藏政策、服务人群的结构,尤其是图书馆收藏的主题领域,能对指标值产生很大影响。

因此,本指标不应该自我使用,而要与指标“馆藏利用”和指标“用户满意度”相结合使用。

B.1.2.1.6　来源(参见参考目录)

[1] Equinox PI 1

B.1.2.1.7　相关指标

开展 IT 服务的员工比率;电子服务对服务人群的覆盖率。

B.1.3　文献检索

B.1.3.1　每次登录平均下载文献数

B.1.3.1.1　目标

评估用户能否找到在某一电子资源中其感兴趣的文献。

B.1.3.1.2　适用范围

所有图书馆。

B.1.3.1.3　指标的定义

规定时间内,在每一种电子资源的部分或整体数据库中下载的文献和条目数量,除以每种服务的登录次数。

图书馆员工和用户培训中的电子资源利用包括在登录次数以及文献和条目下载的数量中。

B.1.3.1.4　方法

统计规定时间段内,从每一种电子资源下载的文献和条目数量,除以同一时间内登录同一资源的次数。那么,

每次登录平均下载文献数,为:

$$\frac{A}{B}$$

其中,

A 是规定时间段内,从某一规定的电子资源下载的文献和条目数量;

B 是同一时间内登录同一电子资源的次数。

B.1.3.1.5　说明和影响指标的因素

指标是一个没有上限的实数。

指标可能受几个因素影响,有些因素在图书馆服务控制之外。例如:用户检索技能的水平,网络访问的水平,访问或下载是否收费,以及服务的促进。

下载的文献数量,会受用户检索策略的质量和效率的影响。

不提倡该数据用来为所有的服务取得一个全方位的数据,因为各种服务提供不同类型的文献,例如,有的提供全文,有的提供索引。然而,面向特定服务的数据是可以进行比较的。如果图书馆想利用如下指标:

——每种数据库的登录次数;

——每种电子期刊、数字文献,或数据库下载的文献数量。

这些指标可以采纳指标“每次登录平均下载文献数”的数据要素。

B.1.3.1.6　来源(参见参考目录)

[1] 改编自 Equinox PI 4

B.1.3.1.7　相关指标

每次文献下载平均成本

B.1.3.2　每次数据库登录平均成本

B.1.3.2.1　目标

评估某一数据库相对于其登录次数的合同成本。

B.1.3.2.2　适用范围

所有图书馆。

如果考虑了图书馆收藏政策和服务人群的社会经济因素方面的不同，可以用来对某一数据库在不同的时期，或对另一数据库，或对另一图书馆相同数据库进行比较。

B.1.3.2.3　指标的定义

每一数据库的成本，除以规定的时间段内登录的次数。

某一数据库的成本是图书馆支付的采访、订购或许可授权使用的费用。图书馆支付的按次浏览付费的总费用支出包括在内；由用户自己支付的按次浏览付费的费用不包括在此指标中。

本指标只适用于有标价的数据库。

B.1.3.2.4　方法

规定的时间段内（通常是一个完整的财政年），每一种数据库的总成本，除以同期内登录该数据库的次数。如果成本花费与要测评的登录时期不同，应该使它们规范化。

对于包含有几个单个数据库的复合数据库，应该为单独的数据库提供详细信息。

图书馆员工的登录和用户培训中的登录应该包括在登录次数中。

如果每利用成本不能清楚分开，文献的电子版本采购是捆绑在印刷型版本中的，应该排除该电子版本成本。如果数据库采购是按照容量大小购买的，其成本要相应按比例分开计算。

每次数据库登录平均成本，为：

$$\frac{A}{B}$$

其中，

A 是规定时间段内每一数据库的合同成本；

B 是同期内登录每一数据库的次数。

保留为所使用货币的惯例位数。

B.1.3.2.5　说明和影响指标的因素

指标是一个没有上限的实数。正常范围值取决于所使用的货币。

较低的值，表明数据库成本的效率较高。然而，这应该结合数据库的影响力，特别是同每次登录下载的文献或条目数量一起考虑。

登录次数数据不是所有情形下都易于获取。经销商可能会传送不同的或不完整的数据。在某些情形下，连续的几个用户可能会利用同一个已经建立的数据库连接。

用户调查或访谈可以用来确认指标值。

本指标不应该自我使用，而要与指标“每次文献下载平均成本”和用户满意度调查相结合使用。如果图书馆想采用如下指标：

——每种数据库平均登录次数；

——每种电子期刊、数字文档或数据库平均下载文献数。

这些指标可以采纳指标“每次登录平均下载文献数”的数据要素。

B.1.3.2.6　来源(参见参考目录)

[1] Equinox PI 5

B.1.3.2.7　相关指标

每次文献下载平均成本;平均外借成本[ISO 11620:1998,B.2.4.4]。

B.1.3.3　每次文献下载平均成本

B.1.3.3.1　目标

评估每种电子资源相对于其被下载的文献或条目数量的合同成本。

B.1.3.3.2　适用范围

所有图书馆。

如果考虑了图书馆收藏政策和服务人群的社会经济因素方面的不同,可以用来对某一数据库在不同的时期,或对另一数据库,或对另一图书馆的相同数据库进行比较。

本指标只适用于有标价的数据库。

B.1.3.3.3　指标的定义

规定时间内,每种电子资源的总成本,除以在同一电子资源的部分或整体数据库中下载的文献或条目数量。

某一电子资源的成本是图书馆支付的采访、订购或许可授权使用的费用。按每次下载付费的总费用支出,不包括在本定义中,因为按每次下载付费的成本已经是明确定价的。

本指标中,在某一电子资源或数据库中的一个条目,即是一条包含有一个或多个数据文件的可下载的信息实体,其核心信息通常是全文本的。下载,通常通过利用网页浏览器,向服务器发出对文献的请求来达到。

B.1.3.3.4　方法

规定的时间段内(通常是一个完整的财政年),每一种电子资源的总成本,除以同期内下载的次数。如果成本花费与要测评的登录时期不同,应该使它们规范化。

图书馆员工以及用户培训中的下载或浏览,应该包括在下载的数量中。

如果每利用成本不能清楚分开,文献的电子版本采购是捆绑在印刷型版本中的,应该排除该电子版本成本。如果资源采购是按照容量大小购买的,其成本要相应按比例分开计算。

每次文献下载平均成本,为:

$$\frac{A}{B}$$

其中,

A 是规定时间段内每一电子资源的合同成本;

B 是同期内从每一电子资源下载的文献或条目数量。

保留为所使用货币的惯例位数。

B.1.3.3.5　说明和影响指标的因素

指标是一个没有上限的实数。正常范围值取决于所使用的货币。

较低的值,表明电子资源成本的效率较高。然而,这应该结合对该资源的需求量,特别是登录次数一起考虑。

由于取决于用户浏览器高速缓存配置及代理服务器的使用,由服务器统计数据提供的下载文献数量，通常将低于实际数量。用户调查或访谈可以用来确认指标值。

本指标不应该单独使用，而要与指标“每次数据库登录平均成本”和用户满意度调查相结合使用。如果图书馆想采用如下指标：

——每种数据库平均登录次数；

——每种电子期刊、数字文献或数据库平均下载文献数。

这些指标可以采纳指标“每次登录平均下载文献数”的数据要素。

B.1.3.3.6 来源（参见参考目录）

[1] Equinox PI 6

B.1.3.3.7 相关指标

每次数据库登录平均成本；平均外借成本[ISO 11620:1998,B.2.4.4]。

B.1.3.4 登录被拒率

B.1.3.4.1 目标

确立每一种电子资源是否有足够的许可授权使用权限来满足用户的需求。

B.1.3.4.2 适用范围

拥有许可授权使用电子资源的所有图书馆。

B.1.3.4.3 指标的定义

规定的时间段内，对某种授权使用的数据库被拒登录的次数，相对于试图登录的总次数的比率。

图书馆员工的登录以及用户培训中的登录，应该包括在内。

由于输入错误的密码或错误的用户 ID 而被拒的登录，不包括在内。

B.1.3.4.4 方法

统计在某一规定的时间段内，试图登录某一数据库的总次数和不成功的登录次数。那么，登录被拒率，为：

$$\frac{A}{B} \times 100\%$$

其中，

A 是某一规定的时间段内，对授权使用的某一数据库的被拒登录次数；

B 是同期内对该电子服务的成功登录和被拒登录的总次数。

B.1.3.4.5 说明和影响指标的因素

指标是一个 0 到 100 之间的整数。分值越高，表明授权许可授权使用的数量不足以满足用户需求。

指标应该单独为每一数据库单独考虑。不可能为所有数据库取得一个整体的数据。

B.1.3.4.6 来源（参见参考目录）

[1] Equinox PI 10

B.1.3.4.7 相关指标

需求文献获取的有效性[ISO 11620:1998,B.2.2.2]。

B.1.3.5 远程登录 OPAC 的比率

B.1.3.5.1 目标

确立从图书馆馆舍之外利用 OPAC 的总量。

B.1.3.5.2　适用范围

所有有 OPAC 并能远程访问的图书馆。

B.1.3.5.3　指标的定义

规定的时间段内从图书馆馆舍之外登录 OPAC 的比率。

B.1.3.5.4　方法

统计在某一规定的时间段内,远程登录 OPAC 的次数和登录 OPAC 的总次数。

远程登录 OPAC 的比率,为:

$$\frac{A}{B}\times 100\%$$

其中,

A 是远程登录 OPAC 的次数;

B 是登录 OPAC 的总次数。

保留为最接近的整数。

B.1.3.5.5　说明和影响指标的因素

指标是一个 0 到 100 之间的整数。分值越高,表明有大量的图书馆服务人群要求或希望从图书馆之外获取图书馆服务。这会影响图书馆计划把优先权给予为远程用户提供的服务,而不是相对于为馆内用户提供的服务。这也将提醒图书馆,要根据访问方法来作决策。

本指标极大地受制于服务人群可获取的网络访问水平。

不同时期的指标值,表明了远程利用的趋势变化。

B.1.3.5.6　来源(参见参考目录)

[5] 79 页改编自"虚拟访问比率"及其在 66—67 页的方法描述的说明。

B.1.3.5.7　相关指标

电子服务对服务人群的覆盖率;虚拟访问的比率。

B.1.3.6　虚拟访问的比率

B.1.3.6.1　目标

确立远程利用图书馆相对于图书馆总利用量的关系。

B.1.3.6.2　适用范围

所有提供网站并可以远程访问的图书馆。

B.1.3.6.3　指标的定义

在规定的时间段内,从图书馆围墙之外虚拟访问图书馆网站的次数,除以同期内图书馆网站虚拟访问和物理到馆访问的总次数。

B.1.3.6.4　方法

确定到访图书馆网站的所有来源:这些可能是服务器,有图书馆自身拥有的,或由上级组织的其他部门拥有并维护的,或是由某一互联网服务提供商(ISP)拥有的。采用合适的日志分析软件,统计在规定时间段内到访过图书馆网站的次数,区分出访问是从图书馆内的工作站发出的,还是从图书馆外面发出的。统计所有从图书馆网站外发出的访问,而不管是个人 IP 地址的反复访问,以及所浏览网页或内容的数量。

统计同期内实际到馆访问的次数,采用在 ISO 11620:1998 中 B.2.1.3.4 所阐述的方法。那么,虚拟访问的比率，为：

$$\frac{A}{A+B+C}\times 100\%$$

其中，

A 是虚拟访问次数；

B 是在图书馆馆舍内访问图书馆网站的次数；

C 是物理到馆访问次数。

保留为最接近的整数。

B.1.3.6.5 说明和影响指标的因素

指标是一个 0 到 100 之间的整数。分值越高，表明有大量的图书馆服务人群要求或希望从图书馆之外获取图书馆服务。这会影响图书馆计划把优先权给予为远程用户提供的服务，而不是相对于为馆内用户提供的服务。这也将提醒图书馆要根据访问方法来作决策。

本指标极大地受制于服务人群可获取的网络访问水平。

不同时期的指标值表明了远程利用的趋势变化。它通常能关系到电子图书馆服务利用的总量，显示本地与远程利用的相关重要性及其不同时期的变化。

B.1.3.6.6 来源（参见参考目录）

［5］第 79 页改编自“虚拟访问比率”。

B.1.3.6.7 相关指标

人均到馆率［ISO 11620：1998，B.2.1.3］；远程登录 OPAC 的比率。

B.1.4 咨询和参考服务

B.1.4.1 通过电子方式递交的信息请求比率

B.1.4.1.1 目标

确立采用电子方法递交信息请求的利用率。

B.1.4.1.2 适用范围

所有图书馆。

B.1.4.1.3 指标的定义

在规定的时间段内，通过电子方式递交信息请求数与同期内接收到的所有信息请求总量的比率。

B.1.4.1.4 方法

在一个具有代表性（样本）的时间段内，记录下所有图书馆员工接收到的信息请求，注明递交的方式。作为细分，统计以电子方式递交的信息请求数量，是否通过 email 递交到图书馆服务点，或递交给馆员个人，或是通过网上表格递交。

通过电子方式递交的信息请求比率，为

$$\frac{A}{B}\times 100\%$$

其中，

A 是在规定的时间段内，通过电子方式递交信息请求数；

B 是同期内接收到的所有信息请求总量。

保留为最接近的整数。

B.1.4.1.5　说明和影响指标的因素

指标是一个0到100之间的整数。该数字暗示着在多大程度上,图书馆用户正转变到电子交流方式上。高分值也许表明:一个高比例的图书馆用户,能舒适自在地使用电子媒介,并利用它们来获取图书馆服务。

在咨询台安置的咨询员工的水平低,会影响该指标的水平。

低分值也许表明:需要进行用户培训,或是更好地提高电子咨询服务。分值也受图书馆网站可用性的影响。

B.1.4.1.6　来源(参见参考目录)

[1] Equinox PI 7。

[2] 第30页。

[3] 第78页。

B.1.4.1.7　相关指标

电子服务对服务人群的覆盖率。

B.1.5　用户教育

B.1.5.1　人均用户参加电子服务培训课程的次数

B.1.5.1.1　目标

评估图书馆通过提供电子服务培训而覆盖其用户的成功程度。

B.1.5.1.2　适用范围

所有拥有确定的服务人群的图书馆。

B.1.5.1.3　指标的定义

在规定的时间段内,参加用户电子服务培训的人次,除以服务人群数。

B.1.5.1.4　方法

统计在规定的时间段内(通常是一个年度),参加图书馆以讲授电子服务利用为主的课程的人次(并且,如果可行,包括图书馆参观)。在时间段结束时,累计这些数字。统计同期内,登录图书馆以讲授电子服务利用为主的在线培训课程模块(互动的)的次数。在时间段结束时,也应该累计这些数字。所有这些数字的总和,方为本指标所采纳。

人均用户参加电子服务培训课程的次数,为:

$$\frac{A+B}{C}$$

其中,

A 是参加图书馆电子服务利用课程的人次(并且,如果可行,包括图书馆参观);

B 是登录图书馆电子服务利用在线培训课程模块(互动的)的次数;

C 是服务人群数。

B.1.5.1.5　说明和影响指标的因素

指标是一个没有上限的实数。数值越高,表明培训课程覆盖用户的效率越高。

指标受图书馆提供培训量及用户 IT 经验水平的影响。本指标不允许评价培训项目的质量,也不能评价最佳的培训活动费用支出。

B.1.5.1.6　来源(参见参考目录)

[1] 改编自 Equinox PI 12。

B.1.5.1.7　相关指标

无。

B.1.6　设备

B.1.6.1　人均工作站有效时间

B.1.6.1.1　目标

评估工作站的有效性，通过计算一年当中，每一工作站对每一个服务人群成员有效可用的平均小时数。

B.1.6.1.2　适用范围

拥有确定的服务人群的所有图书馆。只有考虑了图书馆任务和用户群的不同，才可以进行图书馆间的比较。图书馆可以为联网的和未联网的工作站分别计算。

B.1.6.1.3　指标的定义

一年当中，每一工作站对每一个服务人群成员有效可用的小时数。

保留为图书馆员工专用的工作站除外。

B.1.6.1.4　方法

确定图书馆内公共开放的工作站的数量，工作站对用户有效可用的小时数，以及图书馆服务人群数。然后，作一个更正，统计那些不能使用的或正在维修的工作站数量。为了作此更正，应该在一个正常工作日的任一随机时间来做统计。把不能工作的工作站的平均数从工作站总数中除去。用户能支配的工作站小时数，就是图书馆的开放时间数。那么，

人均工作站有效时间，为：

$$\frac{(A-B)\times C}{D}$$

其中，

A 是工作站总数；

B 是不能工作的工作站数量；

C 是一年当中工作站对用户有效可用的小时数；

D 是服务人群数。

如果在图书馆某些区域内的工作站，有不同的开放时间，这些工作站必须单独计算。那么，

人均工作站有效时间，则为：

$$\frac{[(A1-B1)\times C1]+[(A2-B2)\times C2]}{D}$$

其中，

A1 是区域 1 内工作站总数；

B1 是区域 1 内不能工作的工作站数量；

C1 是区域 1 内一年当中用户可支配使用的工作站小时数；

A2 是区域 2 内工作站总数；

B2 是区域 2 内不能工作的工作站数量；

C2 是区域 2 内一年当中用户可支配使用的工作站小时数；

D 是服务人群数。

B.1.6.1.5　说明和影响指标的因素

指标是一个没有上限的实数。指标值的正常范围,取决于图书馆的类型。指标评估了每一工作站对每一个服务人群成员有效可用的平均小时数。数值越高,表明图书馆满足用户对工作站需求的能力越强。

对于学术和专业图书馆,放置在非公共服务区的其他地方而可用的工作站数量,将极大地影响本指标的阐释。如果所放置的工作站无论在哪里都可以使用户广泛有效地获取图书馆服务的话,一个较低的指标值也许并不那么重要。

B.1.6.1.6　来源(参见参考目录)

[1] Equinox PI 9。

[3] 第70页。

B.1.6.1.7　相关指标

设备有效性[ISO 11620:1998,B.2.9.1];每公共开放工作站的平均服务人数。

B.1.6.2　每公共开放工作站的平均服务人数

B.1.6.2.1　目标

评估图书馆提供的工作站相对于服务人群的有效性。

B.1.6.2.2　适用范围

拥有确定的服务人群的所有图书馆。如果考虑了图书馆任务和用户群的不同,并且只有在包括了本指标中相同类型的工作站时(例如工作站分为可以访问互联网的,单独设立不联网的,只用于CD-ROM的,只用于OPAC的),才可以进行图书馆间的比较。图书馆可以为联网的和未联网的工作站分别计算。

B.1.6.2.3　指标的定义

公共开放工作站数量对于服务人群数量的比率。

保留为图书馆员工专用的工作站除外。

图书馆可以为联网的工作站单独进行计算。

B.1.6.2.4　方法

确定图书馆内对用户开放可用的工作站数量。

每公共开放工作站的平均服务人数,为:

$$\frac{A}{B}$$

其中,

A 是服务人群数;

B 是公共开放的工作站数量。

保留为最接近的整数。

B.1.6.2.5　说明和影响指标的因素

指标是一个没有上限的整数。低分值好于高分值。指标评估了相对于服务人群的资源提供。

对于学术和专业图书馆,放置在非公共服务区的其他地方而可用的工作站数量,将极大地影响本指标的阐释。如果所放置的工作站无论在哪里都可以使用户广泛有效地获取图书馆服务的话,一个较低的指标值也许并不那么重要。

B.1.6.2.6　来源(参见参考目录)

[2] 第28页。

[3] 第70页。

[4] 第12页。

B.1.6.2.7　相关指标

设备有效性[ISO 11620:1998,B.2.9.1];人均工作站有效时间。

B.1.6.3　工作站利用率

B.1.6.3.1　目标

评估图书馆提供的工作站的总利用率,通过测试任意给定时间正在被使用的工作站的比例。

B.1.6.3.2　适用范围

所有图书馆。

测试可以在一天、一个星期或一年当中有代表性的(抽样)时间进行,包括使用高峰期和非高峰期,并且应该加起来取一个平均值。图书馆可以为联网的和未联网的工作站分别计算。

B.1.6.3.3　指标的定义

调查时正在被使用的工作站的比率。

保留为图书馆员工专用的工作站除外。

B.1.6.3.4　方法

a) 要得到最精确的值,则要通过测算在不同时间段的、随机时间点的工作站利用率,然后计算出平均的利用率(采用累计的工作站总和(被利用的),除以累计提供的工作站总和,再乘以100)。然后,作一个更正,统计那些没有被使用的或正在维修的工作站数量。为了作此更正,应该在一个正常工作日的任一随机时间来做统计。把不能工作的工作站的平均数,从工作站总数中除去。用户能支配的工作站小时数,就是图书馆的开放时间数。

有些工作站可能提供不同的电子图书馆服务,例如,仅提供OPAC服务,单独为阅览CD-ROM服务的,或仅提供互联网访问的,并且这些机器可能有不同的利用模式和需求。如果认为这很重要的话,那么最好为提供不同服务的工作站分别计算指标。如果希望对所有工作站有一个整体的评价,这就要为所有单独的指标值作一个平均值。

工作站利用率,为:

$$\frac{A}{B}\times 100\%$$

其中,

A 是被使用的工作站数量;

B 是提供的工作站总数。

保留为最接近的整数。

b) 一个稍欠精确的方法是,在规定的时间作一个工作站的调查,统计正在被使用的工作站数量。那么,

工作站利用率,为:

$$\frac{A}{B}\times 100\%$$

其中，

A 是被使用的工作站数量；

B 是提供的工作站总数。

保留为最接近的整数。

B.1.6.3.5　说明和影响指标的因素

指标是一个 0 到 100 的整数。它评估的是：一台随机抽选的工作站，在任意时间或在规定的时间被使用的可能性。一个很高的数字，表明所提供的工作站正被高度利用，而且可能需要增加资源配置。

指标可能会受一些因素影响，如工作站预约使用政策，联网时间，联网的工作站数量，以及能够替代电子资源的印刷型参考资源的有效性。

B.1.6.3.6　来源（参见参考目录）

[1] Equinox PI 8。

[3] 第 83 页。

B.1.6.3.7　相关指标

设备有效性[ISO 11620:1998,B.2.9.1]。

B.2　人力资源的利用和有效性

B.2.1　员工培训

B.2.1.1　每员工参加正式的 IT 和相关培训课程的平均时数

B.2.1.1.1　目标

评估图书馆员工通过参加培训课程而获得 IT 技能的提高。

B.2.1.1.2　适用范围

所有图书馆。

B.2.1.1.3　指标的定义

员工参加正式的 IT 和相关培训课程的小时数，除以图书馆员工总人数（人头数，而不是等同全职的人数）。

从本指标的某种意义上说，IT 和相关的培训，涵括了图书馆相关的软、硬件及其电子服务的管理、利用和开发。培训是预先计划好的有组织的课程，可以在馆内或馆外举行，并由图书馆职员或外来的专家主持。

指标也评估培训课程的参加人次。

B.2.1.1.4　方法

参加正式的 IT 和相关培训课程的小时数，可以通过保留图书馆员工参加这些课程的记录，及统计这些课程的课时数来确定。然后用该数字除以图书馆员工的总人数。

每员工参加正式的 IT 和相关培训课程的平均时数，为：

$$\frac{A}{B}$$

其中，

A 是规定时间段内参加正式的 IT 和相关培训课程的小时数；

B 是图书馆员工总数。

B.2.1.1.5　说明和影响指标的因素

指标是一个没有上限的实数。较高的数值,表明有更好的参加培训的资格条件。较低的数值,可能表明需要提高员工的 IT 培训。然而,参加正式培训课程的较高人次,也许包括相同的图书馆员工。本指标不包括非正式的培训,因此只能表明深层次 IT 培训的平均程度,但不能提供一个准确而整体通行的测评方法。

B.2.1.1.6　来源(参见参考目录)

[1] 改编自 Equinox PI 12。

[2] 第35页。

B.2.1.1.7　相关指标

提供和发展电子服务的员工比率。

B.2.2　员工发展

B.2.2.1　提供和发展电子服务的员工比率

B.2.2.1.1　目标

评估在多大程度上图书馆投资人力资源来为电子服务提供技术支持。

B.2.2.1.2　适用范围

所有采用为自身的员工提供电子服务的图书馆。可以用来对具有相同任务和相似用户群的图书馆进行比较,提供采用相同的评估方法。

B.2.2.1.3　指标的定义

图书馆用于计划、维护、提供和开展 IT 服务并在技术上开发和提升图书馆基于网页的服务的等同全职(FTE)的人员数,除以图书馆等同全职的人员总数。

图书馆用于信息和帮助服务、负责电子图书馆服务用户培训,以及从事与内容相关的图书馆互联网服务工作的人员,要排除在外。

B.2.2.1.4　方法

提供和发展电子图书馆服务的等同全职(FTE)的人员数,通过累加所花费的时间来计算,即把所有长期的和临时的(包括基于项目的)员工,花在用于计划、维护、提供和开展 IT 服务,并在技术上开发和提升图书馆基于网页的服务上的时间,全部累计加起来。

因为许多员工也会花时间作技术支持,这可以通过抽样调查来收集数据。例如,可以要求员工为每一天或是在有代表性的几天里记工作日志,然后,员工花在技术支持上的总时间,可以折算为抽样期间全体员工工作时间的比例。

图书馆等同全职的人员总数的计算,通过累加全部全职工作人员,包括长期的和临时的雇员,包括基于项目的雇员。那么,

提供和发展电子服务的员工比率,为:

$$\frac{A}{B} \times 100\%$$

其中,

A 是图书馆提供、维护和开发 IT 服务和/或基于网页的服务的员工数(等同全职);

B 是图书馆员工总数(等同全职)。

保留为最接近的整数。

B.2.2.1.5　说明和影响指标的因素

指标值是一个 0 到 100 之间的整数。分值表明图书馆给予提供和发展其 IT 服务及基于网页服务的优先权。

一旦任一上述职责的很大部分或全部被外包给一个 IT 部门或是其他外部机构(作为回报,不管是否收费),分值也许会受到影响。指标也会受到图书馆大小的影响:在规模较小的图书馆,会有更大比例的员工时间花费在技术支持上。

B.2.2.1.6 来源(参见参考目录)

[1] 改编自 Equinox PI 13。

B.2.2.1.7 相关指标

电子馆藏建设的费用支出比率;电子服务对服务人群的覆盖率。

参考文献

1 Brophy, P. et al. (2000). EQUINOX Library Performance Measurement and Quality Management System: Performance Indicators for Electronic Library Services, http://www.equinox.dcu.ie/reports/pilist.html

2 Bertot, J. C., McClure, C. R. and Ryan, J. (2001). Statistics and performance measures for public library networked services. Chicago: American Library Association

3 Information Systems and Technology Management Value for Money Study. (1998). Managemet Review Guide. Bristol: Higher Education Funding Council for England. HEFCE ref 98/43

4 Department of Culture, Media, and Sport. Libraries, Information and Archives Division (2001). Comprehensive, efficient and modern public libraries - standards and assessment. London: DCMS

5 Shim, W. and others (2001). Measurement and statistics for research library networked services: procedure and issue. ARL R-metrics phase II report. Washington DC: Association of Research Libraries

备注——名词术语索引已经由笔者把译成了中文的术语,重新按照中文拼音字母顺序来排列。

名词术语索引(按字母顺序)

N

P

Q

S

T

后　记

我对图书馆全面质量管理这一课题的关注,源于工作的需要。自 2004 年 7 月以来,海南大学图书馆实施全面质量管理和 ISO 9000 认证,馆内,特别是詹长智馆长和主持图书馆质量管理实施的安邦建顾问(原馆长),希望我借助英语语言的优势,查找国际上图书馆质量管理研究与实践的动态以供参考,历经四年,我对国际图书馆界全面质量管理的了解,从最开始的茫然无所知,到逐渐知之较多,最后才有了一个比较清晰的轮廓印象。然而促成我下决心梳理四年来所累积之资料,写出这本书的,却是北京大学李国新教授、中山大学程焕文教授和上海图书馆吴建中馆长等对我的影响,还有我的老师、原华南师范大学图书馆馆长朱建亮教授也鼓励我做一些专项研究。

我在读北京大学教授李国新先生写的《日本图书馆法律体系研究》一书时,记得他在引言“中国图书馆法治建设的国际经验借鉴”中写到:“图书馆法律体系的建设,特别是图书馆活动涉及的相关法律对图书馆的保障,需要以图书馆的社会认知程度为前提;图书馆的社会形象、服务水准直接影响着公众乃至整个社会对图书馆的认识,所以,就中国目前的情形而言,图书馆自身转变观念,强化服务意识,提高服务质量,是图书馆面临的诸多矛盾中的主要矛盾,是中国图书馆法律体系建设过程中必须首先解决的问题。”因此,他认为:“中国目前制定图书馆专门法,就应着眼于确立现代图书馆观念,从而引导图书馆从根本上转变自身的行为方式。在此基础上,随着全社会对图书馆认识水平的提高,逐渐完善相关法律、配套规章,图书馆事业最终才能在较为完善的法治环境下步入持续、稳定、健康的发展之路。”[李国新. 日本图书馆法律体系研究. 北京:北京图书馆出版社,2000:8 - 9]

上海图书馆吴建中馆长 2003 年在他的《21 世纪图书馆新论》中强调“图书馆应不断地致力于管理机制和手段的研究,以达到服务的最佳效益”,把图书馆绩效评估及质量管理体系作为构建图书馆核心业务和核心竞争力的有力管理工具进行了介绍,又在随后的 2004 年把绩效评估和全面质量管理归入到现代图书馆管理的热门话题中。到如今虽说已过了 3 个年头,国际图书馆界的质量管理和评估已得到了长足的发展,但在中国图书馆界,还不算一个太旧的话题。

而我看到中山大学程焕文教授撰写的《实在的图书馆精神与图书馆精神的实在——〈图书馆精神〉自序》一文时,深为他数十年执著于图书馆精神的研究与呐喊而感动,他在感慨“我国图书馆事业之所以长期处在‘整体非理性’的状态,究其原因乃是我们一直生活在一种无边无际,乃至‘无法无天’的无序图书馆事业空间”,在矢志不渝大声疾呼中国传统图书馆精神的回归之余,也认为“图书馆事业的健康发展,不仅需要法律环境的保障,而且需要图书馆工作人员和信息服务提供者的严格自律”。[程焕文. 实在的图书馆精神与图书馆精神的实在——《图书馆精神》自序. 大学图书馆学报,2006(4):2 - 14]

专家们的精辟思想让我在豁然之间找到了写这本书的理由:西方国家图书馆界二十余年的质量管理革命为图书馆事业带来了一场深刻的文化变革和观念的改变,还有我们可敬可爱的国外同行们十多年来热心于绩效和成效评估的研究和实践,持之以恒地为自己套“紧箍咒”,其严格自律的执著追求,体现着他们敢于审视自己、敢于自省、勇于创新的精神,这样的一种自省,也可以让我们引以为借鉴吧!尤其是我们的大大小小的图书馆管理者们,把持着图书馆人权、物权与财权，又是如何长袖善舞、量入而出的呢？另外让我每每感慨万分的是，欧美图书馆界的同仁们，他们总是能够突破馆际间、行业间、国别间的界限，联合起来作研究与开发，由点到面、由面到片，最后形成一股巨大的旋风，扫荡千里而气势如虹，总是站立在世界图书馆事业的潮流之巅。例如电子图书馆服务绩效指标国际标准的开发，牵涉到众多国家的图书馆界和 IT 业、出版业；又如美国图书馆协会的质量评估系统 LibQUAL⁺，支持 12 种语言，吸引世界上 1000 多所图书馆机构加入，成为最具国际化影响的质量测评系统。从研究到实践，国外同行们的眼光、胆识和胸襟，决心、毅力和执著，也未尝不让笔者慨叹，正所谓风物长宜放眼观，胸次广而事竟成。

而今天我要在这里郑重感谢的是国内外图书馆界许多前辈专家，我能够作这样一项研究、能够在图书馆国际交流的舞台上一路走到现在，与他们给予我的支持和鼓励是分不开的。

他们中有原国际图联亚洲与大洋洲专业组主席、新西兰惠灵顿维克多亚大学戈曼（Gary Gorman）教授，泰国 Srinakharinwirot 大学的 Aree cheunwattana 博士，瑞典乌普萨拉（Uppsala）大学图书馆 Birgitta Sandell 博士。2004 年，他们为我赴阿根廷参加国际图联第 70 届世界图书馆与信息大会，争取到了国际图联 ALP 的瑞典国际发展署（SIDA）提供的资金赞助。

他们中有国际知名的图书馆信息技术专家、美国西蒙斯学院图书馆和信息学研究生院教授陈钦智（Ching – chih Chen）博士，2005 年 7 至 11 月，我有幸受邀参加其主持的、由美国国家科学基金支持的国际数字图书馆项目（NSF/IDLP）——全球记忆网（Global Memory Net）。

在 2006 年第 3 届上海国际图书馆论坛和 2007 年南非德班第 73 界国际图联大会上，国际知名专业杂志《图书馆管理》（*Library Management*）杂志编辑、英国翡翠出版集团首席执行官 Steve O'Connor 博士，国际图联族谱和地方志专业组前任主席、美国犹他州族谱学会亚太区域主任沙其敏先生（Melvin P. Thatcher），苏格兰国家图书馆咨询参考服务部主任 Janice McFarlane 女士等，都为我的论文获选给予了许多的指导和帮助。

而在我几次参加国际会议期间，上海图书馆馆长吴建中博士、北京大学图书馆馆长朱强教授、国家图书馆参考咨询部卢海燕主任等，都为我的论文宣讲提供过帮助与支持。尤其在我原本打算放弃 2007 年赴南非论文宣讲时，是广东省立中山图书馆李昭醇馆长始终鼓励我努力完成论文宣讲任务。

这些年来，我有幸得到了国内外专家学者许多许多的支持和鼓励，正是这些支持和鼓励，如细雨，点点滴滴润心间；如春风，丝丝缕缕绵绵，伴我一路走来。无论春华秋实，无论严寒霜降，我坚持着，始终不忘以不断的成长与进步来回报。

而本书的出版，前有国家图书馆顾犇研究馆员、中国科学院图书馆初景利教授等热心帮我联络，后有北京图书馆出版社的金丽萍老师的积极努力，又特别承蒙李国新教授在百忙之中拔冗为本书作序。

这些年来，我有幸得到了国内外专家学者许多许多的支持和鼓励，所有的这些支持和鼓励，无论是直接的还是间接的，任何的有心与有意，都在我心里汇流成江河湖海，概因纸短情长，难以一一尽诉，在此一并深深致谢。

特别要感谢的是国际图联族谱和地方志专业组现任编辑、英国北约克郡（North Yorkshire County）图书馆的 Elizabeth A. Melrose 女士为本书的写作提供了很多的资料及线索。同时需要在这里提及的是，在标准的翻译过程中，我的同事许苗和何莉给予的最初的协助，许苗曾为我提供了 ISO 11620：1998 前 22 页的初步翻译，何莉提供了 ISO 2789：2003 的初步翻译，而本书采用的则是 ISO 2789 的 2006 年最新版。

北京图书馆出版社更名启事

经中华人民共和国新闻出版总署批准,北京图书馆出版社于 2008 年 5 月起更名为国家图书馆出版社。

国家图书馆出版社成立于 1979 年,由中华人民共和国文化部主管、中国国家图书馆主办,初名书目文献出版社,1996 年改为北京图书馆出版社。建社近三十年,依托中国国家图书馆的丰富馆藏,并与国内外著名图书馆密切合作,致力于影印古代典籍和各类稀见文献;编辑出版图书馆学、情报学、信息管理科学著作和译作;出版各种书目、索引等中文工具书;整理、编辑出版各种文史著作和传统文化普及读物。

国家图书馆出版社设有社长总编办公室、财务部、营销策划部、古籍影印编辑室、图书馆学情报学编辑室、综合编辑室、文史编辑室、中华再造善本编辑室、发行部、储运部等部门。

网站:www. nlcpress. com

地址:北京西城区文津街 7 号

办公室电话:010 - 66126146

E-mail:btsfxb@ nlc. gov. cn

发行部电话:010 - 66139745　66175620　66126153

66121706　66126156(门市部)